JIANMING MEIXUE
JIAOCHENG

延安大学
文化素质教育
系列教材

简明美学教程

魏久尧　著

高等教育出版社·北京

内容简介

本教程坚持马克思主义实践美学的基本原理和原则,以"人对现实的审美关系"为主要考察对象,包括"美学概论""审美现象""美感及其基本存在方式"和"审美范畴"四个部分,对现实美、艺术美、美感、优美、崇高、悲剧与喜剧等诸多审美现象做了较为翔实的分析、解释与说明,以揭示审美是一种特殊的精神实践活动,是人持存本真或人类本质的存在方式,美感(包含美)的本质是建构、生成人的本质的审美实践过程与其结果的统一等问题。

本书适合作为高等学校开设的特色公选课教材使用,也可供对文艺理论感兴趣的社会读者阅读参考。

图书在版编目(C I P)数据

简明美学教程/魏久尧著.--北京:高等教育出版社,2020.9

ISBN 978-7-04-053604-1

Ⅰ.①简…　Ⅱ.①魏…　Ⅲ.①马克思主义美学-教材　Ⅳ.①B83

中国版本图书馆 CIP 数据核字(2020)第 023224 号

| 策划编辑　张　岩 | 责任编辑　张　岩 | 封面设计　王　鹏 | 版式设计　王艳红 |
| 插图绘制　于　博 | 责任校对　刁丽丽 | 责任印制　田　甜 | |

出版发行	高等教育出版社	网　　址	http://www.hep.edu.cn
社　　址	北京市西城区德外大街4号		http://www.hep.com.cn
邮政编码	100120	网上订购	http://www.hepmall.com.cn
印　　刷	北京宏伟双华印刷有限公司		http://www.hepmall.com
开　　本	787mm×960mm　1/16		http://www.hepmall.cn
印　　张	15		
字　　数	270千字	版　　次	2020年9月第1版
购书热线	010-58581118	印　　次	2020年9月第1次印刷
咨询电话	400-810-0598	定　　价	46.00元

本书如有缺页、倒页、脱页等质量问题,请到所购图书销售部门联系调换

版权所有　侵权必究
物 料 号　53604-00

目　　录

导言 ……………………………………………………………………………… 1

第一编　美学概论

第一章　美学发展的历史线索 ……………………………………………… 9
　第一节　古代美学 ………………………………………………………… 10
　第二节　近现代美学 ……………………………………………………… 15
第二章　美学的研究对象 …………………………………………………… 23
　第一节　近现代美学史上关于美学研究对象的几种不同观点 ………… 23
　第二节　作为美学研究对象的审美关系的基本含义 …………………… 27
第三章　美学的基本性质、品格和方法 …………………………………… 38
　第一节　美学的性质 ……………………………………………………… 38
　第二节　美学的品格 ……………………………………………………… 45
　第三节　美学的方法 ……………………………………………………… 49

第二编　审美现象

第四章　现实领域中的审美对象 …………………………………………… 59
　第一节　现实美 …………………………………………………………… 59
　第二节　社会美 …………………………………………………………… 61
　第三节　自然美 …………………………………………………………… 69
第五章　艺术世界与艺术美 ………………………………………………… 75
　第一节　艺术的本质 ……………………………………………………… 75
　第二节　作为审美对象的艺术美 ………………………………………… 79
　第三节　艺术分类的美学根据与艺术的门类 …………………………… 81
第六章　各类艺术的审美特性 ……………………………………………… 88
　第一节　语言艺术 ………………………………………………………… 88
　第二节　造型艺术 ………………………………………………………… 92

第三节　表演艺术 …………………………………………………… 97

第四节　综合艺术 …………………………………………………… 103

第五节　实用艺术 …………………………………………………… 114

第七章　分层显现的审美现象 ……………………………………… 122

第一节　审美对象显现自身的三层次 ……………………………… 122

第二节　审美主体接受美的三层级 ………………………………… 128

第三编　美感及其基本存在方式

第八章　美感 ………………………………………………………… 139

第一节　美感的基本内涵及其分概念 ……………………………… 139

第二节　西方美感理论发展的简明线索 …………………………… 144

第三节　美感与科学认识、伦理意识的联系及区别 ……………… 156

第九章　作为美感基本存在方式的审美直观 ……………………… 165

第一节　中国古代关于审美直观的理论 …………………………… 166

第二节　审美直观的存在特性 ……………………………………… 170

第三节　审美直观的基本显现形式 ………………………………… 177

第四编　审　美　范　畴

第十章　审美范畴的概念与历史 …………………………………… 187

第一节　审美范畴的基本内涵 ……………………………………… 187

第二节　审美范畴的历史演变过程 ………………………………… 190

第十一章　审美范畴的基本类型 …………………………………… 196

第一节　优美和崇高 ………………………………………………… 196

第二节　悲剧和喜剧 ………………………………………………… 206

结语 …………………………………………………………………… 219

主要参考文献 ………………………………………………………… 223

索引 …………………………………………………………………… 227

后记 …………………………………………………………………… 229

导　　言

　　我国当代大学体制与学科设置总体上借鉴了苏联模式。随着现代科学的发展,学科分类越来越细密,专业设置越来越繁多,这与现代科学技术不断进步、社会分工不断细密化的发展趋势和客观要求是相适应的。单就这一点而言,它是无可厚非的。但是从教育学的一般规律和人的全面发展来看,其局限性也越来越突出——受教育者被自己所学的专业及其分工制约,成为拥有一技之长的专才或偏才。原因就在于现代大学课程门类分得过细,专业设置过密,并且画地为牢,彼此缺乏沟通。从大的方面看,文、理之间壁垒森严,难以跨界;更进一步看,文、史、哲分家,自立门户,数、理、化各成一科,泾渭分明。结果是学文者不懂数理,拙于计算,学理者不通文章,拙于写作;学哲学者略输文采,学文学者稍逊玄思。这对人格的健全与人的全面发展是极为不利的。良好的教育应该不仅传授知识和技能,而且要塑造完美的人格和自由的精神境界。培根说得好:史鉴使人明智,诗歌使人灵秀,数学使人缜密,自然哲学使人深刻,伦理学使人庄重,逻辑和修辞之学使人善辩。"凡有所学,皆成性格。"[1]可是,当代大学教育体制极大地限制了受教育者全面接受多门知识的自由。

　　针对大学教育的这一现状,我国教育学界形成比较普遍的共识:传统的专业教育模式必须改革,应当重视与专业教育相对的通识教育,普遍实行通识教育对于我国当前的大学教育改革十分必要,这符合我国社会主义教育事业发展的历史必然性要求。基于这一共识,学界和教育界提倡通识教育的呼声越来越高,国内一些研究型大学对现行大学体制率先进行反思和批判,最终聚焦于曾经实行而一度废止的通识教育,开始尝试各具特色的改革和探索。北京大学实施"元培计划",清华大学尝试宽口径人才培养模式改革,复旦大学进行低年级本科生教学改革,中山大学创立博雅学院,南京大学进行"三三制"改革……"所有这些都已清楚地表明,通识教育已从最初的理念变成了一种多样化的探索活动,而且有越来越多的大学加入到这场改革实践中来,从而为我国通识教育下一阶段的改革和发展积累了丰富的经验。"[2]通识教育改革已然成为我国大学教育发展的

---

　　①　[英]培根:《培根论人生》,徐飞译,黑龙江科学技术出版社 2012 年版,第 160 页。
　　②　张亮:《我国通识教育改革的成就、困境与出路》,《清华大学教育研究》2014 年第 6 期。

必然趋势,普遍实行通识教育的必要性不是人们头脑中的主观想象,而是基于我国社会主义教育事业发展的客观必然性,符合我国社会经济发展的内在要求。

延安大学顺应全国大学教育改革之大势,近年来在通识教育实践方面也进行了一系列积极有效的探索和尝试:打破文、理科专业限制,学生可跨学科、跨专业选择自己喜爱的课程;增设有特色、可普及的公共课,如美学就是面向全校高年级文、理本科生开设的一门选修课,本教程即为普及性的美学课程而编写的。

把美学从哲学和文学专业的狭窄圈子中解放出来,作为面向文、理科专业开放的公共选修课,这对于推行通识教育是很有意义的,值得提倡和推广,因为美学固有的性质和品格规定了它兼通文、理的普适性。一般说来,自然科学为人们提供纯粹的知识和技能,人文科学为人们提供形而上的精神价值,而美学则既提供科学知识,又提供精神价值,它具有打通自然科学与人文科学的综合性。对于美学的这一性质,目前国内外美学界尚未形成一致的看法:一些美学家认为美学是关于人的最高价值的形而上学,它与自然科学不沾边,不提供任何科学知识;另一些美学家则认为美学是一门纯粹的自然科学,从而否定它的形而上学性质。这两种观点都有片面性,均把美学某一方面的性质夸大了。

首先,单就美学研究对象的经验性、实证性而言,美学是现代自然科学意义上的一门科学。自鲍姆嘉登《美学》问世以来,美学作为一门科学的地位越来越牢固,"美学科学"以合法的身份堂而皇之地步入壁垒森严的科学殿堂,一些西方现代美学家提出了"科学美学"的概念。20世纪以来"科学美学"和"分析美学"平分秋色,各占现代美学的半壁江山。

美学的科学性质不仅仅在于它的名分,更在于它所研究的对象本身。艺术是美学研究的主要对象之一,从古至今艺术与科学难分难解,结下了不解之缘。在古希腊神话中缪斯女神司掌多种艺术,其中包括几何和天文,这表明在古希腊人眼中文学艺术与科学(几何学、天文学)属于同一范畴。这一看法在中世纪成为人们的普遍共识,基督教教义中有"自由"艺术和"机械"艺术的对立和划分,"自由"艺术包括七种,即语法、演说术、辩证法、代数、音乐、几何学和天文学,马尔奇安·卡皮拉又将它分成了"三艺"(语法、演说术、辩证法)、"四科学"(代数、音乐、几何学和天文学)[①],显然他把音乐与数学看作同一性质的科学,这对现代人来说简直不可思议。但是这样认识艺术不是没有理由的,因为音乐与数学关系密切,这是显而易见的事实。在文艺复兴时期,那些杰出的艺术家自觉地

---

① 参见[苏]莫·卡冈《艺术形态学》,凌继尧、金亚娜译,生活·读书·新知三联书店1986年版,第32页。

将当时的科学成果运用于艺术创作实践,例如用几何学原理、解剖学原理进行绘画与雕塑创作,产生了划时代的伟大艺术作品。列奥纳多·达·芬奇将自己的创作经验升华为艺术理论,在其《论绘画》一书中集中表达了艺术与科学——数学、几何学与物理学——有最密切的联系的观点。现代科学技术的每一次进步所取得的新发明、新成就都直接或间接引起艺术形式的革新和变化。比如摄影和录音技术、无线电子传播技术、卫星及卫星转播技术的发明催生出新的艺术门类——现代电影和电视,而现代印象派绘画则是将现代光学原理成功地运用于艺术创作的典范。艺术与科学的这种持久的牢固的密切关系决定了美学的科学性质。

按照托马斯·芒罗的说法,"科学美学"是一种科学的、描述的、自然主义的接近美学的方式,注重实验、实证和经验是其方法论的灵魂与精髓。"科学美学"主张:美学研究的主要课题必须转变为对审美经验的研究,主要是对艺术的审美经验的研究,美学知识和理论必须以确凿的经验事实为基础,像"鉴赏力""审美经验"之类的感性存在便是"科学美学"稳固立足的经验基础和出发点。芒罗对"科学美学"的这一界定是准确的,但他同时认为,与形而上学美学不同,"科学美学"起于经验事实,归宿还是有限的审美经验,他拒绝承认审美经验之上的先验存在,拒绝一切关于美的形而上学知识,其片面性显而易见。把形而上学知识排除于美学范围之外,难免有以偏概全之嫌,这也是"科学美学"的局限性之所在。

所以,"科学美学"不足以代表现代美学的全体。当然,我们不能因此而无视它的合理存在,毕竟它占领了现代美学的半壁江山,它对美与艺术的科学探究取得了卓越的成就。

其次,美学自古以来就是一门形而上学。提起形而上学,先得为它正名。长期以来,国内各大学哲学教科书中流行的"两个对子"(即唯物主义与唯心主义、辩证法与形而上学这"两个对子")的说法令人们往往囿于恩格斯对形而上学的权威性解释,把形而上学看作与辩证法相对立的非此即彼的认识方法,并片面地加以负面的评价,于是形而上学背负了恶名。其实,恩格斯所指的是狭义的形而上学,而不是广义的形而上学。

广义的形而上学是很经典、很古老的哲学概念,并无唯心主义的标签。亚里士多德被公认为西方形而上学的创始人和奠基人。他虽然没有直接用过"形而上学"这个词,但首次明确提出第一哲学和第一科学,认为"如果除了自然所形成的物质之外再也没有物体的话,自然科学应该是第一科学,但是,如果有一个不动的物体,这门科学应该是第一哲学,也应该是普遍的,因为它是第一位的"①。

　　第一哲学的主要研究对象为"是"(being)，"是"的基本含义为：一个事物存在的第一种状态，事物存在的起点、基础、母体或善良意志。它与中国古代形而上学中的"道"接近，"道"即事物之为事物的原始根据，万物借以产生、形成、存在、发展的最高"本体"，在这一点上中西形而上学是相通的。自亚里士多德以后，第一哲学成为形而上学的同一性概念，哲学就是形而上学，形而上学就是研究存在的第一原因、根据或"道"的学说，这一看法在古今中外哲学史上是一以贯之的。

　　但是形而上学有古今之分，其主要区分在于哲学认识的方法和路线。古代形而上学把事物的第一存在或原始根据，即哲学常识中的"本体""理式""理念"或"天道"，作为认识的牢固的出发点，进而推论它的种种结果、诸多个别事物的存在，即哲学常识中的"现象""偶性"或"器"，这是一条从上而下的认识路线。现代形而上学则反其道而行之，它直接把"现象"、有限事物的经验性存在作为认识展开自身的牢固地基和出发点，进而回溯、逆推先验的本体、存在的第一原因或原始根据（现象学-存在主义哲学为其典范），这是一条从当前向着过去返回的还原主义路线。

　　美学曾经属于哲学（广义的形而上学）范畴，由此确立了它的形而上学身份。鲍姆嘉登将美学确定为一门科学之后，美学的身份并没有因此而改变，它仍然被视为哲学的一个部门或一个分支，在现代学科划分体系中，美学被规定为哲学统领之下的二级学科。

　　美学的形而上学身份不是一个空名，并不仅仅意味着它从整个哲学体系分有了一个合法的名分，它还有更为重要的根据——美学研究的对象本身具有超验的形而上的存在性质。比如艺术现象就不是纯粹的物理事实，而是物理与心理、经验存在与超验存在的综合体，包含着深浅不同的多个层面或层次，不管何种形式的艺术作品一般至少可以从中揭示出四个层面：(1)物质材料层，这是艺术最为表面的一个层面，即艺术品固有的传达媒介和物质载体，是纯粹的物理现象，如雕塑的大理石，绘画的画布、颜料和纸张，电影的银幕、胶卷和录像带等；(2)符号形式层，这是指各种艺术指向意象世界的独特的符号形式，它具有物理与心理的二重性，如绘画的色彩、线条和形状，音乐的音符和旋律，文学的文字和语词等；(3)意象世界层，这是指由前两个层面生成或转化而来的、被感性直接把握的、展现人类审美经验的、富有意味的表象世界，它是可经验的纯粹心理现象；(4)超验意境层，这是由意象世界绽放出来的富有形而上的人生哲理意味和

---

①　转引自沈顺福《试谈什么是形而上学》，《哲学研究》2007 年第 1 期。

终极目的的最高境界,英伽登(又译英加登)称之为艺术作品的"形而上质"①,这是超验的,是任何自然科学不能定量分析的,它只能诉诸先验自明的形而上学。艺术现象如此,审美经验也不例外。它们固有的"形而上质"是美学作为形而上学而存在的坚实根据,蔡元培曾主张在中国以美学代宗教,他所突出的也是美学与哲学、宗教相通的形而上学品质。

　　美学的科学性质与形而上学性质是相互渗透、不可截然割裂开来的。前者为后者奠基,没有前者就没有后者。美学一味地停留在自然科学的层面上画地为牢,将失去灵魂;美学脱离科学奠定的牢固基础,一味地在形而上领域天马行空,将沉沦为神秘主义的玄学。显然,把科学美学与形而上学机械地割裂开来,并使之尖锐地相互对立、排斥,这对美学的健康发展是极为不利的。本教程强调二者的统一性,对艺术现象和审美经验的阐释和描述始终兼顾其物理与心理、经验与超验、感性与理性、形而下与形而上的联系和统一。

---

　　① 　参见〔波〕罗曼·英加登《对文学的艺术作品的认识》,陈燕谷、晓未译,中国文联出版公司 1988年版,第 291 页。

第一编　美　学　概　论

　　什么是美学,这是本编所要说明、解释的中心问题。

　　顾名思义,美学就是关于美的学问,或研究美及其普遍规律的科学。《新亚美利加百科全书》对美学的解释是:"美学(Aesthetics)是研究自然和艺术中的美的科学。"[①]如此解释美学,充其量不过是对美学的极其简单、稀薄的抽象,仅提供了一个关于美学的混沌表象。仅凭这一表象,人们并不能真正理解、掌握美学。因为作为美学研究对象的美是感性直观的、具体的,而不是永恒不变的、抽象的。所以,在不同国家、不同民族和不同文化背景中,人们对美的理解和认知不尽相同,甚至大相径庭。在古希腊,柏拉图把美分析为"美本身"和美的现象两个层面,认为只有"美本身"才是真实的美,美的事物、美的现象则像水月镜花一样虚幻不实。"美的东西之所以是美的,乃是由于美本身。"[②]"这种美是永恒的,无始无终,不生不灭,不增不减的。""一切美的事物都以它为泉源,有了它那一切美的事物才成其为美,但是那些美的事物时而生,时而灭,而它却毫不因之有所增,有所减。"[③]在古代中国,孔子对美的看法与柏拉图的看法大不相同。子张向孔子请教:"何谓五美?"孔子的解释是:"君子惠而不费,劳而不怨,欲而不贪,泰而不骄,威而不猛。"[④]在孔子看来,没有什么抽象的"美本身",美就是实实在在的可感可见的君子的道德涵养和行为。美是历史的、发展变化的。亚里士多德认为,美在客观事物的形式,集中显现为"秩序,匀称与明确"[⑤]。在古代西方这一观点长期被尊为权威观点。自鲍姆嘉登以后,人们对美的看法改变了,比较普遍地认为美是人的一种感性经验,即 Aesthetic,意思是感性的完善或完善的感性,是人们观赏享受美的一种能力。这样一来,美学便在时间的长河中呈现为关于美的思想和观念的发展史。"美学和任何其他科学一样,有自己的历史。

---

　　① 　中国社会科学院哲学研究所美学研究室、上海文艺出版社文艺理论编辑室合编:《美学》第二期,上海文艺出版社 1980 年版,第 251 页。

　　② 　[古希腊]柏拉图:《斐多篇》,见吴世常主编《美学资料集》,河南人民出版社 1983 年版,第 153 页。

　　③ 　[古希腊]柏拉图:《文艺对话集》,朱光潜译,人民文学出版社 1963 年版,第 272~273 页。

　　④ 　(宋)朱熹:《四书章句集注》,中华书局 1983 年版,第 194 页。

　　⑤ 　[古希腊]亚里士多德:《形而上学》,吴寿彭译,商务印书馆 1959 年版,第 266 页。

所以美学学说史、美学思想史是美学科学的一个有机部分。"①只有了解美学思想从产生到现在的整个发展过程,才能深刻地、具体地理解美学。

英国美学家李斯托威尔说:"什么是美学呢? 它是关于人类各个方面、各种程度以及各个领域中的美感经验的科学和哲学。"②这表明美学包含的内容相当宽广、复杂。只有全面、深刻地掌握美学研究的对象范围及其基本结构,才能真正具体地理解美学。

培根说:"性质在,法式就必在。"③"法式"即形式。同理,内容在,形式就必在。有什么样的内容,必有与之相应的形式;有什么样的形式,就有什么样的方法。因为方法就是内容及其结构在操作行为中充分展开的形式。由此可知,美学方法是美学研究内容不可分割的有机组成部分。只有辩证地掌握了美学的方法,才能科学地、具体地理解美学。

所以,美学的历史、美学的研究内容与美学的方法是本编要说明、阐释的主要方面。

---

① 《马克思列宁主义美学原理》,陆梅林等译,生活·读书·新知三联书店1962年版,第3页。

② [英]李斯托威尔:《近代美学史评述》,蒋孔阳译,上海译文出版社1980年版,第235页。引文中的着重号为原著格式,后文类似情况不再一一注出。

③ [英]培根:《新工具》,许宝骙译,商务印书馆1984年版,第109页。

第一章　美学发展的历史线索

对于美学初学者来说，美学是既新奇又陌生的术语。在他们眼中美学是尚未广泛普及的一门新科学。的确，当前学术界普遍流行的美学概念是舶来品，是现代中国学者从西方拿来的洋学问。在王国维之前，中国古代学术界有美学之实，无美学之名。要追溯美学的"名"和"实"及其历史发展线索，还得先从西方美学说起。

任何一种理论、学说或学问无不发源于一定的感性观念，成立于一定的理性概念。这是一条普遍规律。亚里士多德是最早对此有所认识的人。他认为感觉是理论思维、概念的源泉，断言："感觉提供的只是对单一事物的知识，而科学的任务是认识单一事物中的一般，因此，知识的高级阶段不是感觉，而是从感觉中产生出来的概念。"①从人类历史发展的总体来看，从感性意识、观念到理性概念，这中间往往经历一个很长的发展阶段，而美学的产生和形成也不例外。从考古学、人类学提供的大量科考资料来看，早在石器时代，尤其是在新石器时代，原始人就有了朴素的审美意识、观念，各种石器的造型与装饰、各种陶器的图案与花纹都是原始人感性的审美观念的集中体现。这种审美意识、观念尚停留在对美的个别事物的感性知觉阶段，不能揭示美的普遍规律，因而未能形成美的概念和理论。美的概念和理论离不开语言文字，所以语言文字的产生是美的概念得以实现的必要先决历史条件。从美的感性观念到美的概念，这种演变经历了从蒙昧到文明的漫长历史发展阶段。对于审美意识和观念这一漫长的发生、发展史，在此存而不论，我们只概略考察在人类文明史一定阶段形成的美学概念和理论的历史发展线索。

根据确凿的经典文献和历史资料，作为理论形态的美学是在人类文明史较高阶段产生、形成的，经历了古代、近代和现代三个阶段。它的发展史是整个人类文明史的有机组成部分。这里的古代、近代和现代不是史学家通用的时限明确的历史分期概念，而是哲学家、美学家通常使用的历史哲学概念。它没有明确的历史断限，是对人类思维发展的不同阶段的历史抽象，古代、近代和现代分别与哲学的本体论阶段、认识论阶段和语言学-存在论阶段大致吻合，美学因此在

---

① ［苏］敦尼克等主编:《哲学史》上册，生活·读书·新知三联书店 1972 年版，第 54~55 页。

自身的历史发展过程中先后现身为古代美学、近代美学和现代美学。古代美学指哲学本体论阶段的美学,发生、发展于世界历史的上古与中古时期;近代美学指哲学认识论阶段的美学,发生、存在于世界历史的中古晚期与近代;现代美学指哲学语言学-存在论阶段的美学,形成、发展于世界历史的现代和当代(所谓"当代美学"属于现代美学范畴)。在这三个不同的历史发展阶段,美学的内容和形式随着哲学思维的变化而变化。单从形式来看,近代美学与现代美学没有实质性的差别,因为它们都是作为一门独立的科学而存在的,古代美学则没有近现代美学具有的独立的科学地位,它充其量不过是作为一种学问或学说而存在的。本章所要考察的重点在于美学形式的发展变化线索,所以,我们将近代美学与现代美学合为一体,以突出古代美学与近现代美学的形式差异及其内在的历史关联。

第一节　古代美学

一、西方古代美学

美学作为一种学说或学问,其历史很悠远。美学学说在西方很古老,可以上溯至公元前五六世纪。

西方早在公元前 5 世纪,也就是毕达哥拉斯时代就有了比较完整的美学学说。毕达哥拉斯提出美是"数的和谐"的著名美学原理。他和弟子们将这一原理推广应用于美的形式领域,总结出一条重要的形式规律,即黄金分割律。它揭示的是长方形的或一条直线内分割出的长线与短线之间的比例关系(此比例为 0.618:1 或 1:1.618,近于 5:8)。这一美学原理和规律对后来西方美学乃至世界美学产生了深远的影响,在现代人的审美生活中人们仍然遵循着黄金分割律,以此来审辨、评价形式美。

继毕达哥拉斯之后,柏拉图和亚里士多德师生二人集古希腊学术之大成。他们的学说弥纶宇宙,哲学、政治、道德、伦理、语言、逻辑、文学艺术,二人无所不论。柏拉图的《文艺对话集》、亚里士多德的《诗学》系统地总结了文学艺术的诸多美学规律和原则,被后世奉为文艺学的圭臬。

柏拉图与亚里士多德的美学是西方美学史上最早立起的两座理论高峰。它为嗣后继起的几大美学理论高峰——德国古典美学、马克思主义美学和现象学-存在主义美学——奠定了坚实的理论根基。就其对后世美学的影响而论,二人的美学又像两股清泉,汩汩不绝地流向远方,融汇各支涓涓细流,最后形成大江大河,川流不息,奔向大海。从中世纪到现代,众多美学流派迭出,百家争鸣,都不同程度地接受着二人美学的影响,或直接或间接地汲取着他们提供的思想资源。

一些美学家认为,亚里士多德对西方美学史的影响比柏拉图的影响更为深远。例如车尔尼雪夫斯基,他满怀敬意地评价亚里士多德及其《诗学》,说他所确立的一系列美学原则和法则雄霸欧洲两千余年。① 只是这一观点有失偏颇,事实上,自希腊化时期至整个中世纪末,影响、决定这一历史时期的美学的主流发展方向的是柏拉图美学,而不是亚里士多德的《诗学》。柏拉图美学对整个中世纪神学美学的决定性影响是通过新柏拉图主义的领袖普洛丁实现的。被称为古希腊罗马古典文艺思想殿军的普洛丁建立了新柏拉图主义美学思想和原则,为中世纪基督教神学美学奠定了理论基础。朱光潜指出,普洛丁死后,"从第四世纪到十三世纪这一千年左右漫长的时期中,欧洲文艺思想和美学思想实际上处于停滞状态,如果说还有些活动,那也只是把普洛丁所建立的新柏拉图主义附会到基督教的神学上去,一直到但丁,这种停滞的局面才开始转变"②。这一穿凿附会的理论工作主要是由中世纪的两位神学家奥古斯丁和托马斯完成的。"从圣奥古斯丁到圣托马斯,中世纪欧洲有一股始终一贯的美学思潮,就是把美看成上帝的一种属性,上帝代替了柏拉图的'理式'。"③朱光潜对欧洲中世纪美学进展状况的这一评述是客观、中肯、切实的,由此可见柏拉图美学对欧洲中世纪神学美学的深刻影响。

相较而言,亚里士多德美学对欧洲中世纪神学美学的影响微乎其微。根据我们所掌握的历史事实和资料,亚里士多德对欧洲中世纪思想的影响主要是在逻辑学方面,而不是在美学方面。他的逻辑学对中世纪经院哲学产生过一定的影响,但这种影响不是正面的、积极的,他的逻辑学是在被歪曲的情况下为经院哲学所利用的。法国人比埃尔·阿伯拉尔通过学习亚里士多德的点滴逻辑学知识(他并没有系统而全面地掌握亚里士多德的逻辑学),建立了经院哲学的逻辑形式。这一事实表明:"经院哲学的逻辑的基本来源是亚里士多德的学说,但不是真正的而是被歪曲了的亚里士多德的学说。阿伯拉尔所读过的真正的亚里士多德的著作只有两篇逻辑论文,由此就可见一斑。"④

亚里士多德美学逐渐对西方美学发展产生重大影响是在 12 世纪以后。"12世纪末至 13 世纪初,亚里士多德的主要著作译成了拉丁文。亚里士多德逐渐成

---

① 参见[俄]车尔尼雪夫斯基《车尔尼雪夫斯基论文学》中卷,辛未艾译,上海译文出版社 1979 年版,第 177~220 页。

② 朱光潜:《西方美学史》,人民文学出版社 1979 年版,第 119 页。

③ 朱光潜:《西方美学史》,人民文学出版社 1979 年版,第 125 页。

④ [苏]敦尼克等主编:《哲学史》上册,生活·读书·新知三联书店 1972 年版,第 115 页。

为中世纪最伟大的哲学和科学的权威。"①随着哲学和科学的权威确立,亚里士多德逐渐成为众望所归的百科全书式的学术权威,他的美学权威随之确立起来。文艺复兴运动和启蒙运动中先后涌现出来的绝大多数美学家都把他推崇为美学界的尊师、泰斗,《诗学》中的基本原理和原则被奉为文学创作和美学批评不可逾越的金科玉律。这在法国新古典主义美学中体现得尤为突出。由高乃依、布瓦洛等人提倡的最具代表性的新古典主义戏剧创作原则"三一律",其理论原型就是《诗学》中确立的有关戏剧的基本美学原理和原则。亚里士多德在《诗学》中谈及悲剧时提出"时间整一律"(力图以"太阳的一周"为限)和"情节整一性"②,高乃依等人进一步对此加以发挥,形成所谓情节、地点和时间三者必须完整一致的"三一律"。不过,事实上"三一律"的最初创始人是文艺复兴时期意大利人文主义戏剧理论家卡斯特尔维特洛,他在其《亚里士多德〈诗学〉诠释》一书中根据亚里士多德提出的情节一致律,重新归纳了时间和地点的一致律。也许是由于他的学术地位不太高,后来影响较大的法国古典主义美学家的理论建树遮蔽了他的理论创新。

无论柏拉图和亚里士多德的美学在欧洲美学史上影响有多大,地位有多高,二人的美学在古代都不是一门独立的科学,因为在古希腊的整个科学谱系中没有美学的地位和名分。古希腊的哲学思想、自然科学思想和政治思想都很发达,但是哲学、自然科学和伦理学相互紧密地联系在一起,形成不可分割的统一体,这种状况一直延续到公元前 4 世纪末。"亚里士多德从统一的尚未详细分门别类的科学中划分出了一系列的科学部门"③,这些部门是哲学、逻辑学、数学、无机界的学说、有机界的学说、国家学说、伦理学和诗学。这里并没有美学,尽管亚里士多德在诗学及其他科学中探讨了大量的美学问题,但他并没有将美学提升为一个独立的科学部门。

希腊化时期科学的部门分得更细更多了。人文科学包括哲学、伦理学、逻辑学、修辞学、语言学和文艺批评,自然科学分为数学、天文学、力学、物理学、地理学、生理学和医学。在这个比较完整、细密的科学体系中也没有美学的名目。

在整个中世纪,科学发展处于停滞倒退的状态,原来沿着分析方向发展的各门科学又向混沌不分的统一回归,出现了艺术与科学的混合状况。在基督教的教义中有"自由艺术"和"机械艺术"的区分,"自由艺术"有七种,即上文提及的"三艺""四科学",在这个混合的科学分类中仍然没有美学。

①　[苏]敦尼克等主编:《哲学史》上册,生活·读书·新知三联书店 1972 年版,第 118 页。

②　[古希腊]亚里士多德:《诗学》,陈中梅译注,商务印书馆 2016 年版,第 58、78 页。

③　[苏]敦尼克等主编:《哲学史》上册,生活·读书·新知三联书店 1972 年版,第 67 页。

由此可见,西方古代美学不是一门独立的与哲学等科学并列的部门科学。它是作为一门依附性的学说或学问而存在的。

二、中国古代美学

在中国古代,美学学说产生得比西方更早。《周易》据说是四圣(伏羲、文王、周公、孔子)所作,伏羲时代邈远,难以考证,文王、周公时代自然比毕达哥拉斯时代早得多。《周易》中包含着丰富的美学思想,《周易·坤》中有关于美的本质的精辟论述:"君子黄中通理,正位居体,美在其中,而畅于四支,发于事业,美之至也。"①意思是,美原本是一种内在的道德精神和品质,它由内到外显现于身体,发抒于人的创造性成就和事业,便是美的极致。这一美学原理至今仍可视为真理。朱自清评"诗言志"为中国历代诗论的"开山的纲领"②。"诗言志"论出自《尚书》,《尚书》收录了上古尧舜时代以降的重要文献,相传为孔子所编定,后来这一美学原理从孟子到张载再到王夫之,一脉相承地继承、发展,成为贯穿历代儒家美学的一条总纲。

降至春秋战国,中国进入第一个思想文化的黄金时代。诸子百家辈出,多种学说并起,百花齐放,百家争鸣,各以其创造性的理论建树彪炳一世,流风余韵波及百代。各家的美学学说也不例外,如道家的"返朴归真""大音希声""大象无形"的自然主义美学思想,法家的"重质轻文"的功利主义美学思想,等等,都对后世美学产生了深远的影响。

诸子百家中影响最大的首推儒家美学和道家美学。如果说柏拉图美学和亚里士多德美学是西方美学史上两座难以逾越的理论高峰,那么,孔、孟美学与老、庄美学则是中国美学史上并立的两座仰之弥高的理论高峰,也是中国历代美学取之不尽、用之不竭的理论源泉。

自汉武帝以后,虽然儒学一家独尊,占据了上层主流意识形态的显赫地位,但是它未能因此削弱道家美学对后世美学的强大影响力。在两汉,董仲舒、刘向、扬雄、毛苌等大儒将儒学及其美学推进到一个新阶段,尤其是毛苌的《毛诗序》把以往儒家零散的诗论综合为一篇比较系统完整的诗论。其中的"六义"之说、"表情"和"言志"之说对后来诗论的影响非常之大。其间,道家美学逸出主流,演为支派暗流,但是随着魏晋玄学的勃兴,道家美学再度洪波涌起,嵇康、阮籍等名士将道家美学的基本原理和原则发扬光大,形成以道家美学思想为基础的创作思潮。嵇康的《声无哀乐论》将道家自然主义美学的一般原理具体化,把

---

① 《十三经注疏》整理委员会整理,李学勤主编:《十三经注疏·周易正义》上册,北京大学出版社1999年版,第32页。

② 转引自郭绍虞主编《中国历代文论选》第一册,上海古籍出版社2001年版,第2页。

"自然之和"规定为音乐之美的最高目的及标准,创造性地发展了道家美学。魏晋道家美学的流波远及南北朝,直至南朝宋其主流影响才渐趋式微。刘勰称,"宋初文咏",山水初兴,庄老方佚①,说的就是这一事实。刘勰《文心雕龙》的问世标志着与道家美学并行的儒家美学发展到新阶段,它是儒家美学在南北朝的一座里程碑。

隋唐以来,王通、孔颖达、韩愈、柳宗元和白居易等人,或对儒家经典诠注、解释,或对儒家美学义理引申、发挥,儒家美学因之再现辉煌。道家美学紧随其后,再度奇峰突起,与儒家美学争衡。唐末司空图的《诗品》和南宋严羽的《沧浪诗话》标志着道家美学发展到一个崭新阶段。因为司空图和严羽在继承道家美学思想的同时,又吸收了佛学,尤其是禅宗义理中与道家相通的一些新成分,这是他们对道家美学的创造性发展。因此,一些美学家又把严羽称作"禅宗美学"的代表。禅宗是经中国传统思想尤其是道家思想改造而中国化了的中国佛学,从这个意义上说,禅宗美学是改头换面的道家美学。司空图与严羽的道家美学对后世影响很大,清代王士禛的"神韵说"就是对其思想的继承和发展。

根据中国思想发展的客观事实,宋代以后思想界形成儒、释、道三家交汇、合流之势,这一学术大势一直延绵到清代。儒家美学与道家美学因此融合、互补,两家分庭抗礼、并立同行的状况不复存在。新的情况是:儒、释、道兼容,儒中有释、道,或道中有释、儒,区别仅在于各家所存立的表里、主次。就个体而言,没有纯粹的儒家,也没有纯粹的道家,因此,没有纯粹的儒家美学,也没有纯粹的道家美学。苏轼就是一个典型。他表面上是正统的儒门高徒,骨子里却含藏着释、道的精髓,他的思想兼容儒、释、道三家。在苏轼的美学思想中道家美学思想占据主导地位。这种情况在各家的经典诠释中更为普遍,南宋林希逸是艾轩学派②的末代名儒,他在《庄子鬳斋口义》一书中以儒家的观点对《庄子》进行诠注、解释,这样便在道家经典中融入儒家的思想。明末清初的王夫之也不是纯儒,受佛学思想影响不小,他对儒家经典的解释有时自觉或不自觉地掺入佛学的观点和概念,如他在《尚书引义》一书中直接用佛学概念"能""所"来解释儒家原始经典,这两个概念成为他分析认识和审美的常用概念。

中国古代美学不是一门独立的科学,而是一种学说。在中国古代学术话语体系中根本没有"科学"这一概念,今天所说的科学是从西方学术话语中移植过来的洋概念。但中国古代有粗略的学科划分,一般分为经、史、子、集。西汉刘向、刘歆父子二人奉命将各种学问汇集分类,编为《七略》,分别是《辑略》《六艺

---

① 参见(南朝梁)刘勰著,周振甫注《文心雕龙注释》,人民文学出版社1981年版,第49页。
② 艾轩学派是南宋林光朝(字艾轩)开创的儒家学派。

略》《诸子略》《诗赋略》《兵书略》《术数略》《方技略》,这是中国古代最早出现的比较完整系统的学科分类。除《辑略》相当于总论外,其中每一类又包含多种学说,如《六艺略》包括《易经》《礼经》《书经》《春秋》等,《诸子略》包括诸子百家学说,《方技略》包括医药学、医学等,在这两个级别的学科门类中没有美学的名目。美学在中国古代或包含在经学中,或囊括在子学中,像西方古代美学一样,它也是一门附属性的学说。

　　无论在欧洲古代还是在中国古代,作为一种学说或学问的美学源远流长,历史悠久。许多美学教科书都把美学看作一门"既古老又年轻的学问",以此来概括美学的历史特点。笔者认为,这句话混淆了美学科学和美学学说的分界线。准确的说法应该是,作为一种学说的美学是很古老的,作为一门科学的美学则是年轻的。

第二节　近现代美学

一、西方近现代美学

　　从美学学说发展到美学科学是一个历史过程。在这一过程中有许多关键的历史节点,每一个节点都从内容和形式方面将古代美学向近代美学推进一步,例如文艺复兴时期、法国新古典主义、英国经验主义的美学家们都为近代美学的诞生做出了杰出的理论贡献。鲍姆嘉登虽然在他们之后,但在一个重要的历史节点上为近代美学科学的最终确立立下了不世之功。1750年(同年卢梭发表了他名震欧洲的学术论文:《论科学与艺术》),鲍姆嘉登《美学》问世,他首次以"Aesthetics"命名美学,从此美学作为一门独立的科学立于欧洲学术之林,所以学术界公认鲍姆嘉登为近代美学之父,1750年也就成为近代美学科学诞生的公元年。美学科学诞生迄今不足3个世纪。

　　鲍姆嘉登之前的美学一般被视为美学学说或学问,自此以后的美学才被公认为美学科学。那么,美学学说与美学科学到底有何区别呢?区别主要有两点:一为内容上的区别,前者没有独立的研究对象和领域,后者有专门的相对独立的研究对象和领域。二为形式上的区别,前者没有与其研究对象相对应的完整的概念、范畴、命题和原理体系,在逻辑上不能成为一个科学的理论系统;后者则有与其研究对象相对应的比较完整的概念、范畴体系,合乎逻辑地自成一个科学理论系统,并以此与其他科学相区别。

　　由于美学在古代没有属于自己的专门研究对象和领域,它一直作为其他科学的附庸而存在,在古希腊,美学或作为哲学的附庸而存在,或作为文艺学或诗学的附庸而存在;在中国古代,美学或作为道德伦理学的附庸而存在,或附属于文论与诗学。在这种情况下,美学很难有自己的专有概念和范畴。在毕达哥拉斯那里,"数"首先是哲学本体论概念,被视为宇宙存在的最高根据,依现代美学的眼光看,这样的"数"绝不是纯粹的美学范畴。孟子说:"充实之谓美,充实而有光辉之谓大。"① 这里的"充实"指的是"诚",不诚无物,诚则"万物皆备于我"②,"诚"是儒家道德哲学的一大范畴,而不是美学范畴。美学与哲学、伦理学、诗学混用同一概念的情况在中外的古代学术界很普遍。

　　古代美学的这种附庸性存在状况一直延续到鲍姆嘉登才从根本上改变。鲍姆嘉登的老师沃尔夫将莱布尼茨的理性主义哲学系统化,把理性哲学划分为本体论、宇宙论、伦理学和心理学四个理论分支。鲍姆嘉登把沃尔夫的系统化工作又向前推进了一步,他发现这个哲学理论系统尚有漏洞,它忽略了人的感性,关于人的感性的理论在这个理论系统中阙如。人的心理能力有知、情、意,哲学、逻辑学专门研究人的理智或理性认识,伦理学研究人的意志,唯独情感或感性(也就是莱布尼茨所说的混乱的认识,包括情感、想象、幻想等)没有专门的学科去研究。他把这个任务派给了美学,将美学定义为研究感性或感觉的完善的学科,并以"Aesthetics"命名。"Aesthetics"本意是感觉学,它的研究对象是完善的感性或感性的完善。鲍姆嘉登认为美就是"感性的完善",所以将它意译为"美学"。美学从此有了自己的专门研究对象和专有概念与范畴,美、丑、完善、感性的审辨力等范畴从理性哲学概念系统中分离出来,形成专属美学的概念体系。美学自成一个独立的学科,与哲学、伦理学平起平坐、分庭抗礼,真正成为现代科学意义上的美学科学。

　　事实上,美学成为一门独立的科学是近代哲学和自然科学发展的必然结果,鲍姆嘉登只是顺应这一必然性而给美学追认了一个与时俱进的名分与地位而已。

　　从 13 世纪到 17 世纪,欧洲自然科学家和哲学家在反对中世纪经院哲学的过程中创立了分析的方法和实验的方法,为近现代科学的形成与发展奠定了牢固的方法论基础。实验科学的先驱罗吉尔·培根在这方面做出了开创性的贡献,他批判经院哲学的方法,提倡实验的方法,"认为进行实验的本领胜于一切思辨的知识和方法,实验科学是科学之王"③。至 17 世纪,大家公认实验方法是研究自然界的科学方法。与实验方法密切相关的是分析方法,它是对古希腊流行的总体综合方法的否定和扬弃。恩格斯曾对此做过精辟的解释:分析方法

---

① （宋)朱熹:《四书章句集注》,中华书局 1983 年版,第 370 页。

② （宋)朱熹:《四书章句集注》,中华书局 1983 年版,第 350 页。

③ [苏]敦尼克等主编:《哲学史》上册,生活·读书·新知三联书店 1972 年版,第 123 页。

"把自然界分解为各个部分,把自然界的各种过程和事物分成一定的门类,对有机体的内部按其多种多样的解剖形态进行研究,这是最近四百年来在认识自然界方面获得巨大进展的基本条件"①。

鲍姆嘉登是在分析方法和实验方法广为普及的历史条件下创立美学科学的。他的创造性在于首次把应用于自然科学领域的分析方法移植到人文科学领域来研究哲学和美学,把原来统一的心理现象分析为理智、意志和感觉三个部分,并把感觉规定为美学的独立研究对象,这为现代科学美学奠定了牢固的经验基础和出发点,开辟了美学研究的经验的科学方向。鲍姆嘉登在接受近代分析方法的同时,排除了实验方法,而采取哲学认识论方法来研究美学,从形而上层面来探索美的本质和规律,他所坚持的还是传统美学的哲学方向(这是鲍姆嘉登的美学科学与后来出现的科学美学的主要区别),嗣后出现的德国古典美学和俄国民主主义美学都是沿着这一方向成长起来的。20世纪初,立普斯沿着美学的科学方向创立了"移情说",心理学美学异军突起,渐渐成为美学的主流和主导,哲学美学才渐趋式微,让位于心理学美学。

第二次世界大战对欧洲乃至世界的影响是极其深远的,它使世界发生了多方面的深刻变化(包括美学的变化),此后美学进入了全新的现代阶段。现代美学的变化主要体现在两个方面:一是西方美学中心的转移,二是美学方向的转向。

在第二次世界大战前,德国美学一直处于世界领先地位。德国不仅拥有一批杰出的美学家,而且是许多重要美学流派的发源地,如完形心理学、现象学、符号学和精神分析学等哲学或心理学派生出来的美学流派,无一不是在德国诞生的。在历史上的很长阶段,德国美学是西方美学的中心,引领着西方和世界美学的发展方向。德国美学家马克斯·德索是德国美学的杰出领导人物,他于1906年创办的《美学与一般艺术学》(又译《美学与普通艺术学》)在相当长的时期内是国际性美学权威杂志。1913年10月他在柏林发起并召集了世界第一次美学会议,到会的525名各国代表中德国美学家就有450名。德国美学的领先地位由此可见一斑。美国当代美学家托马斯·芒罗曾客观地评述这一事实:"从最早认识到美学是哲学的一个分支的18世纪起,到1939年为止,德国美学的早期领导地位是十分显著的。当时像马克斯·德索、埃米尔·乌蒂茨和马勒·佛雷菲尔斯都是能把这种领导局面继续维持下去的人物。由马克斯·德索主编的《美学与普通艺术学》杂志,大量丰富多彩的美学论文以及其他大量的美学著

---

① ［德］恩格斯:《反杜林论》,中共中央马克思恩格斯列宁斯大林著作编译局译,人民出版社1993年版,第19~20页。

作,差不多比以往全部时代加起来的总数还要多。一系列的国际性美学协会在德国和其他地方建立起来,仅仅因为战争,美学的领导地位才由德国转到了法国和美国。"①

第二次世界大战前夕,随着希特勒上台,欧洲大陆的政治形势发生了巨大变化。德、奥等国的大批哲学家、心理学家和美学家因不堪忍受纳粹的法西斯统治和迫害而纷纷逃离本国,迁至美、英等国。这一趋势一直延续到第二次世界大战爆发后,愈演愈烈。随着德、奥等国美学家的迁移,美学中心随之转移,一些新的美学流派相继从欧洲大陆转移到美国,一些德、奥的哲学流派或者心理学派到了美国后逐渐发展成为新的美学流派。德国美学的影响逐渐减弱,美国美学的影响不断增强,渐渐成为西方乃至世界美学的中心,取代了德国美学的领导地位。1943 年德国的《美学与一般艺术学》杂志被迫停刊,而在此之前不久,1941 年美国的《美学与艺术批评》杂志正式创刊,由达格柏特·鲁思创办,自 1945 年起则由托马斯·芒罗长期担任主编。这是一个标志性的事件,标志着德国美学的地位开始下降,美国美学的地位开始上升,跻身领导地位。

伴随着西方美学中心转移的另一个变化是美学研究方向的转向,即方法论的转向。在美国美学的兴起过程中,美学研究方法由原来的形而上的思辨方法逐渐转向形而下的经验主义方法。20 世纪以来英、美哲学和大陆哲学已经形成经验主义与理性主义对峙之势,在美学领域也有这种对立倾向。但由于德国美学领导地位的强大影响力,形而上的思辨方法一直占据美学的主导地位,成为西方美学的主流方向。这一倾向一直延续到克罗齐,经久不衰。第二次世界大战以后,这一局面被彻底打破,美学发生了方向性的巨大变化。英国哲学经验主义压倒理性主义,成为世界哲学的主流倾向。与此相应,美学放弃了由德国古典美学开启的形而上的思辨方法,比较普遍地采取经验主义方法。"在经验主义者看来,那种对美的思辨的、形而上学的探讨已毫无意义。甚至像桑塔耶那、杜威这样原来信奉黑格尔主义的美学家,也怀着沮丧的心情摒弃了黑格尔主义。美学研究的主题也变了,由对'美'的形而上学探讨转变到对审美经验以及艺术中的一些专门问题的探讨。"②

美学的经验主义是哲学经验主义的延伸。当代西方经验主义哲学将哲学的基本问题分成两大类:第一类由经验主义的各种问题所组成,这些问题将用经验科学的方式解决;第二类是逻辑问题,即关于概念、术语和方法的问题,这些问题将通过哲学分析的方法解决。当代西方经验主义美学根据经验主义哲学的分类

①　朱狄:《当代西方美学》,武汉大学出版社 2007 年版,第 1~2 页。

②　朱狄:《当代西方美学》,武汉大学出版社 2007 年版,第 3 页。

标准被划分为两大类,即科学美学和分析美学。

科学美学是一种科学的、描述的、自然主义的接近美学的方式。它的基本方法是实验的、经验的。它主张:第一,对艺术形式做出历史分析;第二,对作品或美的创作、鉴赏以及艺术教育做心理学上的研究。也就是要把原来美学研究的主要课题,诸如什么是美、美的本质是什么之类的问题,转换为对艺术问题的研究,并且广泛地研究与艺术相关的一切问题,包括对与艺术有关的心理学、艺术史、文化史、社会学和人类学等专门学科进行研究。审美经验成为科学美学关注的首要对象。许多经验主义美学家从心理学角度去分析审美经验,表现论美学、实用主义美学和现象学美学都十分注重审美过程中的心理学问题。把"美"看作一种心理学研究对象,甚至把"美"直接看成一种心理现象成了一种强有力的思潮。实验美学的创始人费希纳把美学等同于心理学,把它界定为心理学的一个特殊部门。他的观点不是孤立的,在某种意义上说,心理学美学与分析美学分庭抗礼,平分当代世界美学的天下,并且长盛不衰,成为当代西方美学的一大主流。诞生于 20 世纪的格式塔美学、精神分析美学和实验美学直至 21 世纪仍然深刻地影响或支配着当代美学的发展方向。

与科学美学并列的分析美学是一种以语义分析为主要方法的新的美学流派和美学研究方法,主要关注的是与审美有关的语言问题和意义问题,力图对艺术和审美中所使用的语词、句子和意义进行精密的语义分析。其主要代表人物有理查兹、维特根斯坦、莫里斯·韦兹、卡西勒、苏珊·朗格等人。分析美学学派内部因倾向不同而分为两派。一派对美学的语言意义或价值持肯定的态度,卡西勒与苏珊·朗格属于这一派;另一派则怀疑、否定语言意义的美学价值,维特根斯坦和莫里斯·韦兹是这一派的代表人物。不管分析美学内部有多大分歧,都无损于它整体上的"新",它和科学美学一样,至今仍然是当代世界美学的主流,引领着美学发展的新方向。

二、中国近现代美学

国内一些研究中国美学史的学者把梁启超与王国维作为中国近代美学的代表人物,他们所处的时代也就被纳入近代范畴。这种观点值得商榷。我们已经指出:美学研究中的古代、近代与现代属于历史哲学范畴,与史学中的历史分期概念有关联,但是有实质性的区别。美学的近代主要是指哲学的认识论阶段,或主体性哲学阶段。西方认识论哲学强调认识主体的自由和个性,以此来否定神的绝对至上性和权威。与此相对应,王阳明哲学的左派李贽堪称中国主体性哲学的开山祖师。他的"童心说"强调情感至上、个性至上,以此来反对传统、权威和迷信。深受李贽"童心说"影响的汤显祖提倡思想解放,扬情抑理,强调艺术的独创性与个性,视情为艺术的灵魂和生命,提出"唯情说",启中国近代浪漫主义美学之先河。这与西方近代的人文主义精神与启蒙精神是相通的。二者有所区别的是:西方近代的思想启蒙与中世纪神学彻底决裂,因而启蒙思想生机勃勃,活力四射,较彻底地摆脱了神学影响,以全新的面貌现身于近代思想史;而中国的思想启蒙则没有与被神圣化了的儒学彻底决裂,因而中国近代启蒙思想在一定程度上保留着经学儒学的影响。这种状况一直延续到王夫之,他的思想洋溢着近代启蒙精神——他从哲学的高度充分肯定情感和情欲的合理性,但传统儒学对他的影响也是比较深刻的。王夫之的思想(包括美学思想)具有古代与近代的二重性。

梁启超、王国维和鲁迅是中国现代美学的先驱。他们是在西学东渐的思想文化背景下成长起来的一代新学者,既有深厚的国学功底,又有西学素养与科学精神,他们的美学思想兼有东方与西方、近代与现代的特点。

梁启超注重艺术的个性表现,鼓吹"诗界革命"与"小说革命",提倡文体改革。这些主张和观点构成梁启超美学思想的主要方面,其主导思想的精髓是启蒙精神,但也夹杂着一些现代的观念。王国维潜心研究德国美学(主要是叔本华的美学理论),以旧瓶装新酒的方式拿来了一些西方美学的概念,以此来改造中国古典美学范畴,提出"境界说",令中国古代的"意境"论吐故纳新。其表达形式是近代的,其思想内容尤其是其悲剧观,则更接近西方现代精神。鲁迅的美学理论突出的是近代启蒙精神,而他的文学创作则流露出强烈的西方现代主义色彩。他的美学著作《摩罗诗力说》极力推崇拜伦、雪莱、普希金等西方浪漫主义作家,以此来标榜自己的浪漫主义美学思想,而他的许多杰出的文学作品,如《狂人日记》《阿Q正传》等,带有明显的西方现代派的风格。

1932年朱光潜的《文艺心理学》问世,对西方现代流行的数家心理学美学进行了系统的梳理与客观的述评。这标志着中国美学界开始真正系统、全面地接受西方美学科学新概念,步入现代美学的新阶段。1945年蔡仪的《新美学》正式出版。与《文艺心理学》不同,《新美学》不是单纯地评介西方美学,而是在批评、借鉴西方美学(主要是西方现代美学)的基础上有所创新,自成一家之言。《新美学》是中国学者自己创作的一部比较完整、系统的现代美学著作。

中国当代美学(就其哲学基础——唯物辩证法——而言,中国当代美学属于现代美学范畴)之发展先后涌现两个高峰。第一个高峰出现于20世纪50年代,在百花齐放、百家争鸣的学术背景下,不同美学学派相互批评,在争鸣中共同发展。代表性学派有:以蔡仪为代表的唯物主义美学学派;以高尔泰为代表的唯心主义美学学派;朱光潜提倡"主客统一"说,介于唯物主义与唯心主义之间,追随者也不少,又成一派;李泽厚后来居上,倡导马克思主义实践美学,成为实践美学学派的代表和领军人物。

之后中国美学经历了十年沉寂，进入低谷，而改革开放又开启了一个新时代，政治、经济、文化随之发生了巨大的变化，美学因此再度兴盛起来，在 20 世纪 80 年代出现了中国当代美学的第二个高峰。以李泽厚为代表的实践美学一跃成为主流美学，得到国内学术界的普遍认可，朱光潜和蔡仪的影响固然不小，但不及李泽厚美学影响之广泛和深远。

20 世纪 80 年代美学高峰的一个显著特点是：西方当代美学诸多流派的理论以空前的广度和深度迅速在中国传播开来，形形色色的新概念、新观点一起涌入中国美学界，令人眼花缭乱；中国美学与世界美学照面，相互撞击、交流，尝试与世界美学平等对话，相互借鉴、吸收、补充。中国美学的前进步伐逐渐与世界美学的发展轨迹相应合。曾在西方发生的美学转向开始波及中国当代美学，中国美学的主流倾向转向心理学美学，格式塔美学、精神分析美学和实验美学等诸多西方当代美学流派传入中国，并且比较广泛地普及开来，其普及的范围比心理学"老三论"①的普及范围还要广。鲁道夫·阿恩海姆、弗洛伊德等人的名字并不像立普斯和布洛那样只为少数美学家所熟知，虽然算不上家喻户晓，但是对受过正规大学本科教育的许多人来说，他们的名字并不陌生。尤其是精神分析美学对当代中国美学、文艺学以及相关的其他人文学科产生了极其深刻的影响。在大学曾一度兴起"弗洛伊德热"，人们饭后茶余必读弗洛伊德，"力比多"②"俄狄浦斯情结"③成为挂在大学生嘴边的最时髦的"口头禅"或时兴术语。1984 年人民出版社出版了朱狄的著作《当代西方美学》，书中介绍了西方当代美学的十大流派，其中绝大多数是心理学美学流派，这无疑促进了当代西方心理学美学在中国的广泛传播，同时又是当代中国心理学美学兴盛的一个标志。

到了 20 世纪 90 年代，中国当代美学热度退去，进入相对沉寂的时期。

步入 21 世纪，中国当代美学又出现了新气象，实践美学的主导地位开始受到怀疑，人们企图用西方现代哲学的新方法丰富、补充、完善实践美学的方法论基础，尤其是现象学-存在主义哲学方法突破了西方认识论哲学的主客二分的思维模式，并以主客合一的新思维开辟了现代哲学的新方向，这对实践美学的哲学基础具有补苴罅漏之功。作为实践美学方法论基础的辩证唯物主义在相当长

---

① 即立普斯的"移情说"、布洛的"心理距离说"和克罗齐的"直觉说"。

② 力比多（libido）是弗洛伊德在《精神分析导论讲演》一书中提出的新概念，他的解释是："和饥饿极其相似，我们用'力比多'来命名那种使本能得以显现的力量（这里是性本能的力量）。"见［奥］西奥蒙德·弗洛伊德《精神分析导论讲演》，周泉等译，国际文化出版公司 2000 年版，第 273 页。

③ 俄狄浦斯情结（Oedipus Complex）是弗洛伊德在《释梦》一书中提出的概念，意为恋母妒父心理。参见［奥］西奥蒙德·弗洛伊德《弗洛伊德论美文选》，张唤民、陈伟奇译，裘小龙校，知识出版社 1987 年版，第 13 页。

的一段时间里被片面地诠释、运用,一些美学家过度强调它的认识论原则,以及与之密切相关的主客二分的思维方式,以此来解释美及其现象很难正确地揭示美的存在论性质。所以,借鉴、吸收现象学-存在主义新方法,以之来克服认识论美学方法的片面性,对于补充、完善实践美学的方法论很有必要。以朱立元为代表的一批美学学者在这方面做了极其有益的探索和尝试,其成果集中体现在朱立元主编的"面向21世纪课程教材"《美学》中。《美学》在坚持辩证历史唯物主义基本原理的同时,大胆采纳了存在主义方法,以此来补充、丰富历史唯物主义方法,扬弃了传统美学的主客二分思维模式,纠正、克服了中国当代美学研究中的认识论倾向,提出了"审美是一种人生实践""审美是一种人生境界"[①]的新观点、新命题。《美学》的这一新观点比"美是人的本质力量的感性显现"或对象化体现这一观点更前进了一步[②],更逼近美的本质的真谛。因为后一种观点仍然是把美作为与人相对的一种人化了的客观现象,终究摆脱不了主客二分思维的桎梏,还是将审美看成一种特殊的认识方式,而"境界"突出的则是"物我合一"的和谐圆融的存在状态。毋庸讳言,《美学》作为探索性尝试之作仍存在不足之处,比如哲学基础的内在矛盾,概念的杂糅、混乱等,但它新开启的美学研究方向具有一定的引领和开创意义,当代中国美学沿着这一方向发展将会迎来"柳暗花明又一村"的光明前景。

【本章复习重点】

一、基本概念

古代美学　近代美学　现代美学　美学学说　美学科学　科学美学
分析美学　实践美学

二、思考题

1. 简述西方古代美学的历史发展线索。
2. 简述中国古代美学的历史发展线索。
3. 美学学说与美学科学有何区别?
4. 为什么说鲍姆嘉登是近代美学之父?
5. 西方现代美学的基本特点是什么?
6. 简述中国近现代美学的发展阶段与特点。

---

① 朱立元主编:《美学(修订版)》,高等教育出版社2006年版,第71、74页。
② 参见刘叔成、夏之放、楼昔勇等《美学基本原理(修订本)》,上海人民出版社1987年版,第57页。

第二章　美学的研究对象

顾名思义,"美学"的研究对象就是美,这好像是一个不言而喻的常识,无须深究。这个问题就像"数学研究数""化学研究物体的构成元素和结构形式"这类问题一样简单明了,不言自明。事实并非如此。因为"美"本身是相当复杂的一种存在现象,是一时说不清道不明的,是一概念、一命题、一判断所不能解释清楚的。美作为人的一种精神价值判断,具有极强的主观倾向性和个体差异性,"情人眼里出西施"说中了这一事实。情人眼里的美是主观的情感判断的结果,因他对对方有情才把她认作西施一样的美人,这"美人"在另一个无情的男人的眼中也许并不美,甚至是丑的。大而言之,不同阶级、民族、时代都有对美的不同评价。一阶级有一阶级的审美标准,不同阶级对同一审美对象的评价不同,甚至截然相反;一民族有一民族的审美标准,不同民族对同一审美对象的评价差别很大,甚至完全对立,比如欧美人与中国人对人体美的审美标准就大不一样,中国人大都以白为美,很多欧美人则以古铜肤色为美;一时代有一时代的审美标准,不同时代对同一审美对象的看法截然不同,甚至相反,比如在封建时代,人们普遍认可的女人小脚在当代中国人眼中是极其丑陋的,缠脚的陋习也被摈弃。所以,对"美是什么"的问题,美学界一直众说纷纭,莫衷一是,很难形成定论。这个问题难以解决,美学研究的对象便很难确定下来,难以形成普遍认可的科学结论。

第一节　近现代美学史上关于美学
研究对象的几种不同观点

一、马克思主义美学之前关于美学研究对象的几种分歧观点

对美学研究对象的看法有分歧,其根源在于美学研究对象的复杂性。美学研究对象的复杂性自从美学科学诞生的那一天起就暴露出来。鲍姆嘉登明确地把美学研究的对象规定为"感性认识的完善"或"完善的感性认识",他说:"美学的对象就是感性认识的完善(单就它本身来看),这就是美;与此相反的就是感性认识的不完善,这就是丑。正确,指教导怎样以正确的方式去思维,是作为研究高级认识方式的科学,即作为高级认识论的逻辑学的任务;美,指教导怎样以

美的方式去思维,是作为研究低级认识方式的科学,即作为低级认识论的美学的任务。美学是以美的方式去思维的艺术,是美的艺术的理论。"①鲍姆嘉登在这里是从审美客体和审美主体两个方面说明美学对象的存在性质和特点的,"感性认识的完善"是指作为客观对象而存在的美,这种客观的"完善"或"美"主要通过不同形式或种类的艺术来显现自身。单从这方面看,美学的对象是艺术,所以他把美学界定为"美的艺术的理论"。与"感性认识的完善"相对应的是"完善的感性认识",即"以美的方式去思维的能力"或审辨美丑的能力,鲍姆嘉登又称之为"感性的审辨力"。单从审美主体方面看,美学对象就是这种"感性的审辨力",所以鲍姆嘉登又把美学看作"研究低级认识方式的科学"。其实关于美学研究对象的这两种不同认识反映的是一个问题的两个方面,"'美是凭感官认识到的完善'一个定义就同时顾到客观性质和主观认识"②。在鲍姆嘉登眼中,美学对象兼有客观和主观两方面的性质,美作为艺术客体而存在,就是一种文化现象,美作为一种心理能力或机制而存在,即为一种心理现象,所以美学对象具有文化和心理的两重性。

康德从审美主体出发片面地继承发展了鲍姆嘉登的思想,把美学的研究对象明确地规定为审美判断力或趣味判断,美学不研究审美判断力以外的所谓客观的审美对象,只关注判断力本身。所以康德把他的美学著作命名为《判断力批判》,判断力被看成与纯粹理性和实践理性并立的三大先天能力之一。黑格尔称之为先验的直观或人性的思维,他说从康德起,"直观学"被专用来指美学,它是专门研究直观的科学。③

黑格尔从审美对象方面继承、发展、完善了鲍姆嘉登的思想,认为自然界无美可言,社会生活中只有美的潜质,唯有艺术才是美的集中的典型的表现形式,所以艺术是美学研究的唯一对象,美学就是艺术哲学。④

康德和黑格尔的美学思想在西方美学界颇具代表性,分别对现当代世界美学产生过并且继续产生着深远的影响。

康德把"审美判断力"看作一种先天的心理能力,但他并不把美学简单地等同于心理学,而把它看作哲学整体中一个不可分割的理论分支,它的最高目的是解答人的合目的性问题或自由的问题。所以美学在康德哲学体系中占有很高、很重要的地位。黑格尔把美等同于艺术,但他并不把美学降格为现代经验科学

---

① 朱光潜:《西方美学史》,人民文学出版社 1979 年版,第 289~290 页。
② 朱光潜:《西方美学史》,人民文学出版社 1979 年版,第 291 页。
③ 参见[德]黑格尔《哲学史讲演录》第四卷,贺麟、王太庆译,商务印书馆 1978 年版,第 264 页。
④ 参见[德]黑格尔《美学》第一卷,朱光潜译,商务印书馆 1979 年版,第 3~4 页。

意义上的文艺学和艺术文化学,"美就是理念的感性显现"①这一定义揭示的是艺术现象或美现象的形而上学根据,它的经验的科学实证的性质并不是美学所要重点关注的东西,所以称之为艺术哲学。康德和黑格尔对美学研究对象的看法虽然存在较大的分歧,但二人所坚持的美学研究方法和方向是相同的,他们都以形而上的思辨方法研究美学,坚持的是美学研究的哲学方向。

第二次世界大战前后西方美学发生了重大的变化和转向,如上所述,美学从形而上的思辨方法转向形而下的经验主义方法。在这种情况下,各派美学对美学的研究对象仍未形成统一的看法,相反,分歧更大。科学美学一派更倾向于心理学,甚至把美学直接等同于心理学,德国实验美学的创始人费希纳的观点很有代表性,他明确地把美学规定为一般心理学的一个特殊部门。德国实验美学的特殊性在于,它专门研究快乐和痛苦这两种特殊的心理形式。因为在诸多心理机制和形式中,唯有这两种心理具有审美的性质,与美丑直接相关联,凡是能引起快乐的事物就是美的,凡是能引起痛苦的事物都是丑的。精神分析美学则别出心裁地将人的深层无意识心理,如所谓"恋母情结",作为美学的研究对象。分析美学一派更多地把艺术文本看作美学的研究对象,但是他们对艺术文本的理解又五花八门,有的把它看作纯粹的形式,有的把它理解为一种特殊的符号,有的则把它视为一种语言形式或一种话语。苏联当代美学诸派中有一派为价值美学,其代表人物是斯托洛维奇和鲍列夫,从 20 世纪 50 年代中期起,他们不仅以认识论观点而且以审美评价意义来解释艺术现象和审美现象。斯托洛维奇"把审美关系看作为一种价值关系"②。他在其《审美价值的本质》《美作为价值和美的价值》《美作为审美价值》等代表作中明确地将"审美价值"规定为美学的研究对象。

关于美学研究对象的问题有如此众多的分歧意见和看法,很难以统一的所谓客观标准来评判正误。公正地看,各家之言都有一定的道理,因为他们都从不同的角度切中了美学对象某一方面或侧面的真相,这恰恰表明了美学对象的复杂性。美学的研究对象确实具有主观的、客观的、心理的、物理的、历史和文化的等多方面的综合性质,无论把它看作审美经验还是艺术现象,情况都是如此。对此任何单一的逻辑判断或命题都不能准确地概括揭示出它的全部真相。

心理学美学和分析美学都意识到美作为对象而存在的复杂性和非逻辑性。心理学美学清楚地认识到美至少有三方面的特点:第一,美的对象并没有一种独立的美的特质;第二,审美经验依赖一种"审美态度",只要有了这种审美态度,

① [德]黑格尔:《美学》第一卷,朱光潜译,商务印书馆 1979 年版,第 142 页。

② 凌继尧:《苏联当代美学》,黑龙江人民出版社 1986 年版,第 158 页。

任何对象都可以是美的;第三,"审美对象"也只能是一种心理学性质的概念。分析美学则明确地认识到审美经验不是单纯的概念、术语和方法,它是"意义""记号""符号"和"语言"的集合体,要全面而正确地理解、解释它,需要心理学、艺术史、文化史、社会学、人类学、语言学、符号学、信息论和控制论等多种科学对它进行综合性研究,其中任何一种科学都只能揭示美的某一方面的存在性质,而不能揭开美的全部真相。

二、马克思主义美学关于美学研究对象的基本观点

马克思主义美学作为当代世界美学一大流派,对美学研究对象也有自己独到的看法和主张。马克思主义曾经在大半个世界的范围内,对许多国家的美学产生广泛、深入、持久的支配性影响。马克思主义美学在当代中国美学界不仅仅是一家之言,而且是一种主流意识形态,长期掌握、支配着中国美学的话语权,引领着当代中国美学的发展方向和倾向。它的基本原理和观点以其真理的客观性而被普遍认同。以下将阐述马克思主义美学关于美学研究对象的基本观点。

马克思主义的创始人没有写过系统的美学专著,也没有专门探讨过美学的研究对象问题。所以,关于美学研究对象的思想观点只能到马克思主义美学学派那里去寻找。苏联科学院哲学研究所、艺术研究所主编的《马克思列宁主义美学原理》一书明确指出:美学的研究对象就是"人对现实的审美关系"[1],这一审美关系首先指的是人在审美活动过程中对自然界和社会生活领域中美的事物的审美感知和审美感受。在这一审美关系中,有审美对象方面的自然事物的美形式和社会事物的美人格、美精神,有审美主体方面的审美感知、感受、评价和判断,唯独没有艺术,而在现实的审美关系中又不能没有艺术。为了把艺术纳入审美关系范畴,苏联马克思主义美学家继而把审美关系分为两个层级:人对自然美和社会美的审美感知和感受是最初级的审美感受,它是艺术趣味发展的基础、基石,是人对现实的审美关系的初级形式;在此基础之上成长起来的艺术则是人对现实的审美关系的高级形式。这样便把艺术和美感经验、审美主体与审美对象统一于审美关系,人对现实的审美关系便成为一个高于艺术和审美经验的综合概念。

当代中国实践美学学派继承、发展了苏联马克思主义美学关于美学对象的思想,也把人对现实的审美关系看成美学的研究对象,但对审美关系的解释不尽相同。王朝闻主编的《美学概论》把审美关系解释为一种基于认识论的关系:审美实质上是审美主体对审美客体的能动反映,艺术被看作审美意识的物质形态化了的集中表现形式。因此美学的研究对象包含客观世界的美和人对客观世界

---

① 《马克思列宁主义美学原理》,陆梅林等译,生活·读书·新知三联书店 1962 年版,第 2 页。

的美的反映的全部领域,具体展开为相互联系的三个方面:其一,从客观方面研究审美对象,阐明美的本质和根源,研究美丑的矛盾发展、美的各种存在形态等;其二,从主观方面研究作为审美对象的反映的审美意识,阐明它的本质、反映形式的特征及其历史发展的规律性;其三,研究审美意识的物质形态化形式——艺术,阐明艺术的本质、内容与形式、种类,以及艺术创造活动的规律性和艺术鉴赏、艺术批评等问题。① 在对美、美感与艺术三者的关系处理上,实践美学学派内部也有不同的看法和主张,有的以美为中心联结美感和艺术,有的以艺术为中心联结美和美感。这两种观点与王朝闻的观点是有区别的:前者力图在构成审美关系的诸要素中区分出主次,后者则将美、美感和艺术三要素平等地并列在一起,统一于审美的认识关系之中。

　　王朝闻关于美学研究对象的观点在中国当代美学界得到广泛的认可,颇具代表性,现在各大学通用的美学教材比较普遍地采纳了这一观点。李泽厚对此做了进一步的发挥和解释,并根据美学研究对象三个方面的内容界定了美学理论体系的结构体制。美学作为一个相对完整独立的理论系统主要包括三个理论部门或理论分支:其一,美的哲学或哲学美学,主要研究美的本质及规律;其二,审美心理学,主要研究审美经验的本质、形式特征及发展规律性;其三,艺术社会学,主要研究艺术创造、艺术接受与批评的历史和美学的规律。这三大理论分支构成马克思主义美学体系的主体构架。②

　　以上各家对审美关系的解释与界定虽然不尽相同,但他们所依据的哲学方法论是相同的,马克思主义的实践本体论原理是他们共同遵循的方法论基础。审美关系被看作在一定社会实践基础上形成的综合概念,是主体与客体、主观与客观、个人与社会的辩证的历史的统一。这表明人们对美学研究对象的认识已从过去单一的稀薄的抽象上升到综合的整体或"思维具体"③。据此,我们继续保留、沿用"审美关系"这一科学的概念,并把它作为考察的对象。

第二节　作为美学研究对象的审美关系的基本含义

　　审美关系作为一个综合概念,其内涵极其丰富,至少有三个方面的含义。

---

　　① 参见王朝闻主编《美学概论》,人民出版社 1981 年版,第 7 页。
　　② 李泽厚:《美学的对象与范围》,见中国社会科学院哲学研究所美学研究室、上海文艺出版社文艺理论编辑室合编《美学》第三期,上海文艺出版社 1981 年版,第 12~13 页。
　　③ 〔德〕马克思:《〈政治经济学批判〉导言》,见《马克思恩格斯选集》第二卷,中共中央马克思恩格斯列宁斯大林著作编译局编译,人民出版社 2012 年版,第 751 页。

一、含义之一

审美关系实质上是在社会实践基础上历史地形成的主体对客体的自由关系,社会实践是它赖以存在和发展的唯一基础和根据。离开一定的社会实践而独立存在的审美关系是不可想象的无源之水、无本之木。这样一种无根蒂的东西即使存在,也是被错误的理论歪曲了的存在,不是严肃的美学科学所应当认真对待的对象。

从肯定的方面看,人的审美能力是社会实践的产物。马克思把人们欣赏音乐的耳朵和观赏美丽色彩的眼睛称作"社会化"的感官或"感觉的理论家"①,并且认定人的五官是既往全部人类社会历史的产物。同是耳朵,今人的耳朵与原始人的耳朵大不相同;同为眼睛,当代人的眼睛与古代人的眼睛有巨大的差异;也许今人耳闻目睹的东西是古人用头脑才能理解的,而古人眼睛看得清的东西,今人可能通过显微镜才能看得见、看得清。

审美对象的产生也离不开社会历史实践,马克思认为审美对象是"自然人化"的结果。② 自然何以能被"人化"?在自然性之上附加人性和社会性,只有社会实践这一途径,舍此别无他途。人类通过社会实践能动地改造自然事物、占有自然事物,使之成为人类的合目的性存在,为人类所用。这样一来,被实践或直接或间接地加工、改造过的自然便成为"人化的自然",成为人的本质力量对象化的世界,自然因此而成为审美对象。正是在这个意义上,马克思主义美学把美定义为:美是人的本质力量的感性显现。从外延方面看,一切感性事物,只要包含并显现着人的本质力量就是美的,反之则无美可言。

由此可见,审美关系得以成立的主观和客观两个方面的条件都是以一定的社会实践为基础和根据的,离开一定的社会实践,人对现实的审美关系便无法实现。

审美关系的实质或灵魂是人的本质、主体的自由。恩格斯说,自由是对自然必然的认识和改造,"因此它必然是历史发展的产物"③。其前提是作为实践主体的人类首先在意识或认识中自由、自觉地先行掌握对象世界,如此才能成功地改造、占有对象世界,没有理论上的自由和自觉,也就没有实践上的成功,只有在

---

① [德]马克思:《1844年经济学哲学手稿》,中共中央马克思恩格斯列宁斯大林著作编译局编译,人民出版社2018年版,第82页。

② 参见[德]马克思《1844年经济学哲学手稿》,中共中央马克思恩格斯列宁斯大林著作编译局编译,人民出版社2018年版,第84页。

③ [德]恩格斯:《反杜林论》,中共中央马克思恩格斯列宁斯大林著作编译局译,人民出版社1993年版,第117页。

成功的实践的基础之上形成的现实的主客体关系才是人对自然、对世界的自由关系,才能真正实现人的本质的对象化,才有真正的主体性自由。一群绵羊和一块草地并没有什么主客体关系,因为绵羊并没有对草地的自觉意识和自由意志,因此算不上自由的主体,没有自由的主体也就没有客体,客体是相对于自由主体而存在的。

审美主体能够与审美客体相对应并成为生成审美关系的能动的一方,其缘由不是别的,正是主体的自由。审美主体首先作为自由的主体而存在,才有与它相对应的审美客体,才有现实的审美关系。对牛弹琴实枉然,牛对音乐不能形成现实的审美关系,因为牛没有对世界的自觉和自由,不是自由的主体。如果没有懂音乐的耳朵和辨色彩的眼睛,最动听的音乐、最艳丽的花朵也无美可言。这种懂和辨只对自由的人或主体而存在,无论从可能性还是从现实性来看,都是如此。所以,主体的自由是人对现实的审美关系得以实现的首要条件。从价值的维度看,自由是人对人的人性本质的全面掌握和占有,一个人不能在认识和实践的全部领域现实地掌握、占有自己的人性本质,实现初步的主体自由,就不能在情感的领域中再度精神地掌握、占有自己丰富的人性本质,实现高级的理想的绝对自由。显然,人的人性本质、主体的自由构成审美关系的灵魂和精髓。

二、含义之二

审美关系是在历史实践基础上形成的一种内在性"物—我"结构形式。"内在性"是与"外在性"相对的一大哲学概念或范畴,"内在性"指主观精神性,"外在性"则指客观物质性。审美关系是内在的,这意味着它在实质上是一种主观精神性的存在形式,而不是客观的物质存在。囿于机械唯物主义成见者或许会对这种解释不以为然,指责这是美学上的唯心主义。在他们看来,所谓"现实的审美关系"一定是通过某种客观的中介物联结起来的审美主体与审美客体的关系,这就像桥梁将河流两岸的桥头联为一体一样,此岸的桥头与彼岸的桥头以及桥梁三者都是看得见摸得着的客观存在。事实上审美关系并非如此,那种把审美主体与审美客体联为一体的中介并不直接诉诸人的感官而存在,它看不见摸不着,只针对思想、思维、意识而存在。岂止审美关系,在社会生活的广阔领域中有种种"关系"都具有这种主观的内在性的存在性质,如伦理道德关系、婚姻关系、朋友关系,乃至日常话语中的语法关系等。言语现象中的语法关系,其实质是一种先于语言而存在的心理结构,它决定、影响着人们对具体语境中话语意义的理解,将分散、分离的字、词、句按照一定语法规则结合为一个意义整体。它是语言交流和传达过程中的一种前理解结构,没有它,人们在用同一语言交流时会很难理解对方话语的含义和意义。初学外语的人若仅记住了很多单词,在阅读外文时还是会有很多理解上的困难,只识单词不懂句意。何以如此? 很可能是因为他尚未在外语实践中积淀生成一个内在性外语语法结构,缺乏这门外语的前理解结构。

人对现实的审美关系与语法关系十分相似,它是人们对审美现象的内在性前理解结构。它先于审美主体和客体而存在,并先行规定、影响着主体的审美态度、审美趣味和审美理想,生成、建构对象性客体的美学价值和意义。当人们说某一事物很美时,这意味着这一审美对象已经进入先在的审美关系之中,同时意味着有一个理解美、感知美的审美主体同时出现在同一审美关系之中。正是这一现实的审美关系使原本无所谓美的事物成为美的事物,使不是审美主体的人成为现实的审美主体。如果出离了这一先在的审美关系,美的对象也就无美可言了,审美主体也就不存在了。有些人或许会对此大惑不解,在他们看来,玫瑰花本来就美,因为它有娇艳的红色和浓郁的芳香,菊花本来就美,因为它色彩绚丽,不管审美主体是否感知、理解,有色和味的存在便都是美的,无需一个看不见的"审美关系"先行规定或赋予它们什么。事实并非如此,色彩或味道作为事物自身固有的自然属性而存在时,并没有什么美的价值和意义,充其量不过是激发人们的审美态度和审美感知的外部条件而已,只有在审美主体通过审美关系赋予它某种审美价值或美学评价之时,它才是美的。审美对象的美是为审美主体的审美态度、审美趣味和审美理想所决定的。趣味迥异的不同审美主体对同一对象的审美评价和审美判断往往大相径庭,有的人认为是美的,其他人可能认为是丑的。《红楼梦》中的焦大不爱林妹妹,印证的正是这一道理,同一个林妹妹在焦大眼中不怎么美,而在贾宝玉眼中却是绝代佳人。林黛玉身上所折射出来的美是一种主观的美学评价,而不是一个客观事实。

社会事物是如此,自然事物也是如此。任何自然事物都无所谓不以人的意志为转移的客观的美的属性。单以颜色为例,颜色是自然事物固有的物理属性,如桃花的粉红、菊花的淡黄,其颜色本身无所谓美,也无所谓丑,颜色是否美完全取决于一定的审美主体的审美判断和评价。同是黄色,中国人认为它是美的,以之与尊贵、高尚的观念相关联,而西方人则将黄色与卑鄙、无耻的观念相关联,而这些不同的观念又是在不同的文化传统和思想氛围中历史地形成的。中国人以黄色为高贵的象征与古老的五行学说有关,土是五行之一,其色为黄,万物无土不生、无土不长,故土居中央为尊,维系、分济木、火、金、水。推及人事,土象君德,所以,皇帝的龙袍一般为黄色。而在西方,黄色被视为低贱的象征与西方的宗教文化密切相关。据说,当初出卖耶稣的犹大就身穿黄衣,他是基督的叛徒,他的卑劣人格与黄色的这种特殊关联在基督教文化的传播过程中渐渐沉淀为一种否定性审美倾向或态度,成为西方人对美的一种前理解结构。

　　审美关系就是在一定的文化传统和背景中积淀而成的先于审美对象而存在的前理解结构。在此结构中包含着先定的审美价值取向和定向,它将审美态度定向指向某种形象或形式,并赋予它一定的道德或美学的内涵,从而形成一种物我合一的内在性审美结构。比如梅、兰、竹、菊被称作"花中四君子",成为中国古代士大夫眼中的四大自然美。在这样一种现实的审美关系中,古代知识分子作为特殊的审美主体先行拥有一种独特的前理解结构,他们将儒家的道德价值取向以"比德"的方式指向对象的某种形式或品质,如竹子的刚直、梅花的坚贞等,形成一种先在的审美评价定式或结构。这种先在的审美结构判定梅、兰、竹、菊为美的对象,它的外在形式或形象应合了内在的审美结构,于是生成现实的审美关系。中国古代知识分子对自然美的这种独特美学评价出自他们独特的道德情怀和精神修养,而这种情怀与修养又是传统的儒家思想和文化长期熏陶的结果。若将梅、兰、竹、菊移到另一种民族文化传统和背景中,比如欧美某个民族或国家,人们对它的审美评价会大不相同,因为西方文化传统与中国文化传统大相径庭。即使在中国,由于时代在变,文化也随着时代的变化而变化,今天的知识分子对梅、兰、竹、菊的欣赏也与古代士大夫的那种雅趣不尽相同。

　　审美关系作为一种内在性审美心理结构,不是离开具体的客观的外在性审美现象而独立存在的先验本体,它总是隐含于具体的审美活动之中,并通过外在性审美现象显现出来。若着眼于具体的审美活动过程,审美关系兼有内在与外在的双重存在性质。首先,审美关系作为内在性审美心理结构寓于一定的审美主体和审美客体并先于其而存在,继而它又通过一定的审美活动过程及其结果由内达外,显现为感性的现实的审美关系。美学正是通过这种现实的外在审美关系还原、揭示出一个先行的内在性审美关系,二者内外相维,相互发明,相互印证。按照唯物辩证法的基本原理,内在与外在、主观与客观之间不存在一条不可逾越的天然鸿沟,相反,二者之间既对立又统一,互为中介,因而彼此过渡、互相转化。从审美关系借以产生的历史根源来看,它的内在性不是绝对先验的或超验的,而是一定社会历史实践长期积淀的产物。列宁在评述黑格尔《逻辑学》时说过一段意味深长的话:"如果黑格尔力求——有时甚至极力和竭尽全力——把人的有目的的活动纳入逻辑的范畴,说这种活动是'推理',说主体(人)在'推理'的逻辑的'式'中起着某一'项'的作用等等,**——这不只是牵强附会,不只是游戏。这里有非常深刻的、纯粹唯物主义的内容。要倒过来说:人的实践活动必须亿万次地使人的意识去重复不同**

的逻辑的式,以便这些式能够获得公理的意义。①康德曾把逻辑形式或逻辑的"式"认定为人的先天的心理能力或心理结构,列宁也承认逻辑形式的主观内在性,但认为逻辑形式不是绝对的先天性心理形式,而是社会实践的产物,是社会实践使人的意识通过亿万次重复不同的逻辑的式而积淀形成的心理结构。对于审美关系的内在结构性也应如是观:一定的审美心理结构或形式是人们的审美实践使不同的现实的审美关系在意识中重复亿万次的产物,是由客观的社会历史实践积淀而成的心理结构形式。由此可见,先于一定的审美活动与审美现象而存在的内在审美关系,其深层的根源和牢固的基础仍然是客观的社会历史实践。

审美关系内外相维的存在性质在具体的审美活动和审美现象中显现为审美主体和审美客体同时互存的关系。在这种互存关系中,审美主体与审美对象互为因果,相依相生,相辅相成。没有审美主体就没有审美客体,前者是因,后者是果;反过来看,没有审美客体就没有审美主体,审美客体为因,审美主体乃果,例如没有诗词出现,就不会熏染造就一个善于欣赏诗词的审美主体。

审美关系的内外相互转化特点又在一定的审美活动的历史过程中显现为异时互存的关系。在这种纵向的时间演历过程中,内在性审美关系与外在性审美现象、审美主体与审美客体虽然不是同时出现、同时生成的,而是先后出现或生成的,甚至先后间隔很久,但是它们彼此互为因果,相依相生,相对而立。譬如种子和芽,先有种子(因)后有芽(果),没有种子就没有芽;也可反过来看,没有芽就没有种子,因为只有芽的出现,才能确认种子的现实性,不能生芽就不是种子。逆向看是如此,顺向看也是如此。芽经过一段生长过程,又能生成新的更多的种子,所以,芽是因,种子是果。种子与芽互为因果,异时相互依存,相互生发。类似的情况也出现在审美关系中,一般情况下,先在的内在性审美关系与具体的审美活动、审美现象异时互存,先有审美关系,后有一定的审美活动和审美现象,前者为因,后者为果;也可以反过来看,先有一定的审美活动和审美现象,后有内在性审美关系,因为关于美的前理解结构往往是外在的审美活动反复实践、长时间作用而形成的审美心理形式。在这种情况下,审美活动是因,审美关系是果,二者互为因果,在审美的历史实践过程中相互依存,相依相生。

在审美活动的历史发展过程中,审美主体与审美客体也是异时依存的。在这种相互依存关系中,到底是审美主体生出审美客体,还是审美客体生出审美主体,很难机械地进行单向的判断。这两种情况在审美的历史实践过程中都会出现,我

①　《列宁全集》第五十五卷,中共中央马克思恩格斯列宁斯大林著作编译局编译,人民出版社1990年版,第160页。引文中加粗字体为原著格式,后文类似情况不再一一注出。

们会看到一种情况：先有一定的审美主体的审美理想和审美追求（因），后有相应的美的形象或形式，以及艺术的独特风格等（果）。如在欧洲 19 世纪兴起的浪漫主义文学艺术，它显然是 18 世纪形成的浪漫主义哲学、美学文化思潮的产物，这一文化思潮塑造出崇尚自然和非理性的审美主体，适应这一审美主体的审美趣味和理想而产生了风靡欧洲的浪漫主义文学艺术。我们也会看到与之相反的另一种情况：先有某种形式的审美对象（因），后有与之相对应的审美主体随之而产生（果）。如 17 世纪莎士比亚戏剧作品在欧洲广泛流行、普及，逐渐熏陶、造就出能理解、接受宏大叙事结构的新的接受主体，这一新的审美主体彻底扬弃了古典主义文学艺术所表现的审美理想，并为现实主义文学艺术的广泛普及创造了必要的历史前提和条件。由此可见，审美主体与审美客体在审美实践的历史发展过程中异时互存，互为因果，相依相生。这是审美关系的内在性在历史层面的具体显现。

三、含义之三

审美关系属于价值论范畴，不属于认识论范畴。

从鲍姆嘉登到当代中国实践美学，中外美学界绝大多数美学学派都倾向于美学的认识论，认为审美是一种特殊的认识。鲍姆嘉登明确地把美学定义为一门专门研究低级认识（即感性认识）的科学。当代中国大学比较通行的美学教程一般都是这样定义审美意识的：审美意识是审美主体对审美客体的能动反映形式，包括审美感受、审美态度、审美判断、审美趣味和审美理想等，它是一种特殊的社会意识形态。说白了，审美是一种特殊的认识形式。把审美看作一种认识形式，那么人对现实的审美关系自然属于认识论范畴，与价值论无关。

显然，这一观点带有片面性：它忽略了审美关系的存在论本质和价值属性。固然审美关系包含着人对世界的认识关系，但这不是事实的全部真相。审美关系主要揭示的是人生在世的完善或完美的存在价值；审美关系揭示或显现的是人的生命的真谛、价值的真谛，而不是外在于人的对象世界的存在本质或客观真理。据此可以认定：审美关系实质上是价值论的，而非认识论的。

价值论与认识论是有很大区别的，将二者区分开来的根据是价值与真理、意义与事实的区别，价值是善的，真理和事实是真的。前者属于道德、伦理学、美学的范畴，后者则属于认识哲学和自然科学的范畴。固然美学也不排除哲学和自然科学的真，并且在一定条件下承认真与善的统一，但此种统一是价值论意义上的统一，而不是认识论意义上的统一；前者是目的性对本质规律性的统一、同一，显现的是生命的一种自由状态，后者则是客观规律对主观认识的统一，揭示的是客观事物自身固有的本质和必然性。

价值的实质或本质是人对对象世界的一种欲求、愿望和合目的性关系，人是构成或生成价值的主体。单从价值客体方面看,价值是客观对象对人和社会所显现出的意义。苏联美学家斯托洛维奇在其《审美价值的本质》一书中指出:"价值不单是对象、现象,而且是它们对人和社会的**客观意义**,这种意义是在社会历史实践的过程中形成的。我们把价值看作客观的不是因为它们存在于对人和社会的关系之外(客观唯心主义价值说这样解释它们),而恰恰因为它们表现对象和现象对社会的人和人类社会的客观意义。价值具有在社会历史实践过程中形成的**客观意义**,同时也具有主体自身赋予价值关系的客观的主观意义,——A. H. 列昂节夫称之为'个人的涵义'。"①斯托洛维奇在这里指出价值兼有客观意义和主观意义的两重性,它就是人对对象的合目的性关系的主观评价和判断,其评价和判断标准不是由客观对象自身固有的必然性直接决定的,而是以人的生存欲求、愿望和目的为转移的,而认识的真理的标准则筑基于客观事物的本质规律,是不以人的主观意志和愿望为转移的。

意义以人的生存的目的性为根据,任何不合目的或不合于人的欲求的客观对象毫无意义。所以,任何事物固有的自然属性或客观本质不能直接成为某种意义,最多在可能性上是某种意义的潜在的构成元素。真理则是以外部世界的客观事实为根据的,认识坐实、确认或还原了客观事实,真理就成立了。这被还原了的事实仅仅作为真理的根据而存在,而不能同时被认作某种意义,这就是意义与事实的根本区别。

这一区别也就是价值与真理的本质区别:真理的实质是消尽主观性的纯粹的客观事实及其本质,而价值则是对象的合目的性显现出的意义。在价值现象中人的生存目的往往是中心,作为价值判断、评价之对象的客观事物必须围绕着这个中心旋转、转移,不断地随着人的生存目的的变化而改变自身的意义。因此,同一对象或事实可以构成不同的价值,引出不同的价值判断和评价。楚人有直躬,其父窃羊,他告发自己的亲生父亲,楚国人给他很高的道德评价,认为他正直无私。孔子则不以为然,认为直躬够不上真正的正直,真正的正直是"父为子隐,子为父隐"②。韩非子坚决反对孔子的看法,批评儒家"以文乱法"③。什么是正直? 这是一个道德价值判断所要回答的问题。对同一个人、同一件事,楚国人与鲁国人、法家和儒家的价值判断和评价截然不同,甚至相反。这是因为法家和儒家对人性、人的本质、人自身的目的的理解大相径庭。这对揭示真理的认识论哲学和自然科学来说是不可思议的,然而,对伦理学、道德哲学、美学来说是极其正常的事。

---

① ［苏］列·斯托洛维奇:《审美价值的本质》,凌继尧译,中国社会科学出版社1984年版,第103页。
② (宋)朱熹:《四书章句集注》,中华书局1983年版,第146页。
③ (清)王先慎撰,钟哲点校:《韩非子·五蠹》,中华书局1998年版,第449页。

　　美学所揭示的审美价值与伦理价值、道德价值都属价值论范畴。美的价值与其他形式的价值有一个共同的本质,即对象对人和社会显现出来的人性本质,或对象世界按照人的人性本质、目的而显现出来的完善的存在状态。无论从哪一方面看,人的人性本质、人的目的都是价值的中心,任何事物的价值和意义都是从这个中心分有或领有的,离开或独立于这一中心之外而存在的任何事物都是无价值和无意义的。因此,同一个美的对象或现象在不同时代、不同民族、不同社会和不同个人那里有大相径庭甚至相互背反的美学评价,比如出自大家之手的同一幅裸体画,深受西方古典文化熏陶的欧洲人和无此文化背景的中国人对它的审美判断是大不相同的。提香的画作《乌皮诺的维纳斯》,欧洲文化人普遍认为它是圣洁而高雅的,而中国文化人则未必能普遍认同它的神圣,对它的欣赏多仅限于色彩、线条的形式美。这是美在接受主体方面存在的民族性差异。因为美显现的是一种价值,而不是一个客观事实,它突出的是主体的合目的性存在意义,而不是事物自身的本质规律,审美价值随着人或主体的存在状况的改变而改变。

　　所以,在关于美的价值判断和评价中不存在一个可公度的绝对的客观标准,也不需要这样一个标准来衡量审美判断的正确与错误。因为美本身压根就不存在什么正确与错误的问题,只有合目的性或完善程度的高低之分。而美学的认识论或认识论美学罔顾这一基本事实,片面地把人对现实的审美关系认作一种特殊的认识形式,并认定有所谓不以人的意志为转移的客观的美和美的客观规律。这些不可撼动的客观美和规律就像天地宇宙、日月星辰一样亘古如斯存在着,不管人类认识或不认识、感受或没感受,它的美的客观性是无可怀疑的,审美就是要审美主体无条件地如其本然地去反映、认识它。所以,审美作为一种认识形式与科学认识的本质是相同的,最终都以主观认识绝对符合客观事实为归宿,以此确证、还原客观的事实、客观的美。显然,认识论美学把事实与意义、真理与价值混为一谈了。更确切地说,认识论美学根本就不承认美作为价值而存在这一根本事实,而把美简单化地等同于客观事实、事物固有的本质规律,这种认识未免偏颇。

　　审美关系所显现的美的价值与道德价值、伦理价值都属于最高的价值范畴——善,单从价值本体来看,三者具有统一性和同一性,但从现象来看,美与道德和伦理有很大的差别。道德伦理价值具有明确的客观功利目的性,而审美价值则没有明确的客观功利目的性。在一般情况下审美是无功利的,而伦理活动则具有明确的功利目的,并将其功利目的指向某种利益和财富,现实地占有、享受这些利益和财富,以此来满足某一社会、某一民族,乃至全人类的生存欲望和要求。由于这一缘故,道德伦理价值是客观的,其价值判断和评价含有明确的利害计较与考量;而审美的无目的性不指向实实在在的利益和财富,更不存在什么占有或享受财富的欲望和要求,这就使审美的价值判断彻底摆脱计较利害的理智的束缚,显得自由自在。

既然审美关系不含有功利目的性,那么它的价值属性又从何而来呢? 这个问题在康德那里早已被圆满地解决。康德将人类实践理性领域里出现的各种价值形态划分为两大类:一类是客观合目的性形式,一类是主观合目的性形式。道德伦理价值属于客观合目的性范畴,而审美价值则是最典型的主观合目的性形式。他给鉴赏判断或审美判断定义:"鉴赏是凭借完全无利害观念的快感和不快感对某一对象或其表现方法的一种判断力。"①这里的"完全无利害观念"指的正是审美判断不考量利害、不计较成败的活动方式,而在道德伦理价值判断中则时时处处带有利害、成败的计较和打算。继这一定义之后,康德又补充了一个重要的美的定义:"美是一对象的合目的性的形式。在它不具有一个目的的表象而在对象身上被知觉时。"②意即,人们在具体感知对象时虽然见到一个合目的性的形式,但并没有明确地意识到它的目的性。这一定义揭示了美和审美判断的二律背反特点:美含有目的性(正题);美又不含有目的性(反题)。正题指的是主观合目的性形式,反题指的是美在内容上排除、超越客观目的性这一事实,正、反两题全面揭示了审美判断的奥秘和真相。当我们欣赏一朵郁金香时,真切感受到它的形式美、色彩美,因为觉察到它具有一定的合目的性,而当我们判定这一合目的性时,却不能联系到任何目的,也不可能、不允许我们将郁金香与能入药、能卖钱这些实用性功利目的联系在一起。如果有了这些现实的功利目的介入其中,郁金香的美也就荡然无存了。真正的纯粹的审美首先要忘记与美的事物相关的一切客观的功利目的,自觉地摆脱它、超越它,只全神贯注于事物的美的形式,自由自在地自得其乐。这就是美,仅此而已,别无他求。

由此可见,审美的主观目的还是有所指、有所欲的,它指向事物的不含现实的功利内容的纯粹形式,追求一种超功利的精神的快乐与自由。在这种快乐和自由中,审美的主观目的占有了人的精神,从而实现了美的价值。与道德伦理有所区别的是,美的价值是一种主观的精神价值,而不是客观的实用价值。筑基于主观合目的性形式基础之上的无功利性或超功利性,是美与以客观合目的性为基础的一切价值形态相区别的基本特点和本质规定。

---

① ［德］康德:《判断力批判》上卷,宗白华译,商务印书馆1964年版,第47页。
② ［德］康德:《判断力批判》上卷,宗白华译,商务印书馆1964年版,第74页。

【本章复习重点】

一、基本概念

价值美学　审美关系　自由　内在性　意义与价值

二、思考题

1. 如何理解美学研究对象的复杂性、多义性？

2. 美学史上关于美学研究对象的不同观点主要有哪些？

3. 马克思主义美学研究的对象是什么？

4. 如何正确理解"人对现实的审美关系"？

第三章 美学的基本性质、品格和方法

美学的研究对象的复杂性使美学与相邻的诸多科学形成既相互交叉又相互区别的多重关系。美学的性质不可以简单定性，但可以通过它自身与相邻科学的多种内在联系综合地体现出来。

第一节 美学的性质

从大的科学门类来看，关于美学到底是一门自然科学还是一门人文科学，目前学术界尚未形成统一的认识。将美学定性为自然科学或者人文科学都有一定的根据，因为美学既与诸多人文科学具有密切的内在联系，又与一些自然科学紧密相关。

一、美学与哲学

美学与哲学原本是不分家的，在鲍姆嘉登和康德那里，美学是整个哲学理论体系的一个重要组成部分或理论分支。鲍姆嘉登将美学纳入认识论范畴，认为美学的任务是研究低级的感性认识，即完善的感觉；在康德哲学体系中，美学的地位被设定得很高，美学的"判断力批判"既高于"纯粹理性批判"，又高于"实践理性批判"，并充当了沟通"纯粹理性"与"实践理性"的中介和桥梁。在某种意义上说，美学是康德哲学体系顶端的一颗璀璨的明珠。没有美学，康德哲学便黯然失色，整个哲学体系将残缺不全。美学与哲学相统一、同一，在学术界已成共识或常识，现当代一些开风气之先河的哲学大家如马尔库塞和海德格尔甚至直接将美学等同于哲学，或者将美学置于哲学之上，把美学认作哲学的最终归宿、最高目的。

在马克思主义哲学视野中，哲学与美学有严格的区分界限。哲学是关于世界观的学说，为一切形式的部门科学提供一般原理和普遍的方法论，美学则仅仅作为一个特殊的部门科学而存在。哲学的一般原理不能代替美学的具体研究。哲学以整个客观世界为其研究对象，研究自然界、社会和人类思维的一般规律，而美学研究的只是社会现象中的一个领域的特殊规律。哲学为美学提供世界观和方法论的基础，而美学研究的成果又反过来丰富哲学的内容。

由此又引出美学的哲学基础问题。所谓哲学基础问题,也就是说举凡一切形式的美学,要在理论上成立,首先必须确立一个理论大前提,即以什么样的哲学宇宙观和方法论为美学奠定牢固的理论基础。不解决这个基础问题,美学难以成为一门真正的科学。美学学派或派别之分归根结底是由美学的哲学基础决定的,以辩证历史唯物主义方法论为基础的美学便是马克思主义美学,以现象学方法论为基础的美学便是现象学美学。

二、美学与文艺学

美学与文艺学的关系也是相当密切的,有的美学大家甚至把美学与文艺学看作是同一的。黑格尔就是这方面的代表。他把自己的"美学"称作"艺术哲学",在他看来,艺术是美的集中表现,美等于艺术,所以研究美的"美学"和研究艺术的"艺术学"原本是同一门科学。① 他的观点在中外美学界影响很大,认同并坚持这种观点的人至今仍然为数不少。

美与艺术固然具有交叉、同一的地方,但是二者毕竟有区别。艺术现象远比美现象复杂得多,艺术现象中包含着美,但不仅仅是美。艺术作为现实生活的全景模仿和再现,集中显现了现实生活各个方面的情景,包括政治的、经济的、文化的、民俗的、家庭伦常的等多方面的内容,例如《三国演义》和《红楼梦》,其丰富多彩的内容绝非一个"美"字所能概括的。以文学艺术为研究对象的文艺学自然独立于美学之外,并与以美为研究对象的美学相区别。单从外延来看,文艺学的范围非常广大。童庆炳在其《文学理论教程》中明确指出,整个文艺学体系包含五大理论分支,即文学理论、文学批评、文学史、文学理论史和文学批评史。② 其绝大部分是美学无权涉足的领域,只为文艺学所专有,正如自然界、社会生活中的美只为美学所专有一样。

三、美学与伦理学

美学与伦理学的关系尤为密切。从哲学本体论的高度来看,美之为美学的最高范畴与善(伦理学的最高范畴)原本是同一的,中外美学史上流传甚久、影响甚大的"美善同一说"所揭示的就是这一事实。不过,启蒙主义时期一些西方美学家夸大了这一事实,将美学直接等同于伦理学,未免偏颇。美学与伦理学毕竟有区别。

善与美具有同一性,因此善既是美学的范畴,又是伦理学的范畴。但伦理学

---

① 参见[德]黑格尔《美学》第一卷,朱光潜译,商务印书馆1979年版,第3~4页。
② 参见童庆炳主编《文学理论教程》,高等教育出版社2004年版,第4页。

中的善与美学中的善有区别。伦理学从社会总体、共体方面揭示善的普遍原理和原则,它关注的是善的共性表现和道德价值,并为社会总体提供合乎正义和道德的行为规范、准则;美学则从个人、个体存在方面揭示善的偶然现象,它关注的是善的个性化表现,个人品格的完善与完美程度。善通过社会总体的行为规范、准则和原则显现自身,便是伦理的现象;善通过个人的性格、个性化行为、合目的性形式显现自身,便是美的现象。前者为伦理学研究的对象,后者为美学研究的对象。美学与伦理学缘此而相互独立,相互区分。

美学与伦理学相分离、相区分的事实并不意味着美与善完全分离,甚至相背反。形式主义美学罔顾这一事实,片面鼓吹美对善的独立性与超越性,甚至认为美学判断可以与道德、伦理判断相背反,意即恶的东西可以是美的,形式上完美的东西内容上可能是恶的。这一见解把美学与伦理学相分离的事实同美与善相区别的事实混为一谈了。美学与伦理学分立并不意味着美与善相分离,只要有美存在,就无可否认善的存在,即使是在极其重视形式的康德眼中,美的形式也是难以剥尽善的内容的,他称美是"主观合目的性形式"①。"合目的性"既是主观的,也是善的,善的本质或灵魂就是合目的性。

四、美学与心理学

自从鲍姆嘉登把完善的感觉定义为"审美判断力"之后,美学与心理学便结下了难分难解之缘。克罗齐把审美直觉看作为一切人文科学奠基的元心理,他的美学在一定意义上可以称作"元心理学"。德国实验美学家费希纳则把美学规定为心理学的一个特殊部门。从立普斯的"移情说"到鲁道夫·阿恩海姆的"格式塔"美学,心理学美学逐渐形成一大美学流派,主导、支配着现代美学的新方向,大有取代哲学美学的发展趋势。心理学美学的长足发展奠基于一个基本事实,即人们在审美活动过程中真切地产生一系列审美心理反映形式和机制。这些审美心理现象为美学研究提供了最可靠的实证性经验材料,极大丰富了美学研究的内容,以此为研究对象,形成了美学体系的一个重要理论分支——审美心理学。

审美心理学只是美学系统中的一个组成部分,不足以代表或替代整个美学系统。审美心理现象的研究难以取代美的形而上的追问和探索,把审美心理学直接等同于美学是以偏概全。退一步讲,即使在审美心理学范围之内,纯粹心理学的研究方法也不是普遍行之有效的。普通心理学有一个普遍适用的科学公式,即"刺激—反应"(简称 S—R)公式。该公式并不能科学地解释一切审美心

---

① ［德］康德:《判断力批判》上卷,宗白华译,商务印书馆 1964 年版,第 74 页。

理现象所产生的原因和规律。按照心理学的"刺激—反应"公式,有此刺激物或环境条件必然会引出相应的心理反应和心理形式,或者反过来说,一定的心理反应及其形式可以还原一定的刺激物和环境条件。可是审美心理现象的发生完全打破了"刺激—反应"公式所揭示的规律。同一审美对象(姑且称之为刺激物)在不同心境的审美主体那里可以引发种种不同的审美感受或审美判断,甚至同一审美主体在不同的心境中接受同一审美对象时所产生的审美感受也不尽相同,有时甚至截然相反。这种心理现象是在审美活动过程中普遍存在的。这就是审美心理与一般心理相区别的特殊性,它既有生理和心理的存在特性,又有超越生理和心理的形而上存在特性。心理学只能揭示、说明审美心理的生理-物理原因,但对审美心理深层的精神成因和价值根据无能为力。要探明审美心理所发生的深层原因只能求助于心理学以外的其他人文科学。由此可见,美学与心理学尽管存在着密切的内在联系,但毕竟是相互独立的两门科学,二者不可相互替代。

此外,美学与发生学、人类学、儿童心理学、系统论、信息论等诸多科学都密切相关,一些学者还尝试将自然科学研究的新成果、新方法引入美学,建立纯粹的自然科学美学,如信息论美学、系统论美学等。

上述事实表明,美学与相邻的诸多科学具有极其广阔的关联域。在此关联域中,美学既与多种人文科学具有深刻的内在联系,又与多种自然科学密切相关。将美学归入人文科学范畴或者自然科学范畴似乎都有充分的根据。但是细细推究,把美学定性为自然科学,只看到了美学的表象,并未洞明美学的本质。不管美的本质有多么复杂、玄奥,美的灵魂和精髓是人的本质和人的价值,这是严肃的美学家不可否认的基本事实。美的价值属性决定了美学与多种人文科学有深刻的本质联系,而自然科学与美学的联系是非本质的、外在的。纯粹的自然科学充其量只能为美学提供某种方法,其介入并不能从根本上改变美学自身的价值属性。据此,美学理应归入人文科学范畴,它是一门特殊的人文科学。

五、关于泛美学问题

在当代中国美学的研究、应用、推广和普及的过程中,存在着一种泛美学的倾向。这是 20 世纪 80 年代流行于西方审美生活领域的"审美泛化"[①]潮流在中国美学界的流波余绪,主要表现为任意扩大美的外延,滥用美的概念,例如"科学美""技术美"之类的新概念。这些概念能否成立值得商榷,接受此类新概念就意味着否定美学固有的人文科学属性。

---

① "审美泛化"指对日常环境、器物以及人自己的装饰和美化。

法国著名数学家、物理学家彭加勒被认作"科学美"的第一发明人和提出者。彭加勒在其《科学与方法》一书中明确提出"科学美"这一概念,并将其理论渊源上溯至公元前 6 世纪的毕达哥拉斯学派,该学派认为整个天体就是一种数的和谐。公元前 5 世纪的数学家普鲁克拉斯也认为,"哪里有数,哪里就有美"①。如此说来,科学美也算不上新概念,它在美学史上源远流长。但是当代美学学者们对科学美的诠释颇为新颖,他们认为科学美既表现在科学研究对象上,如数的和谐或和谐的数,也表现在科学研究的过程中。在科学实验过程中,科学美具体地体现为科学家发明创新的灵感和从事实验的快乐;在科研结果中,科学美具体地显现为科学理论、公式的简洁、新奇与和谐。②

如此解释科学美,其错误是显而易见的。首先,自然科学的对象自身固有的某种客观属性,如数、秩序、规则之类的东西被认作美,这是极其荒谬的,罔顾当代美学研究的新成果,重复着 18 世纪机械唯物主义关于美的错误观点,把美看作与人无关的不以人的意志为转移的客观存在。这一陈腐的认识早已被辩证历史唯物主义美学否定、扬弃了。其次,科学实验过程中科学家所感受、体验到的快乐和灵感被看作美,这也是极其肤浅、笼统的。审美情感中固然有快乐,但快乐的并不都是审美的,在道德的、日常生活的诸多领域中普遍发生着快乐的情感和情绪,但这些快乐不是审美的。康德曾对道德的快乐、欲望满足的快乐与审美的快乐做过具体的比较、分析,严格地把三者区分开来。把科学家在科研过程中感受到的快乐误认为美,完全忽略了审美愉悦的特殊性,混淆了审美心理与一般心理的区分界限。这与把灵感等同于美感的看法具有相同的错误。因为灵感不仅发生在审美和艺术创作领域,在现实生活的诸多领域,如生产、创制、军事指挥、政治谋划等社会活动领域,都有灵感发生,但这种灵感现象不是审美的,而是实用的,带有明确的功利目的。对于科学家在科学实验过程中产生的灵感也应作如是观。它与发生在生产和创制活动中的灵感一样带有明确的功利目的,因而不是审美的。至于所谓科学理论和公式的简洁、新奇与和谐的美,更是于理不通。如果说科学理论和公式本身美,那么便违背了美的基本原理,美的本质特征是极富个性的感性形式和形象,任何直接诉诸思想的抽象概念、原理、原则和公式与美都是格格不入的。如果科学理论和公式被视为美,那么推而广之,一切理论科学的概念、范畴、命题、定理和原理,不管是哲学的、伦理学的、还是经济学的、社会学的,都是美的,这岂不成了美学上的一大笑话? 如果说美是科学理论和公式的简洁、新奇与和谐,那也难免有牵强附会之嫌,简洁、新奇与和谐充其量

---

① 欧阳周、顾建华、宋凡圣编著:《美学新编》,浙江大学出版社 1993 年版,第 97 页。

② 参见欧阳周、顾建华、宋凡圣编著《美学新编》,浙江大学出版社 1993 年版,第 98～102 页。

不过是美在形式上的偶性或个别规定，与美的本质没有必然联系。简洁、新奇与和谐不仅表现在美的形式上，而且表现在美之外的其他事物的形式上。并非一切简洁、新奇与和谐的东西都是美的，尤其是科学理论的简洁、新奇与和谐从根本上不能看作美，因为它是通过理论和公式的抽象表现出来的，而不是通过具体生动的感性形象或形式表现出来的。把理论抽象的简洁、新奇与和谐说成是美的，太牵强了。

科学美这一概念在理论逻辑上不能成立，必须破除。如果科学美能够成立，那么以科学美为研究对象的科学美学也就名正言顺地成立了。这样一来美学也就成为名副其实的自然科学了，美学固有的人文价值属性被遮蔽、忽略，最终会导致美学的错位，引起人们对美学性质的误判。

科学美这一概念还隐含着一种泛美学的错误倾向。这一倾向在科学美的继生概念"技术美"中表现得尤为突出。技术美是科学美的合乎逻辑的继生概念，因为技术生产和制作是科学研究全过程及其结果的现实形态和最终目的。所谓的"技术美"，一些美学学者如此定义："技术美是在技术领域中存在的美。""它是人类社会实践特别是工业生产领域的产物，是人们在物质生产和产品设计过程中，运用科学知识和艺术手段对客体进行加工所形成的审美形态。"[1]技术美集中体现为劳动美，具体体现为劳动主体美、劳动工具美、劳动环境美、劳动组织美和劳动产品美。"技术美是美的本质的典型体现。"[2]按照这一命题的内在逻辑去推论，美学的主要研究对象不是技术领域之外的东西，而是技术美本身，技术美学也就成为地地道道的美学了。技术美学的研究范围包括技术生产的全过程及其结果，也就是科学研究成果的整个实现过程和领域，由此铸就了美学的不可动摇的自然科学性质。这是对美学固有性质的颠倒错乱。所以，技术美和技术美学与科学美和科学美学一样，因其自身的错误而必须被破除、扬弃。

扬弃技术美和技术美学还有更为充分的根据，这就是它所蕴含的泛美和泛美学倾向。技术美这一概念将许多非美的因素纳入美的内涵，比如它把劳动主体、劳动工具、劳动组织和劳动产品统统纳入美的范畴。事实上，被罗列出来的这些劳动要素在绝大多数情况下无美可言，充其量只在一定的条件下具有美的潜质或可能性。即使在这种情形下，劳动也并不等于美本身。在具体分析劳动产品美的时候，技术美的倡导者把"流行性、科学性、国际性和实用性"标榜为美的重要特性，并把产品的实用价值和使用价值规定为美的本质特性。在消费主

---

[1]　欧阳周、顾建华、宋凡圣编著：《美学新编》，浙江大学出版社 1993 年版，第 103 页。
[2]　欧阳周、顾建华、宋凡圣编著：《美学新编》，浙江大学出版社 1993 年版，第 104 页。

义日盛的今天,"流行性、科学性、国际性和实用性"普遍体现在日常生活的方方面面,根据技术美的概念,我们在现实生活中所面对的、所遭遇的、所感受到的一切都是美的,那么现实世界岂不是无处不美?事实并非如此。富士康公司的一整套现代管理章法充分体现出所谓的"流行性、科学性、国际性和实用性",但它并不美。如果美的话,那么为什么许多工人会不堪这个"美妙"组织的压迫和束缚呢?由"技术美"这一概念演绎出的种种似是而非的、空泛的美的概念把美极大地泛化了,误导人们把非审美领域中的种种世俗的实用的现象认作美的,由此引出人们对美的普遍的世俗化、庸俗化、低级化的认知和理解。在日常生活的广阔领域中,许多东西都被列入美的殿堂,除技术美、劳动美之外,还有化妆美、设计美、演讲美、公关美、礼仪美、服饰美、装帧美等。美的泛化直接导致了学术界的泛美学倾向,当今流行的名目繁多的美学,如劳动美学、技术美学、演讲美学、交际美学、化妆美学、美容美学等,就是这种泛美学倾向的集中体现。

这种泛美学倾向不仅从根本上歪曲、曲解了美学固有的人文价值属性,而且在美的本体层面上颠覆、消解着真正的美学。它在本质是反美学的,是异化的美学。这在技术美和技术美学的提倡者那里暴露无遗。他们把技术美等同于劳动美,与此同时刻意回避马克思早在1844年提出的著名的劳动异化的理论。按照马克思的观点,劳动总是以一定的社会生产关系为历史前提和条件的,人类历史上从未出现过脱离一定的生产关系而存在的抽象劳动。以私有制为历史前提和条件的劳动,由于劳动主体与劳动工具、劳动产品的占有权相分离,便不可避免地发生劳动的异化。在资本主义生产关系中劳动异化的广度和深度是空前的,无论是劳动主体还是劳动过程和劳动产品,时时处处都在发生异化。劳动者在劳动中不断地制造、产生着否定劳动主体、否定人的本质的强大的异己力量。资本主义的生产劳动不是对人的人性本质的肯定,而是对人(包括资本家和工人)的本质的全面否定和异化。马克思一针见血地指出资本主义生产关系下的劳动具有与人、人性相敌对的性质,资本主义的劳动——异化的劳动——是丑的根源。① 这种状况到今天并没有发生改变,而且愈演愈烈。无视劳动的异化,剥离资本主义生产关系,抽象地以劳动为美,在事实上是以丑为美。这样的美的概念实质上是对美的解构和否定,是对美的异化或异化的美的理论抽象。所以,以技术美、劳动美为基本研究对象的技术美学是异化的美学,在本质上是反美学的。

---

　　① 参见[德]马克思、[德]恩格斯《神圣家族,或对批判的批判所做的批判》,中共中央马克思恩格斯列宁斯大林著作编译局译,人民出版社1958年版,第44页。

第二节　美学的品格

美学像其他科学一样具备两种品格,即理论的品格和实践的品格。

一、理论品格

作为理论,美学离不开一定的哲学方法论基础和前人积累的丰富的思想资源。当今任何一派美学都是在借鉴、吸收古今中外美学思想中合理成分的基础之上建立起来的。美的概念、范畴、命题、原理总是与美学史上的诸多美学理论体系发生着或远或近的批判继承关系。这是美学理论品格的一种表现。美学理论品格的另一种最鲜活、最有生气的表现在于它的现实性和具体性。美学的一系列概念和范畴,固然有从美学史上继承下来的因素,但它自身的科学性和正确性则是由它所反映、掌握的现实的审美对象赋予的。美学概念作为科学的抽象,首先是对现实中的美的本质、美的规律的准确概括和总结,是对审美活动中审美经验的全面、具体的掌握和说明,因而是一个思维的具体,否则它便沉沦为一个稀薄、空洞的抽象或混沌的表象。

美学的理论品格铸就了它的知识本性。像其他科学一样,美学为人们提供了系统完整的人文科学知识。这是毋庸置疑的美学常识。对于初学美学的人来说,掌握、理解这一常识很重要。美学爱好者们如果要真正学到美学知识,就必须尊重、顺从美学的理论品格。科学地学习美学,起码要做到两点:第一,要老老实实、扎扎实实地学习中外美学史;第二,要细心观察、研究、体验现实的丰富的审美经验和审美现象,以所掌握的美学概念、原理具体地解释它、说明它,或者反过来,以所理解的审美现象来修正、补充、发展尚不正确、不完善的美学概念和原理。

二、实践品格

美学的实践品格在于它的实践性。像其他科学一样,美学来自丰富多彩的审美实践,现实的审美实践活动及其生动具体的现象是美学理论赖以存在、发展的永不枯竭的活水源头;也像其他科学一样,作为审美实践活动规律的正确反映的美学理论最终还要回到现实的审美实践。理论联系实际,接受社会实践和审美实践的检验,方可确证美学概念和范畴的正确性与科学性。

与其他科学理论有所不同的是,美学具有直接的实践性品格,其他科学理论,尤其是自然科学理论的实践性则是间接的。自然科学理论所得出的一系列原理、法则和公式是一个相对封闭的理论系统,自身具有相对的独立性,因此它与实践是相分离的,实践对它亦保持着自身的相对独立性。自然科学理论通过实践来验证其原理、公式是否与客观事实相符合时,将会逸出自身进入与理论有别的另一个领域,在这个领域它才获得了应用、实验的实践性。实践的验证和检验一旦完成,自然科学理论便跳出实验领域,返回自身,与实践再度分离,持存理论自身的相对独立性。从这个意义上说,自然科学理论的实践性是间接的,它的实践品格是由社会实践和实验附加的,而不是由自然科学理论直接引申、生发出来的。而美学理论对于实践则不是一个封闭的体系,实践对于美学亦不是一个封闭的系统,二者相互开放,都不对对方保持相对的独立性。这是因为与美学理论相对的是一种精神实践,而不是物质性生产实践或科学实验。美学的客观效应或价值不是通过社会的生产实践来验证的,而是通过社会的精神实践来直接实现、显现的。由于观念形态的美学与精神实践具有本质的同一性,美学所得出的理论和方法便可直接延伸到审美的精神实践活动中,获得精神的实践性或实践的精神性。从这个意义上说,美学的实践品格就是由美学自身引申、生发出来的品质,所以,美学具有直接的实践性。

任何一门科学的理论都是原理与方法的统一体。理论的实践性主要通过它自身的方法来体现。但是在不同性质的科学理论体系中,原理和方法各自所占的地位是有区别的。在自然科学理论中原理是主要的,方法则是次要的,其原理的正确性远比方法的有效性重要得多。因为正确的原理是有效方法的先决前提和保证,原理正确,方法才能有效。在美学理论中则是方法居于主要的地位,原理居于次要的甚至无足轻重的地位,其方法的有效性远重于原理的正确性。因为,在审美实践活动中,按照美的原理正确地去操作并不能制造、还原出一个与美的原理或概念完全相符的美的事物。相反,只有脱离、超越美学原理和概念,审美实践才能成功。成功的审美实践直接显现出美学方法的客观有效性、价值和意义,美学方法的客观效应、价值间接证明了美学理论的价值和意义。任何一个美学流派,不管其理论体系如何博大精深、严密完整,如果它所提供的美学方法不能指导人们有效而成功地完成审美实践,那就毫无价值。

美学方法具有突出而显著的实践品格,它根据一定的美学原理指示人们如何以审美的方式有效而成功地进行精神实践,并具体地明示审美实践活动的路线和目的。

三、审美精神实践及其方法的本质特征

精神实践与物质实践(马克思称之为精神生产与物质生产)的主要区别在于其精神性。福柯把主体为了达至真理而塑造自己的探究、实践与体验称为"精神性"。他对"精神性"的这一定义是正确的、深刻的。精神性的这一本质

决定了精神实践有别于物质实践,它不是为了认识,"而是为了主体和客体的生存"①。精神实践实质上是主体为了最终通达生存的真理和自由而进行的塑造自己、改变自己的探究、体验、修炼和修养。这是各种精神实践的共同本质,无论是宗教的、道德的还是审美的、艺术的精神实践,都具有这样的共性和本质。

福柯进而指出精神性具有三大特点。其一,未完成性、构建性和生成性。这是说,精神所追求的主体的真理不是现成存在的,而是在探究和实践过程中被给予的或建构起来的。其二,主体存在形式的转移性和转变性。由于主体存在的真理是在主体不断塑造自己、改变自己的修炼过程中逐渐被发现和建构起来的,主体的转变也就成为达至真理的主要途径和方式。"这种转变可以通过让主体脱离它的地位和实际处境的运动(主体上升的运动;真理来到他之中并让他豁然开朗的运动)来实现。"②这样一来,精神性的现实过程便显现为通向真理的一条道路,显现为主体从一种存在过渡到另一种存在。其三,回归性。主体在改变、升华自己的过程中最终获致的真理并不是从天而降的外来的东西,而是主体所固有的先天的存在本质,但它原本并不为主体所自觉,而是处于沉沦、晦暗的状态中。主体通过修炼和提高,自觉地掌握了自己原有的先天本质或存在真理,就像遗失的东西被再度寻回、物归原主一样,这便是精神性的回归性。所谓"回归"就是还原主体存在的真理和先天的人性本质。它是精神实践的最终目的和结果。在此结果中主体获致的真理并不是与主体存在本质相异的东西,而是主体自我照明所开放出的澄明的生存境界。在这种境界中主体才真正拥有了自己的人性本质和自由,才真正在本属于自己的精神家园中安家落户,"诗意地安居"③。所以,福柯意味深长地说:"真理就是让主体澄明的东西;真理赋予它真福;赋予它灵魂的安宁。"④

精神性的这三大特征为一切形式的精神实践所共有。审美的精神实践也不例外。它与其他形式的精神实践一样,以回归主体存在的真理和自由为实践的终极目的,以改变或转变主体自身存在形式为通达真理的基本途径和方式,在改变主体存在的修炼过程中显现为一条通向真理和人的本真存在的道路。在实践的结果中还原了主体固有的人性本质和存在的绝对真理,绽放出主体存在的自由澄明的境界,为主体建成一个理想的可永久居住停留的精神家园。这就是美学实践及其方法的全部内涵,就它所指示的审美精神实践的结果来看,美学实践

---

① [法]米歇尔·福柯:《主体解释学》,佘碧平译,上海人民出版社 2005 年版,第 16 页。
② [法]米歇尔·福柯:《主体解释学》,佘碧平译,上海人民出版社 2005 年版,第 17 页。
③ [德]海德格尔:《人,诗意地安居》,郜元宝译,广西师范大学出版社 2000 年版,第 66 页。
④ [法]米歇尔·福柯:《主体解释学》,佘碧平译,上海人民出版社 2005 年版,第 17 页。

方法可以看作一种独特的精神家园建筑技术,简称"精神建造术"。

审美的精神实践及其方法也有自身的独特性,即审美的精神实践转变主体存在的独特方式,以此与道德的、宗教的精神实践相区别。在道德实践和宗教实践中改变主体存在形式的主要方式是"爱"和"苦行"。(当然,道德实践与宗教实践也是有区别的,二者的主要区别在于实践的结果和归宿不同,前者最终达及的是一个以善为本体的现实的伦理世界,后者最终达及的则是以神为本体的超现实的彼岸世界。)而在审美的精神实践中,转变主体存在的基本方式是借助审美的情感判断或趣味判断。这种判断实质上是主体自觉自由地转换视点、眼光和价值判断的能力。审美主体在一种主观爱好和愉悦的情感体验中潜移默化地转换自己的视点和眼光——由功利的眼光转换成非功利的眼光——主体进而以转换了的眼光重新烛照自身和世界,于是一个新的自我和世界豁然开朗地绽放在眼前。随着新世界的出现,审美主体便从既已如此的功利世界转移到一个崭新的超功利的自由精神世界,并在此安家落户,最终实现人的本质和真理的回归与还原。审美实践的结果也有独特性,宗教实践最终建立的理想世界具有离绝现实的彼岸性,审美实践所建构的理想世界则没有出世的彼岸性。它既超越现实,又在现实世界之中。在这一点上,它与道德实践所建构的世界有相通之处,但又不尽相同,道德实践的归宿是社会总体共存的伦理世界,审美实践所建构的则是个人生存的自由的理想境界。

关于审美精神实践及其方法的本质特征,上述说明看似颇为深奥玄妙,其实从方法论的层面来理解、掌握它并不很难。初学美学的人不应把关注重点放在审美实践的本质特征上,而应关注如何有效地进行审美实践活动,这样便抓住了美学实践方法的关键。单从方法论的角度看,美学实践的方法或审美实践的方法可以视为一门精神建造技术和艺术。操作这门技术的基本要领是转换自己的视角,即把功利的异化的观点转化为非功利的审美的观点。

易卜生《玩偶之家》中的主角娜拉就是一个善于转换自己的价值视点的艺术典型。娜拉最初被丈夫海尔茂的虚情假意欺骗,沉迷于由谎言和虚伪构筑起来的温柔怜爱之乡。她迷醉在爱中,心甘情愿地将自己的生命和价值让渡给海尔茂,充当丈夫心爱的"小鸽子",用自己全部的"天生丽质"来补充丈夫的人生价值。在这种情况下,娜拉不知不觉地被"异化"了,她自己固有的天赋本质异化为他人的存在本质,并且她安于这种异化,在异化的生活中其乐陶陶、融融泄泄,似乎在享受着神仙般的福气。但她很快觉悟,看穿了这种假象:当她按照自己的意志行动、做事时,哪怕这种行为稍微损害了海尔茂的利益,这位心爱的丈夫也难以容忍,立即大发雷霆,把这个可爱的"小鸽子"从头顶摔在地上,任意凌辱、践踏她。娜拉终于明白:当她被丈夫呵护爱怜、备受抬举时,她是按照丈夫的意志目的和价值要求而存在的,是作为别人的补充价值而依附于他人的。在这种依附关系中,她在现实中丧失了自己的独立、个性和自由,丧失了自己固有的人性本质。于是她很快掉头转向,收回自己异化的眼光,换一种新的观点和眼光重新审视她的丈夫、她周围的世界及她自身。她感悟出自己家庭、婚姻、爱情的虚幻,以及这种虚幻对自身人性本质的遮蔽,在觉悟的澄明中照亮了自己固有的人性本质,并毅然决然地与家庭决裂,摆脱了虚伪爱情的束缚,出走他乡,在理想的天地里寻回了自己的人性本质,安居于自己的精神家园。一些评论家又提出问题:娜拉出走以后怎么办? 并设想了几种可能的结局,如重新嫁人或者当妓女之类,不过这种设想虽然有现实依据,却有悖于作品本身的美学指归。娜拉出走本身就是一种完美的结局,她已经在理想的精神家园永久地安家落户,实现了自由和幸福。这是娜拉所追求的最理想的生存境界,是娜拉之美的集中体现。实现这一美的关键是娜拉的觉悟、价值观和眼光的转换,这转换的眼光将娜拉从异化的世俗家庭转移到理想的自由生存境界。我们欣赏这部作品、欣赏娜拉之美,也应当超越世俗的、功利的评判,以审美的、非功利的眼光来看待娜拉的出走。

第三节　美学的方法

一、美学方法的本质及多维性

这里的美学方法与上文提到的美学实践的方法具有很大的区别:前者指的是哲学方法论意义上的一般的科学方法,后者指的是美学作为一种精神实践的具体操作方法。科学方法本来是从西方文化思想话语体系中移植过来的,它接近中国传统文化思想中的"学术","学"即学问或科学,"术"即方法。在中国文化思想语境中学问与方法相对独立,是有区分界限的。"不学无术"这一成语显然把学问和方法看作两回事。在近代西方哲学语境中科学与其方法也是有区别的,但同时承认两者的内在统一性、同一性:科学为方法奠基,方法是科学内容的延续、引申形式或展开方式。黑格尔在解释哲学方法时曾经指出:"真正对这个方法的陈述则是属于逻辑的事情,或甚至于可以说就是逻辑自身。因为方法不是别的,正是全体的结构之展示在它自己的纯粹本质性里。"①这一解释无疑是深刻的,它突出强调了方法与其科学内容的内在同一性。

根据这个道理,引而申之:美学方法就是美学自身的全体结构在它自己的内容或本质里的充分展示形式或显现方式。

---

① ［德］黑格尔:《精神现象学》上卷,贺麟、王玖兴译,商务印书馆 1983 年版,第 31 页。

　　我们初步将美学定位于人文科学范畴,但这并不排斥美学固有的综合性。美学与邻近的多门科学(包括自然科学)密切联系的事实决定其方法的多维性、多向度性。

　　美学自身的科学性质是它广泛吸纳、借鉴多种自然科学方法的内在根据和前提。因此自 20 世纪以来自然科学领域兴起的许多新方法被推广、应用于美学研究,并取得突出的成就。这些新的美学科学方法主要有:心理学方法、社会学方法、系统论方法和信息论方法等。心理学美学方法严格按照自然科学实验的操作方向和路线研究审美经验,如把一系列单纯的图像或形式(如圆形、波浪线等)展示给被试者,以此来现场调查和统计他们的心理反应,测定其快乐的程度。费希纳所创立的实验美学为其典范。社会学美学方法侧重于研究社会环境对审美现象,特别是对艺术作品的影响和制约,同时研究艺术对社会——主要是集体生活意识——的反作用和积极影响,从而分析和总结二者相互作用的一般规律。丹纳、罗斯金等人为其代表,他们的美学著作标志着以社会学方法研究美学的卓越成就。系统论方法就是把对象作为一个完整的系统的整体加以认识和建构的方法。它从整体出发,着眼于整体与部分(系统与子系统)、整体与环境(系统与母系统)的关系和相互作用,在元素分析的基础之上综合地处理问题。苏联美学家莫·卡冈将系统论方法成功地运用于美学研究,堪称典范。他在辩证历史唯物主义基础之上吸纳系统论的精髓,从而拓展了唯物辩证法的视野。莫·卡冈将整个人类实践活动看作一个包容一切活动的文化系统,将艺术创造活动看作其中的一个子系统,从而考察、揭示二者的同形同构关系及相互作用,在整个社会文化结构中为艺术准确、科学地定位。与系统论同时兴起的是信息论,它和系统论一样,原本是纯粹的自然科学方法,但在唯科学主义的影响之下,很快被推广到人文科学领域。20 世纪 80 年代国内一些美学家曾大力倡导信息论美学,认为美是一种信息,认定美学的信息论方向是科学美学唯一正确的发展方向,舍此别无他途。它的极端片面性是显而易见的,所以,美学界响应者甚少,很快沉寂下来。

　　上述种种美学的科学方法都属于"自下而上的美学"方法或经验的方法,皆把美和审美现象看作纯粹的经验事实,并按照自然科学的客观标准来实验、证实其普遍规律性。这些方法提供的关于审美现象的大量丰富的实证性资料虽然在有限经验的层面上坐实了美学的科学性,但并不能从根本上解决美学的核心问题,也不能揭示美的价值和理念的全部真相。所以起源于自然科学的种种方法不管多么切实有效,都不能充当美学的基本方法或主导方法,充其量只能作为美学的辅佐方法来运用。日本美学家竹内敏雄在《美学总论》(1979 年出版)中全面考察了当代西方美学的种种美学方法,认为这些方法对于美学学说的核心问题都不过是一种辅佐性手段，都有一定的局限性，应该"以主导的观点统辖它们"①。美学的形而上学本性决定其基本方法只能是哲学的方法，而不是自然科学的方法。哲学的美学方法也就是黑格尔所提倡的关于美学研究理论的方法，或称之为"自上而下的美学"方法。它把美作为先验与经验、感性与理性相统一的一种价值和理念，从"美的逻辑形而上学观念"出发进行观念或概念形式的思辨分析。这一方法从古至今，尤其是自近代科学美学诞生以来，一直作为美学的方法论基础而存在。从近代启蒙主义美学、德国古典美学到现代现象学-存在主义美学、分析美学和马克思主义美学，美学研究的主流方向是哲学方向，主导方法是哲学的方法，它一直主导、支配、统辖着其他的辅助性美学方法。

美学的哲学方法将其视野延伸到被经验方法排斥的先验领域，公然承认美的价值和理念的先验性，无论是康德、黑格尔，还是胡塞尔、海德格尔，都认为美的价值和理念具有先验的或超验的存在根据（维特根斯坦是例外，他对美的先验性质存而不论），或者将客观精神看作美的先验根据，或者将内在性自我意识认作美的超验根据，因而他们的美学探索最终走向唯心主义。

马克思主义美学克服了唯心主义美学的局限，以辩证历史唯物主义的基本原理和原则揭示美的存在本质和先验根据，把历史实践确定为美的经验与先验相统一的客观社会基础，从而为现代哲学美学奠定了最科学、最牢固的方法论基础。唯物辩证法作为一种科学的哲学方法论，对各个部门科学（包括美学）具有普遍的方法论意义。毋庸置疑，唯物辩证法是当代美学不可替代的十分可靠的哲学方法，并且是在美学的诸多方法中占主导地位的、起支配作用的、统辖其他方法的美学方法。

二、作为美学主导方法的唯物辩证法

唯物辩证法的灵魂或精髓有二：一是辩证思维方法，一是逻辑与历史相统一的方法。

辩证思维方法是马克思在其政治经济学研究中总结、提炼出来的。他在《〈政治经济学批判〉导言》中称之为"政治经济学的方法"。他认为在17世纪以来整个经济学发展过程中贯穿着首尾衔接的两条思想路线和方法：第一条道路是"从表象中的具体达到越来越稀薄的抽象，直到我达到一些最简单的规定"，"是经济学在它产生时期在历史上走过的道路"②。第二条道路是从既已形成的

---

① ［日］竹内敏雄：《美学方法论的确定》，见《马克思主义文艺理论研究》编辑部编选《美学文艺学方法论》上册，文化艺术出版社1985年版，第141页。

② 《马克思恩格斯选集》第二卷，中共中央马克思恩格斯列宁斯大林著作编译局编译，人民出版社2012年版，第700页。

"最简单的规定"，到"一个具有许多规定和关系的丰富的总体"，这也就是马克思在其经济学研究过程中一贯坚持的思想路线和方法。"后一种方法显然是科学上正确的方法。具体之所以具体，因为它是许多规定的综合，因而是多样性的统一。因此它在思维中表现为综合的过程，表现为结果，而不是表现为起点，虽然它是现实的起点，因而也是直观和表象的起点。在第一条道路上，完整的表象蒸发为抽象的规定；在第二条道路上，抽象的规定在思维行程中导致具体的再现。"①前一种方法的运行路线是从表象的具体到稀薄的抽象的前进路线，这是理性思维的分析方法所遵循的路线；后一种方法的运行路线是从稀薄的抽象再到整体的具体的回归路线，这是理性思维的综合方法所遵循的思想路线。这两条路线是始终合一的不可分割的螺旋形整体，揭示了辩证思维过程中的普遍规律——分析与综合的辩证统一规律。由此可见，马克思所说的政治经济学的方法实质上是辩证思维方法，它具有普遍的方法论意义，不仅适用于政治经济学，而且适用于美学和其他特殊科学。

逻辑与历史相统一的方法原本是由黑格尔首创的哲学方法。但黑格尔受其客观唯心主义哲学立场限制，把逻辑和历史的关系颠倒了。他认为是精神的逻辑概念先行规定并产生出客观事物及其运动过程，自然事物如此，社会事物乃至整个人类历史现象莫不如此。比如日常生活中常见的梨子、桃子、核桃、杏等果实，在黑格尔看来，它们都不是第一性的存在，而是第二性的存在，是由果实这一先在概念产生出来的自为存在，是果实的概念自身运动过程中的一个否定性环节，它们最终将扬弃自身的客观自为性，回归到作为理念的果实，实现果实的概念（逻辑）与其客观存在（广义的历史）的统一、同一。在这里显然是概念的精神性否定、统一了历史的客观性，而不是历史的客观性扬弃、统一了概念的主观精神性。马克思从辩证历史唯物主义立场出发，对黑格尔逻辑与历史相统一的方法进行了批判性改造，确立了历史及其规律的客观第一性原则，进而确认由此产生的观念形态的逻辑概念是第二性的，历史与逻辑的统一是由经过历史实践的客观真理否定概念的主观性来实现的。二者统一的客观基础在于历史实践自身，而不在于逻辑概念。经过马克思的这一番改造，逻辑与历史相统一的方法成为现代哲学诸多方法中最科学、最有效的哲学方法，它对各个部门科学（包括美学）都有普遍的方法论意义。

辩证思维方法和逻辑与历史相统一的方法作为唯物辩证法的两条精髓具有内在的统一性，不可机械地分割开来。前者是后者的基础，后者是前者在客观事

---

① 《马克思恩格斯选集》第二卷，中共中央马克思恩格斯列宁斯大林著作编译局编译，人民出版社2012年版，第701页。

物的发展过程中充分展开了的形式;没有辩证思维方法,就不可能形成正确的科学的概念,没有逻辑与历史相统一的方法,科学的概念就不可能与客观事物的运动过程及其本质规律形成历史的具体的统一。

唯物辩证法不是一个封闭的排他的方法论体系,它自身固有的开放性允许别的哲学方法共生共存,并不断吸收其他哲学方法的有益成分而丰富、发展自身。所以唯物辩证法作为美学的主导性方法论,并不与美学方法的多维性相矛盾,它在保持自身主导地位的前提下,兼容其他辅助性的美学方法,以确保美学方法的多向度性。

【本章复习重点】

一、基本概念

哲学 文艺学 心理学 伦理学 人文科学 物质实践 精神实践 辩证思维方法 逻辑与历史相统一的方法

二、思考题

1. 为什么说美学是一门特殊的人文科学?

2. 美学与哲学、文艺学、伦理学、心理学、自然科学的关系如何?

3. 美学作为一种精神实践的基本特征是什么?

4. 你对科学美、技术美、技术美学有何看法?

5. 如何理解美学方法的多维性?

6. 为什么说美学的主导方法是哲学的方法?

7. 唯物辩证法作为一般方法论,其核心内涵是什么?

8. 如何理解唯物辩证法对美学的方法论意义?

第二编　审　美　现　象

本编考察的审美现象与普通美学教程所说的"美的存在领域"或"审美客体"是有区别的:杨恩寰等人主编的《美学教程》将"美的存在领域"分为"社会美、自然美、艺术美、科学美"四大领域[1];欧阳周等人主编的《美学新编》则将美的形态分为"自然美、社会美、科学美、技术美和艺术美"五类[2]。提法虽然不同,但他们都是从客体方面来理解、解释美的存在和美的形态的。自然美、社会美和艺术美都被纳入审美客体范畴,与审美主体相对立而存在。所以,在他们单向考察、分析作为客体而存在的现实美和艺术美的时候,审美主体的存在及其与审美客体的内在关联被排除了。这种视野所遵循的显然是主客二分的思维模式,而不是主客合一的思维方式。我们所说的"审美现象"是进入审美关系和审美活动中的美的显现,它不是与审美主体分离而独立存在的审美客体的美,而是在审美活动中主体与客体相互作用、相互影响而生成、建构的美的现象。固然,我们考察的审美现象也侧重它的客体方面,也是在自然、社会和艺术三大领域中考察美的存在和显现方式的,但是这里的自然美、社会美和艺术美不等于客观存在的自然事物、社会事物和艺术作品本身。审美现象兼有先在的审美关系的规定性和审美主体的存在及其影响,是作为在一定审美关系中的审美对象而存在的。作为审美对象而存在的自然美和现实美与自然事物和社会事物本身虽然具有现实的统一性和内在联系,但是毕竟有所区别。梅花孤立存在的时候是一个纯粹的自然事物,作为植物中的一个物种,它无所谓美,也无所谓丑。但是一旦进入特定的审美关系之中,梅花便呈现出种种不同的美的风貌、价值和意义。在陆游的笔下,梅花显现出清高孤傲、孤芳自赏的品格[3];在毛泽东的笔下,梅花则被描

---

①　杨恩寰、李范:《美学教程》,中国社会科学出版社 1987 年版,第 145 页。

②　欧阳周、顾建华、宋凡圣编著:《美学新编》,浙江大学出版社 1993 年版,第 82 页。

③　(宋)陆游《卜算子·咏梅》:"驿外断桥边,寂寞开无主。已是黄昏独自愁,更著风和雨。无意苦争春,一任群芳妒。零落成泥碾作尘,只有香如故。"见唐圭璋、潘君昭、曹济平《唐宋词选注》,北京出版社 1982 年版,第 378 页。

写成抗严寒、斗冰雪、不争不妒、立于群芳中的英雄豪杰①。显然梅花被两位诗人以不同的审美眼光道德化、人格化了。这落入一定的审美关系而被人化的梅花与孤立存在的梅花是有区别的,前者是特定的审美对象,后者是单纯的自然事物。这是因为,当梅花落入一定审美关系而被认作美的对象并被赋予美的性质的时候,它自身的原始存在状态便发生了本质的变化。它不再是现实领域中的自然事物本身,而是被一定的审美关系所规定的审美对象。它因此与一定的审美主体结缘,相互依存,相互影响,互为对方而存在,绝无孤立存在之理。自然事物如此,社会事物亦如此。如此存在的审美对象尽管持存、保留着社会事物和自然事物某些固有的客观存在属性,但这种保留是由审美主体的审美态度和审美判断自由选择、处置的结果。经过这种自由的选择,审美主体将自身的审美情感、审美趣味和审美理想赋予审美对象,被选择而保留下来的社会事物和自然事物因此改变了自身的存在属性,获得了美的价值和意义。这样的审美对象便不是客体意义上的纯粹的自然事物和社会事物,而是主客合一的审美现象。它既有审美客体的存在属性,又有审美主体的价值属性。

不过,如果把审美现象看作审美主体与审美客体的机械相加或复合,或者看作主体与客体相互作用的产物,那也是不恰当、不正确的模糊看法。严格地说,审美现象的直接现身形式是审美经验。就审美经验而言,审美现象的两大构成要素——审美主体和审美客体——都没有直接的现实性,仅仅具有生成审美经验的可能性。作为可能性,同一审美对象具有向不同的审美主体显现的多种潜在价值和意义,同一审美主体具有选择不同形式审美对象的多种取向和态度。刘易斯提出"潜能"的概念,认为"物有一种美的潜能,这种美的潜能只能通过训练有素的审美主体才能转化为现实"②。这一认识颇有见地,可以启迪我们深刻而准确地理解审美现象及其构成要素——审美对象。审美对象是物的美的潜能,它是物对人的潜在性③,与之相对的审美主体亦具有美的潜能,它是人对物的审美愿望和需求,是人的一种潜在性。审美现象说到底是审美主体的潜能与审美客体的潜能在一定的审美活动过程及其结果中的实现和显现,它具体显现为种种审美经验。

本编考察审美现象的侧重点在审美客体方面,也就是整个现实领域和艺术

---

① 毛泽东《卜算子·咏梅》:"风雨送春归,飞雪迎春到。已是悬崖百丈冰,犹有花枝俏。俏也不争春,只把春来报。待到山花烂漫时,她在丛中笑。"见张仲举编注《毛泽东诗词全集译注》,陕西人民出版社1999年版,第167页。

② 朱狄:《当代西方美学》,武汉大学出版社2007年版,第211页。

③ 黑格尔说:"一个东西是人的对象,这就等于说它是人的潜在性。"见黑格尔《哲学史讲演录》第一卷,贺麟、王太庆译,商务印书馆1981年版,第26页。

世界中存在的审美对象,但这不是主客二分哲学视野中的纯粹的审美客体,而是主客相互关联、相互作用的对象化显现。所以,对审美对象的探究和解释,不仅要还原到物本身,还要还原到人本身。当然也可以换一个角度和侧重点——从审美主体出发——以同样的思路来探究审美现象,下一编将对此进行详细的探究和考察。

第四章 现实领域中的审美对象

本章将考察现实领域的审美对象,主要包括现实生活本身即社会和自然界中多种多样的审美对象或事物,它们作为审美客体的重要组成部分,构成审美关系的对象极,与审美关系的另一极——自我主体极——相互作用,相互影响,形成对立统一关系。

第一节 现 实 美

当今美学界乃至一般知识界流行的"现实美"是一个极其含混、空洞的模糊概念。所谓现实美,就是现实生活领域中客观事物本身的美。这一概念把现实中的事物本身与现实美混淆了,其实这二者是有很大差别的。某些美学理论家对"美是生活"以及"实践美"的误读又放大了这一概念的错误,进一步模糊了现实事物与现实美的区分界线。车尔尼雪夫斯基提出"美是生活"这一命题还有一个限制性的补充命题,即美是"依照我们的理解应当如此的生活"[①]。很清楚,"美是生活"并不意味美与生活本身是同一的,相反,美是"应当如此"的生活,生活是已然如此的现实存在,一为理想,一为现实,二者大相径庭。关于"实践美"或"劳动美"的种种解释也包含着类似的误读:有些人把实践所创造的整个现实世界统统看成是美的,这是对美的一种极其庸俗、肤浅的功利实用主义的认识,完全忽略了劳动异化及其丑恶的历史事实。

从审美客体来看,现实美与现实事物既有区别,又有内在的本质联系。这是作为审美现象的现实美的本质特征。

现实的具体事物是现实美得以形成的基础,对现实美具有奠基作用。在这个意义上说,没有现实事物就没有现实美。但这并不意味着现实事物对于现实美具有客观的本质规定性。相反,现实美的本质是由现实生活的主体即"人"赋予的。朱光潜曾以一棵古松为例,生动具体地说明了这一道理。[②] 古松作为一种自然事物,有它自身作为一个物种而存在的共性和客观本质,这是不以人的意

---

① [俄]车尔尼雪夫斯基:《艺术与现实的审美关系》,周扬译,人民文学出版社 1979 年版,第 6 页。
② 参见朱光潜《谈美 文艺心理学》,中华书局 2012 年版,第 7~15 页。

志为转移的,是不可改变的。但它对于不同主体显现出不同的价值和意义。它既可以作为植物学家的科学研究对象、木材商人牟利赚钱的对象,也可以作为摄影家、画家的审美对象。在科研过程和结果中,古松显现为认识的价值;在商品交换活动中,古松显现为经济的交换价值和使用价值;在审美活动中,古松显现为审美的价值。同一棵古松显现出三种不同的价值,这并不是古松自身的客观本质的必然性产物,而是主体的不同价值取向和目的介入其中自由取舍的结果。在这种种价值现象中,固然有古松自身的某些存在特质和属性,但它已经出离了古松本身,成为满足人的某种愿望和要求的合目的性存在,显现为人的某种存在价值和意义。显然这价值和意义是由作为主体的人赋予古松的,而不是古松本身固有的。古松作为对象性存在在价值生成的过程中仅仅为主体提供了质料、素材和载体,供主体自由支配、处置、设定。在此,主体从始至终发挥着主导的、主动的决定性作用。无论哪一种价值的建构与生成,情况都是如此。

现实的具体事物转化为现实美,审美主体的价值取向从中发挥着主导作用,与此同时,审美对象的特殊形式也发挥着奠基作用。二者相互作用,形成具体的主观的合目的性关系,显现出美的价值。

再以古松为例。古松的外在形式因它能满足审美主体的某种情感需求而被接受或享受,于是生成主观的合目的性关系,显现为审美价值。审美价值的特殊性在于它的情感性,这是它在主体存在方面与认识价值和经济价值相区别的主要特征。当然,审美价值的特殊性与审美对象的存在也是有关联的。在以同一棵古松为对象的三种价值形态中,不同的价值目的对古松的关注点是有区别的。科学家所关注的是古松的生长规律、它与其他植物相区别的本质特性等;木材商人所关注的是古松的有用性及其商业价值的大小;而画家关注的则是古松的外观,苍翠的色泽,或挺拔直立或盘桓屈曲的枝干,古朴、皲裂的树皮,所有这些能引起苍劲之感的生动形态都是画家最感兴趣的东西。这些外观背后所隐含的本质规律和有用性则被画家刻意忽视、排除了。古松的外在形式对人的感情需求的合目的性正是审美价值与认识价值和经济价值相区别的特殊性之所在,它在审美价值的形成过程中具有奠基作用。

现实的审美对象的形式对人的情感需求的合目的性关系是现实美的深刻本质。在这一内在关系中存在着相互对立、相互作用的两极:一极为客观对象的形式,一极为自我的情感。这两极在审美活动中相互生发,显现为开放着的张力关系。张力关系指的是这样一种存在状态:相互联系的两极在一定的活动过程中因相互作用而改变、扩张自身的存在形式,处在开放的状态中。在审美活动中,对象一极因自我情感的主动介入与渗透,显现为有意味的、拟人化的形式,自我一极因对象形式的诱发,显现为形式化、对象化的感性存在。这两种存在状态并不是截然分离的。在现实的审美活动中二者统一于内在的审美关系,构成现实的审美关系的二重性和复合性。因此,审美关系的对象极(形式)和自我极(情感)都不是静止不变的可供科学分析的事实,而是在人的审美精神实践中建构、生成的价值。

掌握了现实世界的审美现象这一本质特征是正确理解审美对象世界必须首先把握的理论前提。理解、解释现实美必须掌握这一理论前提。这里所说的现实美就是人对现实世界的审美关系中的审美对象,它存在于一定的审美活动过程及其结果中,显现为某种审美现象或审美经验。现实美如此存在,它便不是科学分析的客观事实,而是兼有主、客二重性的描述性价值存在。分而言之,现实美可分为两种:一为社会美,即社会生活领域中的审美对象;一为自然美,即自然界的审美对象。

第二节　社　会　美

一、社会美的本质及其显现方式

社会美是指存在于一定的审美实践过程中的社会事物的合目的性形式。作为审美关系的一极,社会美显现为社会的具体的审美现象或审美经验。如此存在的社会事物,已经出离了它原有的现实世界和原始土壤,改变了它固有的社会存在性质,成为潜在性的美。如此解释社会美是为了避免引起不必要的误解,把社会事物的可能性美误解为现实的实在的美。进入审美关系的社会事物不但出离了它原来所从属的现实世界,而且剥离了它自身固有的一切非审美的存在本质,只保留了合乎主体自我的情感需要的合目的性形式。这两次出离或剥离都不是由社会事物通过自身的某种必然性力量自然而然地完成的,而是通过与它相对的审美主体的自由选择、处置而实现的。社会美由现实世界的社会存在转化为美的可能性存在,转化为审美关系的一大构成要素,这是一个历史过程。

兹举一例,具体说明现实中的社会事物转化为社会美的过程及其特点。华东师范大学精神研究所诊断过这样一个案例[①]:一未婚男青年有一种奇特的择偶倾向,他不爱身体健康、四肢健全的漂亮女子,只爱身体有残疾的年轻女子;父母、亲戚多方劝阻无效,最后他相中一名一条下肢瘫痪、策杖而行的女子,并且爱得发狂。研究所的专家采用了精神分析法,详细查询、分析了他的精神成长史,揭示了他慕残心理产生的过程。青年的父亲是当地一名小有名气、颇为敬业的

---

① 参见方刚《多元的性/别·慕残者的性:性心理形成及性满足困境研究》,山东人民出版社 2012 年版,第 119~140 页。

骨科医生,繁忙的工作使他无暇关爱自己的家人,尤其是他的独生儿子。据这位青年讲,从他记事起,他的父亲一直在关爱患者,而这种关爱是他从来没有享受过的。他整天渴望着有一天父亲会像关爱病人那样温存呵护他,但他得到的往往是父亲严厉的管教和责骂。他细细观察发现,父亲所关爱的对象无一不是折臂断腿的伤残者,于是产生一种奇怪的幻想——渴望自己变成残疾人,获得父亲那阳光般温暖的爱。久而久之,这种幻想固化为一种"我应当如此生活"的美的理想,积淀为一种深层的无意识审美心理结构,残缺的身体成为他心中最理想、最美的身体。他真心而热情地爱一名残疾女子,是因为这名女子的身体与他内在的审美心理结构相应合,其实质是深层的审美理想的对象化。

这一个案反映了极其深刻的精神分析学和美学道理。从美学的角度看,一个社会事物是否美首先取决于审美主体的个性化的审美理想和审美态度,取决于审美主体的深层心理结构,而这一审美理想和深层心理结构是在一定的精神发展过程中历史地生成的。历史生成的审美心理结构先行决定审美个体选择什么样的社会事物成为其对象化的形式。正是审美主体的这种自由选择,使个别社会事物完成了自身的两次出离,成为审美对象。在这一个案中残疾女子被相中,她不仅被一种爱的眼光关注,而且被一种独特的审美的眼光关注。当她被如此关注之时,她已作为独特的个体被选择、提举出来,出离了她所从属的周围世界;当她作为一个独特的审美对象而存在时,她身体的残缺形式再一次被突出、独立出来,出离了她的个体生命本质,包括她的健康、她的知识、她的精神等。这同时发生的两次分离都是一个独特的审美个体自由选择的结果,都发生在审美个体——这位男青年——的独特的审美眼光中。这种选择、这种审美关系的形成看似偶然,其实隐含着必然性。在审美主体只喜欢如此这般的形式而不喜欢别样形式的定向选择背后,隐藏一个不易觉察的精神实践过程。审美主体的审美理想和心理结构不管是高雅的,还是低俗的,是健康的、积极向上的,还是病态的、消极落后的,都是在一定的精神实践过程中历史地生成的。这位男青年的审美趣味和理想虽然是非常态的,但他独特的审美心理的形成过程及其路线带有普遍性和必然性。由此可见:存在于一定的审美关系中的社会美是经由一定的精神实践过程而积淀出的产物,是社会事物两次改变自身存在状态的结果。

从审美主体方面来看,社会美是被历史性地生成的一定的审美理想和态度定向选中了的对象,是被审美者独特的审美趣味和眼光看中的个别社会形象和形式。如此存在的"社会美"绝不是作为总体而存在的整个社会共同体的美,而是社会总体中的个体的美。与此相对的审美主体也是暂时出离一定社会共同体的自由个体。欧阳周等人编著的《美学新编》是这样解释社会美的:"社会美既是社会实践的产物,又是社会实践的直接体现,它的形成与发展,更是与社会实践相一致。"①社会实践的领域有多宽广,社会美的领域就有多宽广,横跨生产劳动、阶级斗争乃至日常生活的各个领域,纵贯社会实践的全过程。社会美的类型有实践主体的美,劳动过程、劳动工具和劳动结果的美,还有变革社会的社会斗争和革命事业的美,等等。这里所说的"社会美"指的是客观的社会历史实践及其现实,是作为社会总体而存在的,而不是出离一定社会总体而存在的个体。这是比较笼统的一个美学概念。

从客体方面来看,一民族、一国家、一社会的一切建树和事业,不管多么伟大、辉煌、永垂不朽,并不能因此直接成为一民族、一国家、一社会的共同的审美对象。抗美援朝的事业是悲壮而伟大的,全体志愿军战士是可亲可敬的。这种总体的历史的评价是以道德的高尚和伦理的正义为尺度的。作为道德的价值判断是成立的,但是道德的价值判断并不直接等同于审美的价值判断。这是因为任何性质的总体社会现象都不能直接成为美学评价的对象,作为审美主体的个人无法直观一社会共在的现实世界。只有在社会总体以个别的偶然的形式呈现,作为个体的审美者能感性地直观它的情况下,审美的价值判断才能成立。比如抗美援朝战争中涌现出来的英雄,如黄继光、邱少云等人,他们以自己极具典型性的坚定、英勇的个人性格从整个志愿军群体中凸显出来,引起了个别艺术家的高度关注和热爱,并被艺术家以艺术的形象和形式生动具体地再现出来。此时被艺术典型化了的黄继光的原型或现实中的黄继光本人才具有名副其实的社会美。

再从审美主体来看,也不存在总体性的无差别的审美判断和审美理想。一个民族、一个阶级或一个阶层的全体成员无差别地认同、接受同一个审美对象,并且历久不变,这种情况在美学史和文学艺术史上从未有过。马克思主义美学承认美的阶级、民族的共同性,乃至人类的共同性,但这种共同性指的是美的形式背后隐含的道德内容的趋同性,它并不排除美的个性化形式的丰富多样性和差异性。承认美的共同性,其前提是承认道德判断与审美判断的统一性。与此同时,不可否认美(包括社会美)的个别性和偶然性。

二、社会美的形式特征与类别

我们把社会美仅仅限定在个人存在的范畴,个人或自我寓身于其中的道德现实世界、作为总体而存在的社会实践主体及其实践成果等都被排除出社会美的范畴。因为这些被排除的总体性社会存在是道德判断和伦理判断的对象,而不是审美判断的对象。更确切地说,社会美就是出离一定社会总体而独立的个人存在,满足另一个个人的情感需求的合目的性形式或形象。在这一审美关系中既对立又统

---

① 欧阳周、顾建华、宋凡圣编著:《美学新编》,浙江大学出版社1993年版,第85页。

一的两极都是人自身的存在,只是存在的方式和性质有所不同而已。在对象的一极,个人作为被动的他人或他者而存在,成为另一个人的直观对象;在主体一极,个人作为主动的自我而存在,自由观赏另一个他人的外观和形象。

从对象一极来看,社会美首先显现为个人外在的合目的性形式或样子,也就是以人自身的形体、外貌为载体的有趣致、有意味的形式。人的声、色、言、行、姿容、体态,乃至服饰、打扮等,构成个人美的感性的物理基础。《诗经·卫风·硕人》曰:"巧笑倩兮,美目盼兮"①,描述的就是人的声色之美、容貌之美。"季子正年少,匹马黑貂裘"②,这是辛弃疾笔下的苏秦的美风度,凸显的是苏秦的服饰之美、气度之美。但是所有这些形式构成要素并不直接等同于人自身的美,只有在成为有意味的形式的时候,它才成为社会美。而人的外在形式的趣味出自人自身的生命目的,既合乎他人的生命目的,又合乎自我的生命目的。作为对象而存在的社会美,其形式的内在意味主要是由作为主体而存在的审美者赋予的,是审美者根据自己特有的审美理想和趣味自由选择的结果,因合乎审美者的某种个体生命目的(即情感的欲望和需求)而成为有意味的形式。"雪肤"描写的是人的皮肤的色泽美,洁白的皮肤被认为是美的,俗语说"一白遮百丑"。但白色的皮肤成为美的外观是有条件的,其前提是它的感性的合目的性,只有当它作为健康的旺盛的生命力的外部表征而存在,并应合审美者渴望健康的生存目的,进而激发起审美者的愉悦之情的时候,它才是美的。钱钟书在《围城》中描写那些百无聊赖整天为胖发愁的太太们,露出裙外的双腿泛出死鱼一般的鱼肚白。这肤色虽然很白,但不美,甚至很丑,因为它是不健康的衰弱的生命的外部表征,不合乎生命健康的生存目的,一个崇尚健康、旺盛生命力的审美者是绝不会对此产生共鸣的,也不会把它认作美的肤色。在漫长的封建时代,中国长期流行着一种低级、庸俗的审美趣味:崇尚女人的小脚。"三寸金莲"被奉为美女的典范标准,而这个审美标准是男性(主要是腐朽的贵族士大夫阶层)专门为女性设定的,这显然是专横的男权主义或男性中心主义作祟的结果。在男权主义话语影响下,女性要"为悦己者容",必须人工"整形",制造小脚,自幼裹脚,不惜伤筋坏骨,心甘情愿地终身拖着病残的双脚取悦男人。缠脚之风盛行,毒害中国女性千年。从伦理学角度看,这是反人性、反社会的,从美学角度看,这也是一种病态、消极、颓废的时代性审美趣味。小脚之好折射出的是封建时代上流社会共同的病态、颓废、低俗的审美趣味和理想,间接透露出一个时代的特殊精神面貌及其社会未来命运的走向。

显现为"病态"或"健康"、"瘦"或"肥"的体貌形态都属于社会美的形式范

---

① 《十三经注疏》整理委员会整理,李学勤主编:《十三经注疏·毛诗正义》,北京大学出版社1999年版,第224页。

② (宋)辛弃疾:《水调歌头》,见张碧波编《辛弃疾词选读》,黑龙江人民出版社1979年版,第33页。

畴,是有意味的形式。其意味或意蕴是由审美主体赋予其中的,无论从个体存在来看,还是从社会总体方面来看,情况都是如此。固然,作为审美对象而存在的社会美本身与审美者一样,是秉持生命自由的独立的个人,她或他的身体外形本身就是一个合乎生命目的的形式,但其自身的生命目的并不能直接决定其身体形式成为现实的美。这个人的身体形式的美的现实性及其内蕴取决于审美主体的审美判断和自由选择。

社会美首先凸显为个人存在的外在形式,但不仅仅是形式,它还有所含蕴。一般美学原理称之为美的内容,并称社会美是内容与形式的统一。具体地说,人的内在精神为社会美的内容,人的身体容貌为社会美的形式,这是对社会美的最流行的本质主义解释。这种解释没有跳出传统哲学的主客二分的思维框架:把社会美看成是与审美主体相对的独立的审美客体,作为客观对象,它有自身的客观本质、内容以及与其内容相适应的形式;再者,把社会美看作人的内在精神与其外在身体的统一,这从根本上把作为社会事物而存在的个人与作为审美对象而存在的个人混为一谈了。我们所说的"个人存在的有意味形式"与精神和身体的统一大相径庭,身体形式所隐含的意味或内蕴不等于内容。因为内容总是与本质密切相关,是持久的、稳定的,而意味则总是与审美主体的个人爱好和情趣密切相关,并随着审美者趣味的改变而改变。因此意味是变易不居的一种审美现象。虽然如此,意味毕竟是某种内在性的东西,它隐含于身体形式背后。

从这个意义上讲,"个人存在的有意味形式"是外在与内在的统一体,社会美若流于单纯的身体形式,便丧失了美的价值和意义。我们在日常的审美生活中习惯于用"气质""风度""风韵"之类的概念来评价男女的体貌风姿,这些带有描述性的身体美概念所概括的是个人存在的内外合一状态。"此人冷面",说的是某人身上的寒气,"此人面带春风,和气可人",说的是某人身上的暖气,二者都是人的气质的具体体现。这里的冷和热不是物理学意义的冷和热,比如像冰雪一样寒凉,像火焰一样炙热,而是心理上的一种独特感受。这便是气质的意味和内蕴之所在,它是通过人的外在形貌、体态传达出的一种内在生命或精神信息,人的外在的感性形式是它的载体。离开人的容貌举止,它便无以寄托、无以显现。

可见,气质凸显的是人的外在形式,但不仅仅是外在形式,而是个人存在的内外合一的最佳显现。人的气质美在于魅力,魅力的妙处在于有无之间,"有"是物理的感性的可见的形式,"无"是心理的无形的只可意会的内心体验或联想状态。二者合为一体便显现为一种似有似无的朦胧与轻灵状态,这便是摄人心魄的魅力,也是人的风度和风韵的奥妙之所在。"含情脉脉"就是一种风韵,如达·芬奇名作《蒙娜丽莎》中女子的风韵和魅力,好像都从她那一双含情脉脉的动人的眼睛中流溢出来,像光芒一样扩散、放射开来。她美丽的眼睛和脸庞是人人都可看得见、感受得到的,但她的眼睛所传达出的脉脉之情让人捉摸不透,给人以无尽的遐想余地。杨贵妃"回眸一笑百媚生",也是一种难得的女性风韵和魅力。她的眼神、身姿、音容笑貌是具体可见的,但从中流露出来的神情是不可名状的,如日之晕、玉之光、花之味,似有似无,在有无之间留下了广阔的想象空间,不然的话,怎么能生出百种娇媚的风情呢?风韵的美在有无之间,风度的美也是如此。"文质彬彬"是孔子标榜的"君子风度","文"指的是人的外在形式,"质"指的是人的内在精神品质,"彬彬"便是由二者的巧妙结合所显现出的文采焕发的风姿。这风度的妙处全在于"文"的可见与"质"的不可见之间。又有绚烂多姿的"魏晋风度"。"日月入怀"描述的是夏侯太初的风度,时人目"夏侯太初'朗朗如日月之入怀',李安国'颓唐如玉山将崩'"①。这一描述突出夏侯太初风度的不可名状,如太阳和月亮入怀一样,这显然不是对他身体固有的亮度或体温状态的描写,而是称其明朗俊秀,是时人对他的内在精神品质的独特性体验和感受。在这种体验中,时人对夏侯太初的具体容貌忽略不提,反而借助想象和比喻来描绘他的形象。王夷甫的风度更是妙不可言:"容貌整丽,妙于谈玄,恒捉白玉柄麈尾,与手都无分别。"②这里具体可感的形体是洁白如玉的肌肤,深不可测的是崇尚虚无的深邃精神世界,这样一种精神寄托在如此清透如玉的身体中是多么"空灵清通"的风度。

由此可见,社会美的内外合一情状(气质、风韵、风度)不是本质主义哲学视野中的内容与形式的统一,如果我们把人自身的美理解为内容与形式的统一,那将是对社会美的一大曲解。按照本质主义哲学的观点,一切事物都是内容与形式的统一。比如木头箱子,它的本质是它赖以生成的原始材料,也就是木材。这木材经木匠赋予一定的结构形态,成为方形容器,或大或小,或扁或高,这些几何体形状就是箱子的形式,与形式合为一体的木材就是箱子内容。在一个具体的箱子中形式和内容都是一定的,彼此之间有相互限定的明确界限。内容限定形式,只能是这个箱子的形式,形式限定内容,只能是这个箱子的内容。审美活动中人的内在精神与外在形体的合一则没有这种相互限定的明确界限,相反,内在与外在的结合往往形成相互解构的张力关系,在这张力关系中彼此的界限模糊,于是开放出一个自由想象的空间。假如人的内外合一状态像箱子那样明确、具体、恒定,内外界限朗朗分明,他就是那么个样子,他的内心就像他的样子一样,并且永远是那个样子,这样的人是无美可言的,更谈何风度、气质、风韵。陕北民

---

① 徐震堮:《世说新语校笺》,中华书局 1984 年版,第 334 页。
② 徐震堮:《世说新语校笺》,中华书局 1984 年版,第 335 页。

歌有一句情真意切的唱词:"周家的猴老子好像一座坟"①,表达的是一个年轻媳妇对丑陋丈夫的厌恶和憎恨。从这一极其形象、生动的描述,可以想象到她的丈夫是多么的丑陋与呆木。他在其漂亮而多情的媳妇眼中今天是这个样子,明天还是这个样子,永远如此这般存在,以至于在媳妇的感受里如同一个无生命的可怕的事物———一座坟。坟也是有内容、有形式的,在像馒头一样圆实的小土丘下面埋藏着的是无生命的躯体。这也是内容与形式统一的客观事物,但它并不美,甚至会令人害怕。当一个人的存在像无生命的客观事物一样,恒久地显现为同一个样子,像祥林嫂那样,只有偶尔眼珠一轮表示她是一个活物,完全丧失了生命的内外张力,没有丝毫供人想象的空间,这个人便无美可言,甚至令人生厌、恐惧。

根据美学常识,人们习惯上将人的美一分为二———"身体美"和"心灵美",但如此划分只在分析的理论中可以成立,在人的现实存在中身心是不可分割的。不可想象人的肉体可以脱离心灵而独立存在,如果可能的话,那便是人体标本,有谁会以此为美呢?同样不可想象人的心灵可以脱离肉体而存在,如果可能的话,那便是"幽灵",只会令人毛骨悚然、胆战心惊。

一定要强为分别的话,可根据人的内外合一的不同情况将社会美分为两大类:一类凸显人的强大的、蓬勃向上的内在生命力,一类凸显人的内在道德精神和宗教情怀。人的气质美、风韵美属于前一类,人的格调美、境界美属于后一类。

气质美显现的是人的"天赋本质"。一个秉持了完善、健全、强大的天赋本质的人,其身体是健康、美好的,其内心也是强大、完善的。因此其行为举止总是显得朝气蓬勃、活力四射,洋溢着积极向上的强大生命力。这种不可见的生命力通过人的容貌、表情、言语、举止流露放射出来,像百花吐艳一样绚丽多姿,像旭日东升一样光芒四射。这是"天生丽质"使然,也与后天的文化修炼、精神实践有关,不过气质美更多地是人的天生的自然美,难以人力强求,其形式对人的合目的性也多是自然生成的,无需文化、道德理性作为中介,直接诉诸人的情感,引起人的愉悦之情。所以对人的气质美的审美判断不夹杂道德的、伦理的价值判断,是纯粹的审美判断。气质美像自然界的鲜花、明月一样,是康德所推崇的那种不夹杂质的"纯粹美"。

人的格调美、境界美则与气质美判然有别。格调和境界呈现的是人的自觉自由的道德精神和人生至高至上的目的、理想、价值,这些都不是自然天赋的,而是经由一定的历史文化熏陶、积淀的结果,是人们经过漫长的精神实践过程修

---

① 榆林市文化文物局编,霍向贵主编:《陕北民歌大全》上册,陕西人民出版社 2006 年版,第 168 页。"猴",在陕北方言中意为"小","猴老子"指丈夫,含咒骂意。

炼、塑造出来的精神产物。《易经·文言》中说:"君子黄中通理,正位居体,美在其中。"①"黄中通理"指的就是道德精神的内在状态,道德居中得体便是美。孟子曰:"充实之谓美。"②"充实"意即道德精神充满内心,圆满自足,他所说的美就是道德精神的圆满自足的表现。孟子又说:"充实而有光辉之谓大。"③"大"是人的一种格局、格调,一种胸怀、境界。在儒家看来,道德精神虽然出自先天,但它需要后天修养、教化和实践来扩充、成就、完善。"克己复礼为仁"④,意即"仁"这种道德精神通过自觉的修炼、修养才能获致,成为人的内在德性;要成就仁,单在内心用功夫不行,在外在行为上也要时时处处修炼、克制自己,"非礼勿视,非礼勿听,非礼勿言,非礼勿动"⑤。人的一举一动时时处处都合乎礼数,如此则内仁外礼,和谐合致,显现出君子的风度、格调。显然,格调显现的内在道德精神是经后天修炼和实践养成的,与此合致的外在形式(人的行为举止)也是人们刻意塑造出来的。如此显现的人的内外合一情状带有明显的人为修饰、塑造的痕迹,所以它显现的不是人的天赋本质,而是人的人文精神。人的格调如此,人的境界亦然。格调和境界都是人们通过自觉的持之以恒的修炼和修养而塑造出来的胸怀和格局,只是在度量上有所区别。

　　器局小者为格调。格调美内外合得停匀。内心外显于容貌,从容貌举止看到的也就是内心,黑格尔称之为古典的美。儒家所标榜的君子风度是典型的古典美或格调美。器局大者便是境界。这里的"大"是与格调相比较而言的大,指的是心理-精神空间的深度和广度。单就精神的存在性质而言,它是无限的,因此,格调和境界所显露的精神都是无限的。但在美的格调中,内在道德精神受到外在形式的限制,只能在形式限定的范围内绽放自身,所以是有限的,其格局显得相对小;而在美的境界中,内在道德精神不受外在形式的束缚和限制,逸出形式的界限,显现为无涯际的寥廓。境界的格局缘此比格调的局域大得多,用黑格尔的话说,是精神压倒物质、内在超越外在,他称之为浪漫的美。道家的哲学探索与美学追求是同一的,他们所追求的与道齐一的人生至高境界就是美的境界。老子很生动、具体地描写了他心目中的理想生存境界:"含德之厚,比于赤子。毒虫不螫,猛兽不据,攫鸟不搏。骨弱筋柔而握固。"⑥因而显得至精、至和,一片

　　① 《十三经注疏》整理委员会整理,李学勤主编:《十三经注疏·周易正义》,北京大学出版社1999年版,第32页。

　　② (宋)朱熹:《四书章句集注》,中华书局1983年版,第370页。

　　③ (宋)朱熹:《四书章句集注》,中华书局1983年版,第370页。

　　④ (宋)朱熹:《四书章句集注》,中华书局1983年版,第131页。

　　⑤ (宋)朱熹:《四书章句集注》,中华书局1983年版,第132页。

　　⑥ 汤漳平、王朝华译注:《老子》,中华书局2014年版,第220页。

大清明气象。他又说:"众人熙熙,如享太牢,如春登台。我独泊兮,其未兆。沌沌兮,如婴儿之未孩;儽儽兮,若无所归! 众人皆有余,而我独若遗。我愚人之心也哉! 俗人昭昭,我独昏昏;俗人察察,我独闷闷。澹兮,其若海;飂兮,若无止。"[1]这里的大清明气象近似婴儿的天真,超越俗人的昏默,显现出大海般的淡泊、清风样的空灵和洒脱。这就是道家所追求的理想境界。老子认为这种境界是他超越世俗功利,崇尚、持存"食母"的结果。所谓"食母",就是不断地从天地宇宙大道中吸取精神营养,以道为母,培育、扩张自身的精神世界,持存道体,与道合一。如此显现的道是不拘礼数、超凡脱俗的,不受人的外在形式的限制,像飂风一样,行止自如,不为一物一形所系。所以,道家追求的与道合一的境界是无限的,其器局比儒家的君子风度或格调更宏大、渊深。虽然格调美和境界美在局域上有小大之别,但二者显现的道德精神都是通过一定的修炼方式和精神实践过程而形成的,是文化修养的产物。例如,孟子讲"养气",通过培养自身的浩然之气,集义成德;庄子讲"心斋"和"坐忘",以"忘我"的方式,通达大道,这都是精神实践,只是实践的方式有所不同而已。因实践方式不同,境界便有小大之别,前者为"有我之境",后者为"无我之境"。

儒家的"仁"和道家的"道"虽然都原始于先天自然,但当它们显为格调美和境界美时,便作为人的精神实践的结果而存在,成为后天的为人所自觉并为人所掌握的自由的人文精神,显现为被感受、被直接看到的人生境界和格局。这是种种凸显道德精神的社会美的共性,这也是其与凸显人的天赋本质的社会美相区别的本质特征。除此之外,这一类社会美(格调美、境界美)引发的审美感受及其所表现的审美趣味和理想并不单单揭示社会事物的形式的合目的性,其中还混合着道德的合目的性,在审美判断中夹杂着道德判断。在这二重判断中,往往是道德判断压倒审美判断,外在形式的合目的性附丽于内在道德的合目的性,形式成为道德的象征和寄托之所。在这个意义上,我们把这一类社会美(格调美和境界美)称作不纯粹的美。

第三节 自 然 美

一、自然美的发生及其历史条件

自然美是指存在于一定的审美实践过程中的自然事物对人的合目的性形式,它构成审美关系的一极,显现为自然的特殊的审美现象或审美经验。

---

[1] 汤漳平、王朝华译注:《老子》,中华书局 2014 年版,第 77 页。

自然美与自然界的自然事物,如日月星辰、山川草木、鸟兽鱼虫之类不是同一的。一些美学家把自然美和自然事物混为一谈,这是需要纠正的。固然,自然美与自然事物之间存在着不可分割的现实的内在联系,但当自然事物进入一定的审美关系和审美实践过程作为审美对象而存在时,它已出离了它所从属的自然界,改变了自身的存在形式和性质。这种出离和改变是一个历史过程,甚至是一个漫长的历史过程,其情形与社会美出离社会事物及其周围世界的情形大致相同。

自然事物转化为自然美,既需要先在的审美个体的既定审美心理结构作为中介,又需要历史生成的特定民族的审美能力和审美心理结构作为中介。例如现代人热衷于观赏日食、月食的奇景,而远古初民却认为这代表天谴,心生恐惧。缘何如此? 古今文明水平高低有别,文明水平极低的初民尚不具备欣赏自然美的能力,当今文明人能够普遍地接受、欣赏自然美,这是因为今天的文明水平总体上要比原始人的文明水平高得多,提供了欣赏自然美的审美能力的基本历史前提和条件。所以,审美能力的高低往往依赖于一民族、一社会整体文明水平的高低,而文明是历史过程的产物,一民族历史愈悠久,其文明水平也就愈高,全民族的审美能力也就愈高。

美学界公认一个带有普遍性的审美历史现象:在人类审美意识的发生史上,欣赏社会美的能力普遍早于欣赏自然美的能力出现,在西方如此,在中国也是如此。在欧洲,中世纪以后自然美才作为一个独立的审美对象进入人们的审美视野,而此前社会美一直是人们普遍关注、欣赏的对象。在中国,南北朝时期山水之美才进入文人士大夫的视野,成为审美对象。"宋初文咏,体有因革,庄老告退,而山水方滋"[①],从中可见一斑。固然《诗经》中也有不少描写自然景物的诗句,但那仅仅是为"起兴"、烘托人物、渲染情感而已,诗人赞美、描写的对象是人物而不是自然事物。社会美作为主要审美对象而存在的状况延续到魏晋南北朝才发生了根本性的改变,自然美作为独立的审美对象进入现实的审美实践,成为人们普遍接受、欣赏的对象。普列汉诺夫根据 19 世纪人类学家们提供的大量人类发生学的生动材料,证明一个带有普遍性的事实:"在野蛮人那里"不仅审美的感觉同复杂的观念"能够联系在一起",而且有时候正是在这些观念的影响下产生出来的。[②]野蛮人的审美观念同复杂的观念混合在一起,具体指的是原始人的审美意识夹杂着功利的观念,并植根于功利观念这一事实,例如非洲许多部落的妇女,尤其富人或部落酋长的妻子们,手上和脚上带着沉重的铁环,作为美的

---

① (南朝梁)刘勰著,周振甫注:《文心雕龙注释》,人民文学出版社 1981 年版,第 49 页。
② 参见[俄]普列汉诺夫《普列汉诺夫美学论文集》,曹葆华译,人民出版社 1983 年版,第 315 页。

装饰。她们认为美的事物首先是贵重的金属(因为对于她们所处社会的生产力水平而言,没有什么比铁更贵重),她们的审美意识带有浓厚的炫富、崇富的功利意识。普列汉诺夫进而揭示出人类审美意识发生的普遍规律:"从历史上说,以有意识的功利观点看待事物,往往是先于以审美的观点来看待事物的。"①同理,混合着有用观点的审美意识往往先于无功利观念的纯粹审美快感。我们把前者称为不纯粹的审美意识,把后者称为纯粹的审美意识。人类的审美意识从前者发展、演变为后者,经历了一个漫长的历史发展过程。自然事物作为独立的审美对象而构成审美关系的一极,只有在人类具备了纯粹的审美意识和成熟的较高的审美能力的前提下才是可能的。明白了这一道理,也就不难理解社会美先于自然美而存在这一审美现象。

如上所述,作为社会美的集中体现的人自身的美不是单纯的形式美,在人的外在形式背后隐伏着道德的、宗教的种种精神价值。当这样一个特殊的审美对象诉诸人的审美感受的时候,审美判断之中难免夹杂着道德的、伦理的社会功利判断,这正好与人类较早具备的不纯粹的审美意识与审美能力相适应。而自然美则首先以纯粹的形式取胜,其形式脱离了功利的道德的内容,它所引起的审美感受自然是不带任何杂质的无利害计较、无善恶考量的纯粹审美快感。所以凸显形式的自然美便与人类在较高历史阶段上所具备的成熟的纯粹的审美意识和审美能力相适应。由此可见,自然美形成和出现、并作为独立的审美对象而存在是漫长的历史过程的产物,是人类文明发展到较高阶段、人类审美意识臻于成熟的结果。

二、自然美的显现方式、形式特征与类别

自然美集中显现为自然事物的合目的性形式。这种合目的性不是对自然事物固有的本质规律或内在结构的客观合目的性,而是对人的人性本质的主观合目的性。当自然事物的外在形式如此显现的时候,它已被审美主体以某种方式拟人化了。这种拟人化的形式出离了自然事物的原始本质,改变了自身的存在性质和情状,成为人的生命的象征或道德的象征,成为审美主体直观人的本质的对象化形式。

自然事物进入一定的审美关系和审美活动过程,成为审美对象,也和社会美一样经历了两次剥离或出离。第一次,自然事物出离了它根植的大地山川,作为独立的单个事物为了某一审美个体而存在;从审美个体来看,当他欣赏个别的自然事物的时候,他全神贯注于自然事物的样貌或外观,以至于环绕它的多姿多彩

---

① [俄]普列汉诺夫:《普列汉诺夫美学论文集》,曹葆华译,人民出版社 1983 年版,第 410 页。

的自然环境和背景全然淡出其视野。在这两种情况下,成为审美对象的个别自然事物"一枝红杏出墙来",跳出了它所依托的自然环境,把它的树干、根基和土地抛到墙后,成为孤立绝缘的"一枝红杏"。第二次,自然事物的形式出离了它固有的客观目的和本质。自然事物原本是内容与形式的有机统一体,其形式有它自身的目的性,比如杏树有杏树的样子,桃树有桃树的样子,春生、夏长、秋衰、冬枯,枯而复荣,年复一年,如此循环往复,杏树样子不变,桃树样子不改,很难有杏树生出桃叶来的现象。这是因为杏树是按照它固有的内在结构生长的,桃树也是按照其固有的内在结构生长的。这不同的内在结构就是桃、杏生长的客观目的。但是当桃、杏的外在形式作为拟人化的美的形式存在时,它的固有的客观目的被剔除、剥离掉了。春景桃花隔岸红,此时人们关注的仅仅是桃花的烂漫的红色,余皆不顾。桃花生长开放的内在结构,桃花和桃叶的药用价值,桃花谢后可能结出的果实,全被排除净尽。如此一来,桃花的形式美才凸显出来,才成为地地道道的自然美,成为构成审美关系的对象极。桃花美如此形成,一切自然事物的形式美的形成过程都是如此。

　　自然事物转化为自然美,其间所经历的两次出离和转变并不是在自然事物自身的生长、变化过程中发生的客观现象,也不是由自然事物自身的存在运动来完成的,而是在审美主体的审美感受和体验中发生的,是由审美主体的自由的精神实践完成的。所以,仿佛由自然事物承受的两次出离和改变并没有丝毫改变自然事物本身,改变的仅仅是人自身的审美意识的显现方式和形式。这是一种审美的精神现象,而不是一个客观事实。

　　自然美显现为自然事物的合目的性形式,是拟人化的有意味的形式,所以自然美的形式是有所含蕴的。因其所含意蕴不同,自然美可大致分为两类:一类是显现、揭示人的生命意义的自然美,它作为生命的象征或拟人化形式而存在;一类是显现人的道德精神的自然美,它作为道德、伦理的象征或拟人化形式而存在。

　　作为生命象征的自然美一般通过自然事物的形式要素来揭示、表现人的积极向上的内在生命力和意义。自然事物的形式要素主要有色、声、形、势(力)、态(动或静),所有这些要素都有自身固有的物理属性,但是当其作为美的形式而存在时,原有的物理属性便隐而不见了,直接呈现的是人的情感属性及其生命意义。这些形式因此而成为人的内在生命的象征,成为拟人化的形式。以色彩为例,色的物理本质是波长不同的光。1666 年,英国物理学家牛顿第一次利用三棱镜的折射,将太阳光分解为由赤、橙、黄、绿、青、蓝、紫七种色构成的彩色光带,揭开了色彩的奥秘。当自然美凸显为动人心扉的亮丽色彩时,令人动情、贯注生气的不是色彩固有的物理属性,即具有一定长度的光波,而是它的情感属性及其意义。不同的色彩都有一定的表情性,直接构成自然事物的合目的性形式的内在意蕴或意味。"色彩的表情性,包括色彩的兴奋与沉静、暖与冷、前进与后退、活泼与忧郁、华丽与朴素等等意味,通常是同有关色彩的联想分不开的。不同的人面对一定的颜色,虽可能产生各有特点的联想,但却也会有着明显的共同性。"例如,红色使人想起火和血,因而带来热烈、兴奋的情绪;蓝色使人想起天空和海洋,因而带来平和宁静的情绪;绿色使人联想到森林和草原,产生生意盎然、欣欣向荣的感受;白色使人想起雪,带来纯洁、凉爽的意味;黑色使人想起笼罩一切的夜,会引发阴郁、严肃甚至令人恐怖的感受,等等。① 不同色彩的意蕴和意味表面看来与色彩固有的物理属性密切相关,其实基于不同色彩的情感和情绪都是经由审美主体的特定的审美感受中介的结果,是人们在特定情景下自由联想、移情于对象的产物,并不是色彩固有的物理属性的必然性产物。归根结底,自然美的形式的意蕴和意味显现的是人自身的生命情趣,而不是自然事物固有的存在本质或物理属性。无论自然美的意味显现为色彩,还是显现为声音、线条或态势,都是如此。

作为道德象征的自然美也显现为自然事物的有意味形式,但这内在意蕴和意味不是生命的直接现身状态——情绪和情感,而是比情感更为深湛的道德精神和人格精神。当自然事物的外观、形象或形式通过一定的途径和方式承载、寓托、含蕴人的道德精神或人格精神的时候,它便成为道德或人格的象征,成为拟人化、人格化的有意味形式。梅、兰、竹、菊被中国士大夫称为花中"四君子",这便是将自然界的花草人格化、道德化了,这四种花卉被赋予士大夫的独特的道德情操,从而成为君子人格的象征或对象化形式。梅有抵抗冰雪的品质,因而成为坚贞不屈的象征;兰草气味清幽,生于空谷,成为高尚、贤致的象征;竹端直而有节,成为节义的象征;菊花开于群芳凋谢之后,被看成耿介清高的象征。它们都成为君子内在人格的外在显现。陆游很直白地说出他酷爱梅花的情由:"闻道梅花坼晓风,雪堆遍满四山中。何方可化身千亿,一树梅花一放翁。"②在他的眼中,梅花不是别的,正是他自己的化身,是他的道德情操和人格的真切的再现和显现,是对象化了的陆游本人。

所以,作为道德象征的自然美与作为生命象征的自然美一样,是拟人化的有意味的形式,有所不同的是拟人化的途径和方式。作为生命象征的自然美是通过人们的联想和移情,使自然事物的形式贯注了生命意蕴,成为拟人化的形式;作为道德象征的自然美则是人们通过类比、比喻、比附的方式,使自然事物的外观、形状或形式寄托、蕴含道德品质和人格精神,成为拟人化的形式。《荀子·德行》称之为"比德",不无道理。"比德"就是将自然事物的某些特征比附于人的道德情操,使

---

① 刘叔成、夏之放、楼昔勇等:《美学基本原理》,上海人民出版社 1997 年版,第 84 页。
② 江守义注评:《陆游诗词选》,黄山书社 2007 年版,第 174 页。

自然事物的物理、化学或生物性态、形貌人格化、拟人化,使人的道德品性客观化、对象化。据《荀子》记载,孔子"以玉比德",《离骚》中以香草喻君子,以腥臭的萧艾喻小人,这些都是"比德"的典型事例。诗之"六义"中的"比""兴"指的是诗人在其创作过程中将对象(主要是自然事物)拟人化的方式,它与审美主体将自然事物的形式人格化的途径和方式是一致的、相通的。刘勰说:"观夫兴之托喻,婉而成章,称名也小,取类也大。关雎有别,故后妃方德;尸鸠贞一,故夫人象义。""且何谓为比?盖写物以附意,扬言以切事者也。故金锡以喻明德,珪璋以譬秀民,……凡斯切象,皆比义也。"①这是对"比""兴"二义的最切实的解释。兴即托喻,以小见大,关雎雌雄有别,以此来比喻后妃的美德,尸鸠虽然凶猛,但雌雄不弃不离,相守至终,以此来比喻夫人的贞操;比即托物附意,闪闪发光的金锡被托以明德,明亮方正的珪璋被比作德才优异的平民。需要补充说明的是,比、兴在文学创作中与在审美活动中的运用方式是有细微差别的:在文学创作中比、兴以语言文字为中介、工具,其审美意象最终通过文字定型、物质形态化,因此而成为永恒不变的范本。而在审美过程中,比、兴无需语言文字作为中介和手段,只通过人与物的类比、相似联系,直接将人的道德、人格精神投射、发放到自然对象中,寄托、隐含于自然事物的形象和形式,"切象附义",使自然事物人格化、拟人化,成为道德的象征,由此而生发的审美意象也没有被文字定型、客观化,始终不改变其主观内在性。因其主观内在性,特定情境中生成的自然美的意象随境而迁,随着审美主体的审美理想和趣味的改变而改变,变易不居,不是永恒的、持久不变的。无论是作为生命象征的自然美,还是作为道德象征的自然美,都是如此。

【本章复习重点】

一、基本概念

审美现象　审美对象　现实美　社会美　自然美　气质　风度　格调　比德

二、思考题

1. 如何理解自然事物、社会事物与自然美、社会美的联系与区别?
2. 社会美有哪些类别?
3. 自然美有哪些类别?
4. 自然美与社会美有何区别?
5. 自然美缘何晚于社会美出现?

---

① （南朝梁）刘勰著,周振甫注:《文心雕龙注释》,人民文学出版社 1981 年版,第 394 页。

第五章　艺术世界与艺术美

　　美学界流行着一种源远流长的关于美的权威性观点,长期影响着人们对于艺术现象的理解和解释。这种观点把艺术与艺术美混为一谈,进而以艺术美囊括美的全部领域,唯艺术为美,认为自然与社会领域无美可言。黑格尔《美学》为这一观点奠定了坚实而系统的理论基础,并以其严密的逻辑性和权威性深深影响着现代世界美学。在国内美学界赞成、坚持这一观点的美学家也不少,朱光潜就是这一派的代表。细细推究起来,这一观点误判了艺术美的本质,片面夸大了艺术与艺术美的内在联系,而忽视了二者的区别。固然艺术现象中包含着艺术美,但艺术现象的范围比艺术美的范围广大得多,其中有许多非美的现象逸出了艺术美的外延。面对同一部《三国演义》,不同的接受者、诠释者可以产生不同的艺术经验。它可能是历史的追忆,可能是现实的警悟、生活的启示和借鉴,也可能是审美的体验或情感的共鸣等。在这种种经验现象中,只有审美的情感体验与共鸣是美的现象,其余的都不在美的范畴之内。这个简单的事实说明,艺术与艺术美不是同一概念,二者是有严格的区分界限的。这是本章所要突出强调的基本观点。

第一节　艺术的本质

一、艺术难以准确定义的复杂性

　　什么是艺术? 这是美学和艺术哲学不可回避的首要理论问题。它要求美学家们正确地揭示艺术的本质,对艺术本质形成精确的定义和概念。但这又是古往今来所有美学家没有解决好的一大难题。纵览古今中外美学史和文艺理论史,可以罗列出的艺术本质定义有数百种,但是没有哪一种可以完全正确地揭示艺术的全部奥秘,它们充其量是从一个侧面揭示了艺术丰富本质的某些方面。所以,企图通过单一的概念完全掌握艺术的本质是不可能的。因为艺术现象并不完全是逻辑的事实,它禀受的生命现象是超越一切有限时空和概念的,只能通过人的生命去体验、感悟。这种状况永远伴随着艺术存在,难以改变。鉴于这种情况,我们不打算给艺术下一个新定义,毕竟美学史上已有那么多的艺术概念足够参考。再者,给艺术下定义不是一件容易的事,因为,单从外延来看,艺术的范围非常广大,迄今为止人类艺术史上出现了各种形态的艺术,如诗歌、音乐、舞蹈、建筑、美术、戏剧、曲艺、电影、电视等。黑格尔把各类艺术的存在称作艺术系统,我们不妨把它看作与现实世界对举的一个世界,即艺术世界。要对这样一个丰富而复杂的世界下定义是非常困难的。

艺术难以定义,首先是因为艺术的存在根据难以定位。从人类艺术发生史的全过程来看,艺术在自身的不同发展阶段具有不同的存在性质,其原因和根据随着历史的发展而变化。

在艺术的原始阶段,艺术创造与其他功利性生产活动混合在一起,由此而产生的原始艺术也与劳动产品、巫术、宗教等文化形态杂糅在一起,具有混合的存在性质,与现代美学视野中的"纯艺术"是不可同日而语的。在相当长的一段历史时期内,艺术和技术是不分家的。古希腊许多哲学家、美学家在探讨艺术的本质时,总是把它与技术问题联系在一起,有的甚至直接把艺术与科技看作同一范畴,这是有充分的事实根据的。古希腊神话中有九大缪斯,缪斯是主管艺术之神,但这九位艺术之神分别掌管的活动有些是科学与技术性认知活动,如历史研究与天文观察之类。① 由此可见,古希腊人对艺术与科学技术是不做区分的。这种认识一直延续到中世纪,在中世纪人们根据历史传统和习惯,把所有艺术(包括手工技艺)划分为"自由"的艺术和"机械"的艺术两大类。"自由"的艺术包括七个样式——语法、演说术、辩证法、代数、音乐、几何学和天文学,马尔齐安·卡皮拉又将其分成所谓的"三艺"(前三种)和"四科学",后者包括所有的手工技艺,同时还有造型艺术。② 在这里艺术与技术、艺术与科学没有明确的区分界限。

二、"纯艺术"作为精神生产产品和意识形态,以及技术与经济的混合性

按照历史唯物主义的观点来看,艺术与技术的分离、原始混合型艺术的解体、纯粹艺术的出现是以一定的较高的社会生产力发展水平、比较细密的社会分工为历史前提和先决条件的。这一较高的社会生产力能够产生出相对充足的生产资料和生活资料,人们能够从劳动总产品中分出一部分来养活一个专门从事艺术创作的艺术家阶层,出现了专业的艺术家,从而使社会分工更加细密。在这

---

① 希腊神话中九缪斯的分工情况:卡利奥佩司史诗,欧特尔佩司抒情诗,墨尔波墨涅司悲剧,塔里亚司喜剧和田园诗,埃拉托司爱情诗,波林尼亚司颂歌,忒耳西科瑞司舞蹈,克利奥司历史,乌拉尼亚司天文。

② 参见莫·卡冈《艺术形态学》,凌继尧、金亚娜译,生活·读书·新知三联书店1986年版,第32页。

样一种历史条件下,便产生了所谓的"纯艺术"。马克思在《资本论》中将人类生产活动划分为两大类,即物质生产和精神生产。艺术创造属于精神生产范畴,艺术作品本质上是一种精神生产产品,这似乎从根本上将技术与艺术区分开来了。但是单从生产形式方面揭示艺术的存在根据并不能完全说明艺术本质的特殊性,因为作为精神生产产品存在的不仅有艺术,还有科学和哲学等理论著作,它们都是精神生产的产物。艺术作品又何以不同于理论著作呢?要回答这一问题,还得追问艺术生产或艺术创造本身的特殊性,对此,历史唯物主义美学没有提供明确而完整的答案。在这种情况下,艺术创造活动仍然混同于一般的精神生产活动。事实上在专门从事艺术创造的专业艺术家阶层出现的历史条件下,艺术创作与其他精神产品的创作也不是判然分立的,一些艺术家同时又是思想家或科学家,如达·芬奇和加缪,即使艺术家与理论家各司其职、各行其道,艺术作品和理论著作所运用的传达手段往往又是相同的,如文学作品与哲学理论著作都是以文字为传达手段的。

步入现代世界,尤其是科学技术大发展、大普及的当代世界,艺术仿佛循着螺旋形发展路线向着原始的混合型艺术回归。在电视、电影占据主导地位的当代艺术世界,科学、技术在现代艺术的创作中发挥着越来越重要的作用。在电视剧和电影艺术片的制作中,除了剧本创作、导演和演员的第二性创作这些艺术因素,其余诸如摄影、录音、拷贝制作、放映、转播、卫星远程传播等,都要借助现代高端科学技术。在某种意义上说,没有发达的现代新科学和新技术,就没有现代电影和电视。电影与电视艺术是艺术创造与科学、技术、工艺等多种活动综合作用的产物,它们既不是纯粹的艺术创作的结果,也不是纯粹的技术产品或工艺品,而带有艺术、技术和科学混合的性质。现代建筑的技术因素更为突出、显著,除建筑的设计之外,建筑的主体建设全是由技术工人来完成的,建筑的制作主体是技术工人,而不是艺术家。即使是建筑设计师的创作和设计,也不是纯全的艺术创作,其中含有大量数学的、物理的精确计算与科学论证。所以,很难将现代建筑归属于精神生产范畴,把建筑看作物质生产的产品亦不为过,因为它的建设与汽车、火车、远洋巨轮、大型飞机这些现代工业产品的制造并无本质的差别。

历史唯物主义美学又通过另一条思路来揭示艺术的本质,即把艺术置于整个社会结构中加以定位,进而揭示其社会属性和本质。在这一视野中,整个社会结构被看成由经济基础、上层建筑和意识形态构成的一个相对完整、封闭的系统。艺术被定位于上层建筑,属于意识形态,与政治、法律、哲学、伦理、宗教等其他意识形态并列,分有意识形态的一般性和普遍性特点。为了突出艺术的本质特性,一些美学教科书往往笼统地把艺术规定为一种特殊的意识形态,以此来凸显艺术区别于哲学、宗教的特殊性和独立性。这似乎从根本上解决了艺术的定位问题和本质问题,但事实并非如此。从社会结构的基本构成成分来看,经济基础与上层建筑和意识形态之间并不存在一条不可逾越的鸿沟,往往相互影响、相互过渡。历史唯物主义的创始人马克思也承认这一点,他所说的经济基础与上层建筑之间的作用与反作用指的就是二者相互影响、相互过渡的事实。在当代世界,科学技术已全面渗透到社会生活的各个领域,技术工人参与、管理上层建筑也成为普遍的事实。在这种情况下经济基础与上层建筑经常发生相互过渡与转化,彼此的区分界限越来越模糊。艺术的定位因此成为一个难题。事实上,艺术的社会根基游移于经济基础和上层建筑之间,把艺术简单地定位于上层建筑是与事实不完全相符的。

三、艺术作为多要素的有机整体的不可分性

就艺术自身存在的复杂性而言,艺术也是很难定位的。

根据艾布拉姆斯的观点,文学活动是一个复杂的整体或系统。它至少包含世界、作家、作品、读者或接受者四大构成要素。文学如此存在,整个艺术也是如此。仅仅把艺术文本,即以一定的物质媒介为载体的作品看作艺术,是对艺术的一种片面的理解和认识。以系统的眼光看艺术,很难将艺术归属于某一个世界,既不可简单地归于物质世界,也不能简单归于精神世界或介于二者之间的文化世界。① 将艺术分别纳入性质不同的种种世界,也能讲得通。我们在美学史、艺术理论史上看到种种关于艺术本质的定义,其意义相差甚远,甚至相互矛盾,但都有一定的道理,没有绝对的正确与错误之分,其原因就在于艺术存在的复杂性及其所从属的世界的多样性。比如"游戏说"②与"集体无意识说"③,是从艺术的起源上揭示艺术的本质的,"模仿说"④和"表现说"⑤是从作家与世界方面揭示艺术的本质的,"符号说"⑥与"有意味的形式说"⑦单从艺术作品本身说明艺

---

① 英国哲学家卡尔·波普尔将世界划分为三个:"世界1"是物质的客观世界;"世界2"是主观的精神世界;"世界3"是精神或生物的产物,其中含有由国家、社会、宗教、语言等构成的文明和文化。

② 游戏说最早由康德提出,后由席勒、斯宾塞等人发展加以完善,认为艺术起源于游戏。

③ 集体无意识说是由精神分析学家荣格提出的,他发展了弗洛伊德的"无意识"理论,把"无意识"分为"个人无意识"与"集体无意识"两种,认为艺术起源于集体无意识。

④ 模仿说是在西方文论史上长期居于主流地位的学说,由柏拉图首倡,亚里士多德、贺拉斯继承发展之,其流波及近代。

⑤ 表现说最早是由浪漫主义美学学派倡导的,康德、柏格森(德国哲学家)、克罗齐(意大利美学家)都反对"模仿说",标榜"自我表现",承认艺术的情感表现性质。

⑥ 符号说是由当代美国哲学家苏珊·朗格提出的,她认为艺术是人类情感的符号形式,是一种非逻辑、非抽象的符号。

⑦ 有意味的形式说是由20世纪英国美学家克莱夫·贝尔提出的,他认为艺术的本质在于"有意味的形式"。

术的本质,"娱乐说"①和"教化说"②单从读者或接受主体方面解释艺术的现实本质,所有这些不同派别的学说都从艺术整体的某一方面揭示出艺术本质的某些真相,但都是片面的、有局限性的认识。

由于以上种种原因,艺术委实难以定义,艺术的本质问题成为难以破解的一个千古之谜。

第二节　作为审美对象的艺术美

一、艺术美与艺术世界

艺术的本质虽然没有一个明确的科学的统一概念,但这并不影响我们进一步深入考察艺术美。严格区分艺术与艺术美的界限是正确解释艺术美的理论前提,本编的引言已从艺术的外延方面对二者做出明确的划分和区分。更深入地看,艺术美与艺术具有本质的区别,二者分别属于两个性质不同的存在领域,前者存在于人对现实的审美活动领域,后者则存在于人的自由创造活动领域。更为具体地说,艺术美是指存在于一定的审美关系中并为一定的审美关系规定其本质的审美对象,离开一定的审美关系,便没有什么抽象的独立存在的艺术美,充其量这一事物只具有美的可能性,而无美的现实性。当艺术美作为一定的审美对象而存在时,艺术美便出离了它所从属的艺术世界,并对其艺术世界保持相对的独立性。

另一方面,在艺术美出离艺术世界而独立存在之时,艺术世界仍然作为它的母体而存在,它仍然与现实的艺术世界存在千丝万缕的联系,并没有从根本上改变自己从属于整个艺术世界的客观事实,艺术美出离艺术世界只是在审美活动中显现出的精神现象,而非客观的存在。

二、艺术美出离艺术世界显现自身的主、客观条件

艺术美出离艺术世界仍需具备一定的条件,既需要客观历史的条件,又需要主观精神的条件。

从客观方面来看,整个艺术世界并不是无条件地对任何时代的接受主体都呈现为美的对象世界,艺术世界无条件地成为美的世界这种情况在人类艺术史

---

① 娱乐说可分为"自娱"和"娱人"两个方面,古今中外许多文论家、美学家对此都有共识,如中国的荀子和李渔,古希腊的缪色奥和亚里士多德。

② 教化说(或载道说)较早可追溯到孔子,唐代文学家、哲学家韩愈对此加以完善,极力倡导"文以载道"。

上从未出现。在人类艺术史的不同发展阶段,往往有一些艺术种类占据了艺术世界的中心或主导地位,进入人们的审美视野,与此同时,另一些艺术种类则走向衰亡,渐渐淡出人们的审美视野。例如,在当代审美生活中,人们的审美趣味比较普遍地集中于电视剧和网络文学,戏曲等备受冷落,它们将遭遇像古典诗词、史诗一样坐冷板凳的命运。在中国文学艺术史上有规律地发生着艺术种类或样式的新陈代谢。汉大赋兴盛之时,五言诗趋于沉寂;骈体文盛行之时,汉赋渐趋式微;唐诗兴起,一扫骈文之浮华;宋词勃兴,取代了律诗在文学中的主流地位;继而有元杂剧、明清小说相继而出,各领一时风骚。在西方艺术史上也发生着同样的事实。在中世纪,由于宗教美学思想的影响,音乐备受推崇,被视为最理想、最神圣的艺术,而造型艺术普遍地被贬抑,被看得与手工艺一样低贱。文艺复兴运动有力地冲击了宗教美学思想,随着新美学思想的形成,文学的地位得到很大的提高,逐渐取代了音乐的崇高地位,继而是绘画,它的地位由低贱上升到高贵,普遍地受到推崇。

在古今中外艺术史上,一种艺术样式或品种出离整个艺术世界,跃居审美对象世界的中心,成为时代性的审美理想的典范形式,并随着时代的变迁不断除旧布新、新陈代谢,这是带有普遍规律性的审美现象。黑格尔以其辩证历史唯心主义方法企图揭示其中的客观规律。他将整个人类艺术发展史划分为三个阶段:象征型、古典型和浪漫型。在象征型阶段,建筑占据艺术世界的中心地位,成为代表性的美艺术;在古典型阶段,雕塑取代了建筑的中心地位,成为普遍重视的典范艺术;在浪漫型阶段,音乐、绘画、文学取代了雕塑的中心地位,成为集中体现浪漫型艺术本质特征的典型艺术。在黑格尔看来,这一切都是循着艺术自身的辩证法则或规律发生的:所有艺术种类都是内容与形式、精神与物质的对立统一体,艺术自身的矛盾和对立推动着艺术不断向前发展,并显现出精神逐渐上升、物质逐渐下降的历史必然性。由此形成艺术自身发展的不同等级或阶段。在象征型阶段,艺术的形式压倒内容,物质压倒精神,建筑为其典型;在古典型阶段,艺术的形式与内容对等、平衡,精神与物质和谐一致,雕塑为其代表性艺术品种;在浪漫型阶段,艺术发展到顶峰,走向另一个极端,内容压倒形式,精神压倒物质,音乐、诗歌都具有这样的本质特征。黑格尔所揭示的艺术辩证法及其历史规律虽然带有很大的主观想象和臆测成分,但其中也不乏真理的成分:他承认某一种或几种艺术出离整个艺术世界而成为时代性的审美对象是有规律可循的,是受一定的历史条件限制的,这符合历史唯物主义基本原理。

根据历史唯物主义美学观点,某一种或几种艺术出离整个艺术世界,成为一时代审美理想的典范形式,首先取决于艺术形式的新颖性,而艺术形式的新颖性又往往取决于艺术传达手段的创新。这与一定的生产力发展水平密切相关。没有造纸术和印刷术的长足发展,就不可能有长篇小说的批量生产与发行,更谈不上广泛传播与普及,它也就不可能成为影响、引领一时代之审美趣味的代表性艺术形式;同理,没有现代发达的摄影、录音、播放技术,也就没有现代电影艺术的制作与普及,它也就不可能成为取代小说和戏剧之中心地位的新型艺术。

归根结底,一定的社会生产力的发展水平是某一种新型艺术借以产生并使之成为凸显一定时代审美理想的典范形式的必要的客观历史条件。

从主观方面看,某一种艺术样式出离整个艺术世界,成为一时代、一民族或一阶级的共同审美对象,往往取决于一时代、一民族或一阶级共同的审美理想和审美趣味,而这种审美理想和审美趣味的形成也以种种既有的文化和文明为先决的历史条件,它往往是一定社会的政治、经济、文化、哲学、美学思潮、思想氛围等诸多因素综合作用的结果。一定时代的审美主体具有怎样的审美理想和审美取向,就会从艺术世界选择相应的艺术样式和形式,这种定向选择不仅指向新生的艺术样式,而且包括曾经被某种审美理想摈弃、淘汰的艺术品种。古今中外文学艺术史上,频频出现的所谓“复古主义”现象就是这方面的实例。文艺复兴时期,曾被宗教美学打入冷宫的许多艺术品种再次复活,绘画、文学等艺术品种都经历了死而复生的命运。

所以,一定时代里审美主体共同的审美理想和审美态度是某种艺术样式出离艺术世界而成为相对独立的审美对象的先决历史条件。

在现实的审美活动中,某一种艺术样式逸出整个艺术世界,成为现实的审美对象,落入审美关系的张力场域,又往往取决于某一个人的独特的审美理想和审美态度。有的人喜欢音乐,有的人爱好文学,有的人偏好戏剧,有的人独爱电影;喜欢绘画者不懂建筑,爱雕塑者未必能欣赏舞蹈。这一切都以个人的独特的审美趣味为转移,看似偶然,并非偶然,其中的道理与社会美和自然美进入现实的审美关系的道理相似,兹不赘述。

第三节　艺术分类的美学根据与艺术的门类

艺术是由不同的艺术门类、品种、样式构成的一个丰富多彩、层层递进的立体世界。这个世界是根据什么样的标准将自身区分为不同的门类和品种的,又是以什么样的尺度划分其不同层次的,这是艺术美学的重要理论问题。古往今来的许多美学家和艺术理论家都对此做过不同程度的探讨,形成不同的见解,这里只介绍李泽厚与莫·卡冈的观点。尤其是莫·卡冈的艺术分类理论颇为系统、全面、科学,他所确立的关于艺术分类的基本原理和原则是我们深入探讨艺术分类的美学根据的出发点。

一、李泽厚的艺术分类理论

李泽厚以艺术的内容与形式的存在特性为艺术分类的美学根据。从内容来看,有的艺术侧重于再现,有的艺术侧重于表现,所有艺术由此而区分为两大类别。再现与表现之区分成为艺术分类的一条重要标准。从形式来看,艺术的物质载体或传达手段有的以静态呈现于空间中,有的以动态呈现于时间中,艺术因此又区分为两大门类。艺术传达手段的动静之分是艺术分类的第二条标准。这两条标准是相互交叉的,而不是相互独立的。在侧重表现的艺术中,有静态的和动态的艺术,在侧重再现的艺术中也有静态的和动态的艺术。将两条标准交叉起来划分整个艺术世界,所有艺术可区分为几大门类,如表5-1所示:

表5-1　艺术门类一览表

内容＼形式	呈现于空间(静)	呈现于时间(动)
侧重于表现	实用艺术:建筑、工艺	表演艺术:音乐、舞蹈
侧重于再现	造型艺术:绘画、雕塑	综合艺术:戏剧、电影
兼有表现与再现		语言艺术:文学

以上艺术分类是很粗疏的,有不尽如人意之处。事实上,时间和空间是很难截然分开的。在所谓纯粹的空间艺术中也有时间因素,在所谓纯粹的时间艺术中也有空间因素,尤其是戏剧、电影和舞蹈既有突出的空间性,又有鲜明的时间性。再则,艺术的内容和形式也是很难机械地一分为二的,单从艺术的精神内蕴来看,很难区分表现和再现,艺术是主观的表现还是客观的再现最终还要通过艺术物质媒介的特殊性及其与内容结合的特殊方式来确定。

二、莫·卡冈的艺术分类理论

比较而言,苏联美学家莫·卡冈的艺术分类理论更系统、更科学。他在系统地、历史地总结前人艺术分类理论的基础上,提出艺术分类的两条标准或原则:本体论原则和符号学原则。

莫·卡冈认为,所有艺术的反映对象是价值世界,价值作为精神现象而存在是抽象的,它对艺术种类的形成并无太大的决定性影响和作用。所以,艺术所承载的价值并不是艺术分类的主要美学根据。艺术分类的重要根据是艺术作品的客观的现实存在,即艺术的物质存在形式或艺术本体,艺术物质形式——主要是传达手段——的多样性和差异性将艺术区分为不同的类别和门类。所以,以艺术物质存在形式的差异为基础的艺术分类的本体论原则是首要的和最初的分类原则。艺术作品首先作为某种物质结构——声音、体积、颜色、词汇和动作的组合,即作为具有空间特征或者时间特征或者空间和时间特征的对象被创作出来,存在并显现在知觉者面前,艺术的精神价值蕴含在这种结构中,不脱离它,只有通过它才能够被知觉、理解和体验。因此,根据把艺术作品看作各种各样的物质结构时所显示出来的联系和差异,可以把艺术分为三个类别:空间艺术、时间艺术、空间-时间艺术。

艺术的外在形式或本体存在具有双重性:一方面是它的物质结构,另一方面是它的形象文本。艺术作为形象文本而存在,它又是承载并传输某种信息的符号系统,所以艺术分类的本体论原则需要符号学原则来补充。莫·卡冈认为,艺术的物质结构主要作为艺术信息的载体而工作,它不仅荷载这种信息,而且要把这种信息从艺术作品传输给观众或接受者。艺术可以以两种方式反映价值:其一,以价值载体的现实外貌——自然对象、物、人等的形式反映或传达价值;其二,以非自然的、人造的形式直接揭示存在的某些方面或者整个生活的价值关系。在第一种情况下,形象符号具有再现性;在第二种情况下,符号系统具有非再现性(即表现性)。例如,在空间艺术中,绘画、雕刻艺术的语言具有再现性,建筑、实用艺术的语言具有非再现性;在时间艺术中,文学的语言具有再现性,音乐的语言具有非再现性;在空间-时间艺术中,表演艺术的语言具有再现性,舞蹈的语言具有非再现性。这样艺术的三个本体论类别(空间艺术、时间艺术、空间-时间艺术)和三个符号学类别(再现艺术、表现艺术、再现-表现艺术)相互交叉,就产生出九大艺术门类:语言艺术、音乐艺术、语言和音乐艺术综合体,造型艺术、建造艺术(包括建筑和工艺)、造型和建造艺术综合体,表演艺术、舞蹈艺术、表演和舞蹈艺术综合体。[①] 这样划分艺术门类基本概括了西方历史上形成的艺术形式。为直观起见,我们列表如下(见表5-2):

表5-2　艺术门类一览表

本体论标准 符号学标准	空间艺术	空间-时间艺术	时间艺术
再现艺术	造型艺术 (绘画、雕塑)	表演艺术 (戏剧、电影)	语言艺术 (文学)
再现-表现艺术	造型和建造 艺术综合体	表演和舞蹈 艺术综合体	语言和音乐 艺术综合体
表现艺术	建造艺术 (建筑、工艺)	舞蹈艺术	音乐艺术

① 　参见[苏]莫·卡冈《艺术形态学》,凌继尧、金亚娜译,生活·读书·新知三联书店1986年版,第4页。

卡冈将整个艺术世界看作由不同艺术形态构成的一个多层次的结构或系统,而不是多种艺术聚集或摆放在一起的平面。整个艺术系统在高低不同的层级上分布着不同级别的艺术形态。卡冈把艺术样式作为艺术形态学划分艺术的中心水准,高于样式划分水准的是类别和门类的划分,而艺术的每个样式本身又可以进行品种、种类和体裁诸层次的划分。这样,整个艺术系统从高到低被划分为类别、门类、样式、品种、种类和体裁五个级别或层次。级别最高的是类别,如本体论水准上的空间艺术和时间艺术,紧随类别的是门类,如上述九大艺术门类,其划分是由本体论标准与符号学标准相交叉而形成的。每一门艺术根据其符号学差异或物质材料的存在差异又可区分为不同的样式,如造型艺术,因其物质材料具有三维和二维的空间差异,便分为艺术摄影、书画刻印艺术、绘画、雕刻、全景艺术、玩具艺术和化妆艺术等样式。有的艺术样式还可进一步划分为不同的品种,例如作为艺术样式的雕刻自身又可分出浅浮雕、深浮雕、全型雕刻与透视浮雕等品种。

如果说品种是由艺术样式的内在原因引出的结果,那么种类则是一种艺术样式在另一种艺术样式的影响下发生的结构性变化。例如,叙事诗是语言艺术的一种样式,它在音乐的影响下发生了结构性变化,形成抒情诗这一新种类,在表演艺术的影响下产生出戏剧诗这一新种类。

体裁和种类是同一级别的划分水准。二者的主要区别在于,"如果后者评定一种艺术样式在另一种艺术样式的影响下结构发生的变化,那么前者标明一种艺术样式由于内在原因所引起的结构变化,虽然这些原因在所有艺术样式中是相似的"[①]。卡冈把这些划分体裁的内在原因归结为四个方面。其一,题材方面。根据艺术作品反映生活的领域进行分类,比如小说和电影的历史体裁、战争体裁、科学幻想体裁等。其二,认识容量方面。如小说有短篇小说、中篇小说和长篇小说等体裁。其三,价值方面。在这方面既有积极地评价生活现象的赞颂体裁,如赞美歌、颂歌等,又有尖锐地否定、讽刺生活现象的体裁,还有这两极之间的过渡性体裁。其四,艺术创造形象模式的类型方面。如形象中个别性绝对地大于一般性时,产生自传体叙述体裁;个别性和一般性相对平衡时,产生大部分叙事的文学体裁等;一般性无限地大于个别性时,则产生寓言一类的体裁。

卡冈认为,在整个艺术系统内部,各个艺术形态之间普遍发生着深刻的内在联系。这种联系不仅纵向地发生在类别、门类、样式、品种、种类和体裁之间,而且横向地发生在一种类别与另一种类别、一种门类与另一种门类、一种样式与另

---

① [苏]莫·卡冈:《艺术形态学》,凌继尧、金亚娜译,生活·读书·新知三联书店1986年版,第418页。

一种样式之间,甚至在整个艺术世界与功利的生活世界之间也发生着相互影响、相互过渡的辩证关系。由于这一缘故,一种艺术形态与另一种艺术形态之间不存在判然分明的区分界限,如果一定要画出一条区分界线,那也不是一条清晰的线,而是一条比较宽泛的边缘地带。相互区分的两种艺术分别居于边缘地带的两边,把自己的存在特性像光束一样投射到对方,相互影响着对方,改变着对方的存在结构和方式,于是产生出一系列过渡性中介形态。这是不同艺术形态之间横向联系的普遍规律,卡冈称之为"光谱系列规律"或"系谱系列规律"。例如在时间艺术这一类别中,语言艺术是与音乐艺术相对的两大门类。在语言艺术这一端从纯粹的再现性叙事文学开始,光谱由散文向诗歌运动,向纯音乐逐渐过渡,于是出现了一系列过渡环节,如自由诗、无韵诗、散文诗等,在文学向音乐过渡的运动中,文学形象的语言组织和音响方面的艺术作用逐渐增长,与此同时,再现性在文学中的作用逐渐减小。在音乐艺术的那一端则发生着反向的光谱运动,纯音乐向再现性音乐运动,向纯文学的方向投射、过渡,于是出现了一系列过渡性中介形态:再现音乐、音乐语言综合体(旋律歌咏)、语言音乐综合体(宣叙调)、诗歌。在这一反向运动中,音乐的表现性逐渐减弱,而语言因素的作用逐渐增大,音乐的再现性随之逐渐增强。

卡冈把整个艺术世界看作一个有机系统,承认各种艺术形态之间发生着普遍的内在联系,并把这种联系归结为"系谱系列规律",这无疑是深刻的、辩证的,在总体上不失为创造性地运用辩证历史唯物主义原理分析艺术形态的杰出典范。他的"艺术形态学"代表了当代马克思主义美学在艺术分类理论方面的最高成就。

三、艺术分类的美学根据与门类

卡冈从艺术的物质存在形式和方式本身寻求艺术分类的美学根据,他所遵循的是一条唯物主义的认识路线,这无疑比从主观心理、意识方面对艺术进行分类的唯心主义认识方法正确得多。主观唯心主义美学家克罗齐坚定地主张,艺术不能分类。[①] 因为艺术不是物理的事实,而是心理的事实,艺术的实质是直觉或直觉的抒情表现。[②] 克罗齐把艺术的物质存在形式排除出艺术的本质范畴,这不符合艺术的现实存在状况。但是这一极端的片面观点从反面证明一个道理:艺术形式所承载的观念形态的思想内容是不能分类的,因为同一思想内容可以表现为不同种类的艺术样式。例如,《红楼梦》的思想内容既可以表现为小

---

① 参见朱光潜《西方美学史》,人民文学出版社 1979 年版,第 650 页。
② 参见朱光潜《西方美学史》,人民文学出版社 1979 年版,第 636~637 页。

说,也可以表现为绘画、雕塑或戏剧。显然,是艺术的物质存在形式的特殊性将自身区分为不同种类和样式。所以,从艺术的客观方面分类比从艺术的主观方面分类更科学、更可靠。

卡冈将艺术的物质存在形式分析为两个层面,即物质实体和符号形式。根据前者,他确立了艺术分类的本体论原则;根据后者,他确立了艺术分类的符号学原则。这一分析是比较科学的,但有失粗疏。更确切地说,艺术的第一物质载体、基质是具有一定物理属性的被形式化、符号化了的质料,而不是抽象的实体;艺术的符号化形式是与一定的物质质料相契合的形式,而不是空洞的抽象形式。二者的契合与结合也不是自然的、直接的,而是人为的、有中介的。这一中介就是一定历史条件下的审美文化水平和技术水准。卡冈忽略了这一点。从整个人类艺术史的发展状况来看,一定的物质质料被赋予怎样的艺术形式,如何开掘、发现、利用多样性物质质料以扩展、丰富艺术的种类和品种,这既取决于人们的审美视野和能力,又取决于一定社会生产力的总体发展水平,尤其是科学技术的发展水平。所以,艺术的物质质料与符号形式的结合是历史的、具体的。根据这一事实,艺术分类还应当增加一条新原则,即历史具体性原则。

艺术的本体论原则、符号学原则和历史具体性原则三者共同筑基于艺术的物质存在形式和方式。因此,艺术的物质存在形式和方式理所当然地成为艺术分类的美学根据。

艺术的物质质料可划分为无机的机械性自然质料和有机的有生命(包括人与动物)的自然质料两大类,由此形成造型艺术与表演艺术。这两类艺术在艺术的发展过程中形成对立的两极,相互过渡,逐渐形成种种中介性态的艺术样式。

从艺术的符号层面来看,一切艺术形式都具有物理和精神的两重属性,因为一定的物质质料一旦被形式化、符号化,就被约定俗成地赋予某种观念性的能指意涵,寓托于一定的物质质料之中。在所有的两重性艺术符号形式中,有的偏重于精神,有的偏重于物质,观念性最强的艺术符号与物质性最强的艺术符号形成语言艺术与实用艺术。这两类艺术相互对立,并在艺术的历史发展过程中相互过渡,于是形成一系列中间型艺术样式。

再从艺术自身的历史发展规律来看,分立的单元素艺术符号随着科学技术的发展,逐渐走向综合的多元素艺术符号。技术愈发达,这种综合的可能性与现实性就愈大,于是在科学技术发展的较高阶段便产生了综合的多元素艺术符号形式,出现了一个新的艺术门类——综合艺术。

这样一来,所有艺术便被划分为级别最高的五大类,即语言艺术、造型艺术、表演艺术、实用艺术和综合艺术,如图 5-1 所示:

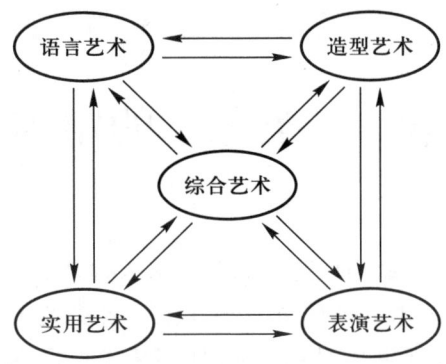

图 5-1　艺术分类图(箭头线表示相互影响、过渡的作用方向)

【本章复习重点】

一、基本概念

艺术世界　艺术美　游戏说　集体无意识说　模仿说　表现说　符号说 娱乐说　教化说　系谱系列规律

二、思考题

1. 为什么说艺术的本质是一个难以破解的千古之谜?
2. 美学史上关于艺术本质的代表性观点主要有哪几种?
3. 艺术与艺术美有何区别?
4. 艺术分类的美学根据是什么? 艺术有哪些主要的门类?
5. 简述莫·卡冈的艺术分类理论。

第六章　各类艺术的审美特性

　　艺术的物质符号形式的物理特性既与艺术内容及其反映方式的特殊性相联系,又与审美主体接受艺术的特殊方式相联系。各类艺术的形式特点通过物质媒介的物理特性集中表现出来,其审美特性亦集中地表现在艺术传达的物质符号形式的特殊性上。因此,我们在分析各类艺术的审美特性时,必须首先着眼于艺术的物质符号形式的特殊性。艺术的物质符号形式的独特显现方式不仅是最直观、最表面化的形式,而且承载着深厚的历史内涵与民族的审美理想,是一民族、一社会的审美历史实践活动长期积淀的产物。所以,筑基于一定的物质符号的艺术的独特显现方式,其审美特性不仅表现为单纯的艺术形式,而且表现为积淀着深湛的历史内容的"有意味的形式"。根据这一思路,我们将分别对语言艺术(文学)、造型艺术(绘画和雕塑)、表演艺术(音乐和舞蹈)、综合艺术(戏剧、电影和电视)和实用艺术(建筑和工艺)的审美特性进行概略的分析与考察。

第一节　语　言　艺　术

一、语言艺术的符号特性

　　语言艺术(文学)以语言和它的书面符号——文字为物质媒介,构成一种表象和想象的形象,从而反映现实生活,表现艺术家的审美感受和审美理想。

　　从语言艺术的物质媒介文字看,语言艺术的形象很少带有物质性。因为在文字的两大构成要素——语音和语义——中,只有语音具有物质性,而语义则是纯粹的观念性表象。语言艺术主要是通过文字的语义建构表象,承载、传达其思想内容的。

　　黑格尔在谈到文学的审美特性时指出:"诗的特性就在……感性表现方式的降低以及一切诗的内容的明确表现。"[1]与其他各类艺术(建筑、雕塑、绘画、音乐等)相比,语言文学是直接感性经验最弱、观念性和思想性最强的一门艺术。它将视觉、听觉降到次要的地位,直接诉诸思想和想象。这一审美特性在很大程

---

① 　[德]黑格尔:《美学》第三卷下册,朱光潜译,商务印书馆1981年版,第9页。

度上是由文学的物质媒介——语言文字自身的属性所规定的。在语言的物质性因素（语音）和精神性因素（语义）的双重组合中，精神性的比重要比物质性的大得多，这是因为在语言艺术传达的过程中，艺术的全部价值主要是通过语义实现的，语音所起的作用微乎其微。所以，就大多数语言文学作品而言，其朗诵的效果并不比默读好，只有少数诗歌、戏剧和说唱（如曲艺）艺术属于例外，语音和韵调在这些作品中才具有比较重要的作用和价值。这是语言在物质媒介方面与其他种类的艺术区别开来的一个重要特点。建筑、雕塑所用的木、石、青铜，绘画所用的颜料、纸或布，都是纯物质的东西，即使音乐的声音——无论是人体发出的声音，还是乐器发出的声音——也是纯粹的物理性的，它表现为运动的物质，表现为声波在空气中的运动和震颤。语言文字与此不同，它直接将观念、思想、认识通过约定俗成的方式表现为外在的符号。所以，语言艺术是唯一的一门以思想的直接现实物为传达手段的艺术。

二、语言艺术的审美特性

语言文字具有观念、概念、思想、思维的直接现实性的品质。因此，语言艺术在直接表现丰富、深邃、广阔的主观心灵世界方面获得了最大限度的自由。客观现实世界在主观意识中形成的全部产物，主体对现实的认识、评价、思考、怀疑、希望、理想和愿望等，都可以通过语言文字穷形尽态地、恰如其分地表现出来。在这方面，其他种类的艺术都显得相形见绌。在其他艺术中，要直接地表现某种宗教观点、伦理观点、价值观念和深刻哲理是比较困难的，而文学艺术则最擅长表现这些，可以借议论或人物的心理剖析直接表现。在这个意义上，语言艺术是观念性、思想性、概念性最强的一门艺术。

当然，这不是语言艺术的全部。如果语言艺术仅以概念、思想见长，便会被驱逐出美的行列。语言艺术之所以是美的艺术，就在于它在直接实现思想、思维、理性的同时，并不排斥形象、感性、情感、情绪这些属于感性经验世界的东西。这是因为文字不但具有直接实现思维、思想的潜在能力，而且具有直接实现想象、联想的潜在能力。万象纷呈的客观世界的种种现象和事物都可以在由想象和联想组织起来的经验世界中复现出来，形成一个丰富多彩、生动具体的表象世界。诚如莫·卡冈所说："语言能够使人描述他的全部的现实的感性经验，并且使之客观化，能够使人这样形象地模拟他周围的世界，如同它出现在我们的知觉中一样，能够使人再现思想和体验的具体实物性。"[①]同时，应该看到，语言艺术的再现功能是在想象、联想的范围内实现的。因此，语言艺术所描写的感性的具

---

① 　［苏］莫·卡冈：《艺术形态学》，凌继尧、金亚娜译，生活·读书·新知三联书店 1986 年版，第 294 页。

体的现象都没有直接经验的性质,只有间接经验的性质。其逼真、生动的程度不仅依赖描写的细腻和真切程度,还依赖欣赏主体的直接经验的范围和程度。

　　和绘画、雕塑等造型艺术相比,语言艺术的形象没有确定性,它为欣赏主体提供的想象之真切和自由比绘画、雕塑等艺术提供的大得多。一千个《红楼梦》的读者,便有一千个相互区别的宝玉和黛玉的形象。而唐人阎立本画的晋武帝画像,不管有多少个人看了之后,所形成的审美意象都是相同的(视觉异常者除外)。语言艺术的这一特点使它获得了为别的艺术所不能取代的审美特性,即对艺术形象的想象的自由性和丰富性。

　　一方面是表现的思想、概念的直接现实性,另一方面是再现的感性经验的想象的间接性,这两个方面构成了语言艺术最基本的审美特性,使它在反映客观社会生活和表现主观心理方面获得较大的自由。"因此,语言的艺术在内容上和在表现形式上比起其他艺术都远较广阔,每一种内容,一切精神事物和自然事物,事件,行动,情节,内在和外在的情况都可以纳入诗,由诗加以形象化。"①

　　莱辛将诗(即文学)定性为时间艺术,认为文学长于描写在时间进程中流动的事件和情节。文学的这一特性也是由其物质媒介——语言文字的特性决定的。文字及由它组成的最小意义单位——词只能描述一个单一的孤立的事物或情状,或某一事物与情状的一个方面、一个侧面,不能像绘画那样在一个平面空间内描写同时并存的众多事物、事件、情状以及它们之间的复杂关系。语言艺术在描写这样复杂的事物和关系时,只能将它们分割为一个个孤立的点,然后再按照它们的逻辑次序、因果关系连接起来,逐个描写、陈述出来,形成一条时间的线。语言艺术所反映出来的时间一般不是具有物理属性的时间,而是具有心理属性的时间。这样,语言艺术在描写客观事物的发展过程、叙述故事情节的时候,便具有很大的时间的自由,可以突破客观时间界限的限制,随心所欲地处理心理时间,可以任意延长,也可以任意缩短,从这个意义上说,语言艺术是各类艺术中最自由的一门时间艺术。

　　语言艺术是一门时间艺术,但这并不意味着它丧失了表现空间的能力。语言艺术借想象、联想之力,在瞬间把诸多表象经验组合联结起来,形成一个广大的心理空间,拥有极大的自由:"形在江海之上,心存魏阙之下。""故寂然凝虑,思接千载,悄焉动容,视通万里;吟咏之间,吐纳珠玉之声,眉睫之前,卷舒风云之色。"②这正是想象的自由,正是语言艺术心理空间所具有的无限自由的具体表现。在这方面,其他任何一种艺术都比不上语言艺术。语言艺术是想象在无边

---

① 〔德〕黑格尔:《美学》第三卷下册,朱光潜译,商务印书馆1981年版,第10~11页。
② (南朝梁)刘勰著,周振甫注:《文心雕龙注释》,人民文学出版社1981年版,第295页。

际的心理空间中自由驰骋、心理空间在想象中自由伸缩的一门艺术。

　　因此语言艺术在描写、反映客观现实生活的时候,既不受现实生活中客观的时间和空间的限制,也不受物质媒介自身的客观时间和空间的限制,具有无限的空间和时间的自由。它可以随心所欲地记叙任何一个空间范围内发生的事,小至一家、一村,大至一个民族、一个国家,乃至全世界,人的活动扩及哪里,语言艺术就可追踪到哪里。它也可以天马行空地记述发生在时间长流中的任何一段时间里的事迹,远至洪荒、蒙昧时代,近至当下,语言艺术无所不至。因此,语言艺术比任何艺术都长于描写宏阔的生活场面、曲折多变的故事情节,以及跌宕起伏、绵延不绝的生活或生命运动过程。从外部环境到人物内心世界的变化,从内在性格到外部环境的变迁,国家的兴衰、民俗的演变、家庭的没落、个人命运的升沉,所有这些表现出发展过程的生活现象都是语言艺术最拿手的题材。时空的自由性也是戏剧、电影等共有的,但这些艺术受舞台空间和银幕空间的限制,对叙述时间长短的要求比语言艺术集中得多。

　　由于上述种种特性,语言艺术的再现功能和表现功能获得了重要的审美属性,语言艺术不仅可以模拟、复写、再现常识范围内现实生活的世俗经验,而且可以创造突破现实框架并且含有新理性、新理想的审美经验。

　　语言艺术的传达手段——语言文字——的思想、观念、想象的直接现实性和文学想象不受空间、时间限制的无限自由性结合在一起,便是语言艺术在物质媒介方面固有的审美特性,它是文学审美经验形成的一个重要根据。

　　就语言文字的心理属性看,语言文字具有矛盾的性质:其直接实现的思想、观念是理性的,其直接实现的想象、表象是非理性、非概念的。由于这个缘故,语言艺术所传达的不仅有现实的理性经验,而且有超现实的非理性的经验。

　　语言文字按照一定的语法规则组织起来,形成一个有秩序、有意义的符号体系,负载着文学对社会的认识和评价。这一意义载体的结构方式和形式亦有区别于其他艺术的显著特点。其他艺术(如绘画和雕塑)的物质媒介本身没有先在的约定俗成的意义,它的意义只有在和具体的内容结合起来时才显示出来,在没有结合之前,画布或石料、色彩或形体只是一些无意义的物质。这些艺术的物质媒介的意义可以看作它所描述对象的本来意义。物质媒介一旦成为一件艺术品的物质载体,便与内容形成活的统一体,二者之间没有人为的裂痕,没有理解方面的距离或阻隔。文学则不是这样。它的物质媒介在成为具体作品的意义载体之前,就已经含蕴着先在的约定俗成的相对独立意义,在构成一定作品的意义符号系统之后,仍然保持着先在意义的相对独立性。这种相对独立性具体表现为语言符号系统的语言修辞学意义与它所反映的对象的客观意义并非绝对一致,往往保持着一定的距离:它在多大程度上接近于描写对象的客观意义,一方面取决于艺术家对语言文字约定俗成意义的熟悉程度和灵活自由地运用文字的能力,另一方面取决于接受者对语言文字的先在意义、规律和规则的熟悉程度。因此,语言文字的物质载体的内容可以明确地划分为两个层次:语言文字自身的逻辑语义层和描述对象的客观意义层,这两个层次构成了文学艺术内容的双层结构。

语言艺术具有的这些审美特性和长处不能掩盖它自身的短处。因为语言艺术形象没有确定性,不能直接看出,所以它在再现的明确程度上远远逊色于绘画和雕塑;它可以自由地表现人物的思想情感,但不及音乐和舞蹈表现得外显、直接;它可以自由地描写感情纠葛、情节发展过程,但没有电影、戏剧再现得集中、连贯。这是语言艺术的局限性之所在。

第二节　造型艺术

造型艺术作为一个特殊的艺术门类,包含许多艺术样式,如摄影、绘画、雕塑、化妆、玩具艺术等,在二维或三维空间内存在的无机的自然物质质料是它们共同的符号学存在本质。莫·卡冈认为,造型艺术的共同特点是以"广泛的和在科学技术进步过程中经常得到丰富的一组造型材料和色彩材料"为物质媒介,反映现实生活,塑造艺术形象,"每种材料的物理属性制约着它的某些审美属性,这赋予——例如——木雕不同于石雕或者金属雕刻的毋庸置疑的艺术特性"①。远古时代就已形成的绘画与雕塑是造型艺术的两种基本样式。

一、绘画

绘画是一门运用色彩、线条和形体,在二维空间的范围内反映现实美、表达艺术家的审美感受的艺术。色彩、线条和形体是绘画的基本物质媒介。这些物质媒介具有固定空间性,由此决定了绘画的造型性。所以西方美学家把绘画归于造型艺术类。在二维空间内塑造具体的视觉形象是绘画的基本特性,也是绘画的特长。对此,中国古人早有明确的认识。唐代张彦远十分赞同陆机的一句名言:"宣物莫大于言,存形莫善于画。"②此话一语道破了文学和绘画的区别。

绘画长于"存形",宜于描写静态的物体,它所要描写的必须通过可视的因素表现出来。传情写意,刻画人物性格,表现人物丰富的精神世界,这些必须通过可视的动作、神情来表现。"言为心声",可在绘画中,语言失去了刻画性格的

---

① 〔苏〕莫·卡冈:《艺术形态学》,凌继尧、金亚娜译,生活·读书·新知三联书店 1986 年版,第 332~333 页。

② (唐)张彦远:《历代名画记》,见北京大学哲学系美学教研室编《中国美学史资料选编》上册,中华书局 1980 年版,第 307 页。

作用,并为绘画所排斥。"存形写真",活灵活现地再现自然景物和人生世相,寄托艺术家的审美理想和趣味,这是绘画的重要审美特性。绘画的审美特性通过其特有的表现方式集中地体现出来。

1. 以形写神

"以形写神"是东晋著名画家顾恺之提出来的。这是他绘画经验的理论概括,也是绘画长于存形的特点在表达内容方面的具体体现。顾恺之的画作形神兼备,这正是自由运用以形写神这一手法的结果。他绘写人物尤注重画眼睛,很是传神。"顾长康画人,或数年不点目精。人问其故,顾曰:四体妍蚩,本无关于妙处,传神写照,正在阿堵中。"[1]他在根据嵇康诗句"手挥五弦,目送归鸿"绘画时,曾叹道:"'手挥五弦'易,'目送归鸿'难。"[2]因为"征神见貌,情发于目",一幅画能否画好全在于那双传情的眼睛。顾恺之画裴楷像,为了使人物有神,突出其"俊朗有识具"的气质,就在裴楷脸颊添上三根毫毛。[3] 这三根毫毛突出了人的精神气质,使画中人比裴楷本人"神明殊胜",更美、更理想。顾恺之画山水也讲求神似,主张画云有山,要画出两山双壁之内凄怆澄清的气氛。

以形写神贵在神,不求形似求神似,这是中国画的重要传统,也是绘画突出的审美特点。

2. 以形写意

绘画长于写形,但没有语言艺术表现思想概念的那种自由,深刻的思想意义往往受其可视形象的限制;绘画长于再现静态的事物,但不善于描写运动的事物。绘画通过特殊的艺术处理,又弥补了自身的不足,"以形写意"是绘画表达思想概念、描写动态事物的重要方法。

以静写动、以显见隐是以形写意的具体表现。绘画拙于描写事物的动态,但可以通过对流动物体的静态描写,唤起人们对于事物动态的想象,如法国科罗的《阵风》,我们看到那倾斜的树木,仿佛听到了飒飒风声。又如李可染的国画《山中一夜雨,树杪百重泉》,画中瀑布仿佛在飞流,潺潺水声萦绕耳际。再看远景空阔的天边,有雨润云蒸之感,意境清新,气象丰润。山本静,水流则动;石本顽,树活则灵。山水相互映衬,木石相互生发,"山以水为血脉,以草木为毛发,以烟云为神彩。故山得水而活,得草木而华,得烟云而秀媚。水以山为面,以亭榭为眉目,以渔钓为精神。故水得山而媚,得亭榭而明快,得渔钓而旷落"[4]。这就是

---

① 参见徐震堮《世说新语校笺》,中华书局 1984 年版,第 388 页。

② 参见徐震堮《世说新语校笺》,中华书局 1984 年版,第 388 页。

③ 参见徐震堮《世说新语校笺》,中华书局 1984 年版,第 387 页。

④ (宋)郭熙:《林泉高致》,见北京大学哲学系美学教研室编《中国美学史资料选编》下册,中华书局 1981 年版,第 16 页。

以静写动的绘画表现手法。

以显见隐也是以形写意的一种。宋代画院出过一个画题"深山藏古寺"。有的应试者就直白地画了一座大山,又在山中画了一座庙宇。这种构思当然很浅显,没有把"藏"的意义表现出来。有的应试者则不正面画庙,而是在山后露出庙的一角,或者露出庙中的一根旗杆。这种构思稍好一点。高明的应试者则根本不画庙,而画出别样的情景:山间小径通到溪边,一个和尚正在那儿担水。最后这幅画就是以显见隐的表现手法,把画的主体——寺庙——略去不画,通过和尚担水,暗示山后有寺庙可达。这就使观众能够突破有限的画面,想到更为深远的意境。景象藏得愈深,境界显得愈大,于是产生了虚实相生的艺术效果。齐白石有一幅画,题为《梨花小院怀人》,按题推究,此画必有人、有院落、有梨花,可画面单纯得出人意料:无院落,更无人,梨花也不是一树,而是一枝,看上去好像是从高处延伸到墙外的一枝。从这一枝梨花,可联想到那一树;由一树又联想到梨花下、院落中;进而联想到在那梨花曾经开放的时间,院主和友人相会的情形。这直接显现的单纯简练的一枝梨花暗示出丰富的情景和深广的意境,以显见隐,隐而愈显,显隐相生。

3. 以瞬间示过程

绘画是空间艺术,在二维空间里表现前后连续的时间过程是困难的。如果说描写连续发生的系列动作、叙述故事情节、表现时间过程是语言艺术的长处,那么对绘画来说,这可能是短处。因为绘画的物质媒介是固定的、静止的,而时间是流动的、变化的。但是绘画在不改变物质媒介性质的前提下,可以通过直接描写发生在情景最集中、细节性最强的某一时间点上的动作,间接地表现情节的时间过程。绘画往往截取时间链条中与前后联系最紧密的点,即在时间长流的一刹那间所发生的最富有暗示性的动作情景,加以具体生动的描写,唤起人们对于时间过程的想象,从而间接地表现时间过程。这就是"以瞬间示过程"的表现方法。在这方面,绘画与摄影颇为相似。苏联摄影家马卡洛夫有一幅作品叫作《成功》①,表现了一名表演艺术高超的演员谢幕的情景。他选择了这么一个镜头:演员演毕,向台下观众深深鞠躬,台上落满了鲜花。这些花是从哪里来的? 显然是台下观众给的。我们通过这一富有暗示性的画面,就可以想象出这名演员表演的成功,也不难想象演员走下台去还将发生的情景。由于这一点选得好,通过突出一个情景集中的时间点,便将情节的过去和将来串起来了,间接地表现出时间过程,表现出情节性。虽然摄影与绘画有细微区别,但在显现时间过程方面有相同的表现手法——以瞬间示过程,即选择一个时间

① 参见《中国摄影》1983 年第 6 期。

点上集中发生的情景,以联想事件发生的前后过程。

总之,以形写神、以形写意、以瞬间示过程是绘画传达内容的基本方法,也是绘画审美特性的具体体现。

二、雕塑

雕塑是以三维空间的实体性物质材料(如土、石、木等)为基本物质媒介的艺术。它的特点是以物质实体性的形体,塑造可视而且可触的艺术形象,借以反映现实生活,表现艺术家的审美感受和审美理想。雕塑的三维空间性是它的特殊属性。雕塑作为空间艺术,和绘画有相通之处,亦长于描写静态的物体,短于描写连续发生的动作情节和流动的时间。雕塑在取材方面比绘画所受的局限大得多。如果说,在二维空间内比较自由地表现人物与人物之间、人物与环境之间的复杂关系是绘画所长,那么对雕塑来说,这正是其所短。雕塑不宜于直接呈现各种社会力量代表人物之间的矛盾关系,不宜于直接呈现人物与环境的关系。除少数浮雕可表现简单的故事情节外,雕塑一般不擅长表现故事情节和多侧面的人物性格。它只能通过直接描写矛盾对立的一方,间接表现另一方;它只能通过直接描写特定情景下的人物的动作情态,间接表现人物的环境;它只能直接描写人物性格的一个侧面,间接表现人物性格的全体。而这些间接的表现则是通过欣赏者的联想和想象实现的。这样雕塑在艺术表现上又可以一当十、以少胜多、以有限见无限。所以雕塑的语言极其凝练、极其单纯。这一点和诗相近,由此,雕塑的短处又成了它的长处。单纯美是雕塑的重要审美特性,这一审美特性具体表现在雕塑的独特艺术表现手法上,即单纯性和丰富性的统一、具体性和概括性的统一。

1. 单纯性和丰富性的统一

单纯意味着丰富性中见出统一,复杂性中有纯净。单纯不等于单调,单纯和单调之间仅差一线,弄不好单纯就流于单调。就人物性格而言,雕塑不能像小说那样自由、循序渐进地表现人物性格的各个侧面,例如林冲那种处于转化过程中的性格,雕塑是很难表现的。又如元代戏曲家康进之作品《李逵负荆》中的李逵既勇敢、善良、正直,又粗犷、鲁莽,在戏剧中表现这两个矛盾的性格侧面是容易的,但用雕塑来表现就困难了。雕塑往往只能直接表现人物性格的一个侧面。如果雕塑只直接地表现了一面,漏掉了另一面,或者不能令观赏者联想到另一面,这就成单调了。"横眉冷对千夫指,俯首甘为孺子牛"[①]是鲁迅性格的两个侧面,雕塑在表现鲁迅对敌人恨的同时,很难表现鲁迅对人民的爱。但是雕塑能在

---

① 鲁迅:《自嘲》,见《鲁迅全集》第七卷,人民文学出版社 2005 年版,第 151 页。

直接表现恨的同时,间接地表现爱。做不到这一点的鲁迅雕像只能沦为不成功的单调的作品。

雕塑高度凝练的语言所塑造的明朗的形象不单调而单纯,就是因为雕塑形象的容量是深广的,表现的内容是十分丰富的。雕塑艺术家通过种种特殊的艺术表现手法,以一当十,一叶知秋,实现单纯性与丰富性的统一。雕塑可以通过描写人物在特定情景下一瞬间发生的动作、神情,间接表现人物活动的环境和较为复杂的矛盾对立关系,表现人物所处的特定环境。杨淑卿、赵瑞英的雕塑《夏》塑造了一个锄地的农村姑娘,我们从那位昂首挺胸、搔首平眺远方、洋洋自得的姑娘的神态,可以联想到她眼前广阔的田野,以及田野中长满了绿油油的庄稼、丰收在望的情景。这座雕塑没有直接展现出人物活动的环境,但通过人物富有暗示性的神态,间接地表现出了环境。又如四川大邑地主庄园陈列馆的群雕《收租院》中那个手握木棍、弓身向前、两眼怒视前方的农民,作品凸显的是他将要奋起反抗的神态。他反抗的是谁呢,这是观赏者不难想象的。作品并没有直接描写他的对立面,但农民那双放射怒火的眼睛暗示着他的敌人就在眼前。观赏者不仅仅真切地感受到这一点,同时感觉到一种强烈的斗争气氛,一种双方剑拔弩张的紧张状态。

雕塑也可以通过突出人物性格的某一特征,来间接表现性格的全貌。韦驮是佛教的护法神,庙宇里的韦驮像往往身披盔甲,双手合十,托持宝杵,端静而立,神态也微带慈祥,没有丝毫盛气凌人、震慑妖魔的样子。据佛教传说,韦驮是一个降魔伏怪的勇猛的大神。韦驮像没有直接表现他的勇敢威严,而是突出了他在特定环境中的某一性格特征。因为韦驮此时不是面对妖怪,而是面对诸神,俯视朝拜他的善良凡人。而人们在瞻仰他的慈祥端静的同时,也能联想起他在妖怪面前的威严。这样,韦驮的性格被完整地表现出来了。

雕塑还可以通过内向性描写,表现人物复杂的性格和丰富的内在精神世界。佛像以及唐俑、宋俑几乎全都采取内向性描写的手法,人们看到他们有深意的笑、默默的愁、淡淡的哀,但又揣测不出他们在笑什么,愁什么,哀伤什么,尽显含蓄之美。

所以在一般情况下,雕塑尽量地避免外向性描写。人物神情的外向性描写只是为唤起欣赏者的想象,让他们构想虚拟的环境,从而更具体、更准确地把握人物性格和内心世界。雕塑不着眼于环境而着眼于人物性格,不着眼于故事而着眼于人物。外向性描写是相对的,完全的外向性描写会使雕塑失去含蓄感,一览无余不耐看。这就像一个性分、涵养浅薄的人一样,一喜一怒,一笑一颦,将内心的东西抖露无余,让人一眼就看到心底,觉得轻佻不稳重。雕塑注重内向性描写,使观赏者从有限见无限,遂产生百看不厌的艺术效果。

象征是诗的重要表现手法,雕塑也常常采用象征手法。如联合国总部花园内有一座青铜雕塑《打结的手枪》,象征联合国遏止战争、维护世界和平的职责。象征手法的采用亦使雕塑形象不流于单调。

雕塑通过采用上述种种手法,达到了以少胜多、由此及彼、一叶知秋的艺术效果,使单纯性和丰富性和谐地统一起来。

2. 具体性和概括性的统一

雕塑的单纯性还必须是具体的,失去具体性的雕塑也就没有什么丰富性可言了。所谓具体性就是指人物性格与特定环境、人物动作情态与特定情景之间的关系。雕塑形象的具体性若离开特定的情景和特定环境就不存在了,从而也就没有什么意义了。雕塑形象都是独立的,它是从复杂的环境中、多种人物的关系中截取出来的,乍一看就像一条孤零零的小船。没有一定欣赏水平的人初看雕塑难以体验到其中的妙处,原因就在于他只看到雕塑形象本身,体会不出雕塑形象与特定环境的关系,雕塑形象对他来说就没有具体性可言。

好的雕塑总是通过人物神情的外向性和动作的暗示性,启发欣赏者将省略了的特定情景、环境和特定关系再现出来,从而使其形象获得具体性。

雕塑的具体性如果缺乏概括性,那么雕塑的丰富性也就成为问题。雕塑形象是具体的,同时必须是概括的,如此才能使单纯性和丰富性统一起来。所谓概括就是指抓住事物中最富有代表性的某一部分或某一侧面。雕塑所表现的人物某一性格侧面在人物的总体性格中是有代表性的;它所表现的事物的某一外部特征是该事物的代表性特征。具有概括性就是要求雕塑将这一特征集中地表现出来。人们通过欣赏雕塑中这一有代表性的特征,间接把握全体,从不完全中见完全。

单纯性和丰富性的统一与具体性和概括性的统一,二者互相联系,不可分割,这是雕塑艺术表现的一个重要辩证方法,也是雕塑审美特性的集中表现。

第三节　表演艺术

表演艺术与造型艺术既相互对立又相互过渡。表演艺术的显著特征是以有生命的或具有活力的物质符号形式(主要包括有生命的人自身和动物的动作形体以及人所操控的无生命的造型形体)来塑造艺术形象,包含音乐、舞蹈、戏剧、曲艺、杂技等样式或品种。莫·卡冈将音乐和舞蹈排除出表演艺术范畴,进而将它们提升为与表演艺术并列的两个相对独立的艺术门类。这样处理是有其艺术形态学的根据的,他的着眼点在于"书面音乐"和纯舞蹈的艺术符号的特殊性——前者以韵律化的乐谱符号为其艺术形式,后者以程式化的人的动作形体为其艺术形式。但是,我们把音乐和舞蹈纳入表演艺术范畴进行讨论,并且把它们看作表演艺术的最原始、最基本的样式,同样有比较充分的根据和理由。"书面音乐"或作曲创作只是音乐的一个品种,除此之外,还有音乐即兴创作和音乐演奏,卡冈也承认这一事实,"书面音乐"不同于文学作品,作曲的完成并不等于音乐作品的最后完成,它还有待于歌唱者或演奏者去演唱或演奏,进行再创作。所以,完整的音乐作品是作曲者和歌唱者或演奏者二度创作的产物,而文学作品则是写作者一度创作的产物。在这一点上音乐与戏剧是相通或相近的,曲谱近似于剧本,而歌唱者或演奏者和演员在音乐和戏剧的再创作中占有同样重要的地位,发挥着一样重要的作用,只是各自的表演形式和方式有所不同而已。除此之外还有一点相似处:戏剧表演有导演,导演是剧本与演员之间不可缺少的中介角色;音乐表演有指挥,指挥是歌曲与歌唱者、演奏者之间不可或缺的中介角色。不同的是,导演预先在台后间接表演,指挥则直接登台表演。表演艺术的这三大要素在舞蹈艺术中也都具备,它一样有剧本、有导演、有舞蹈演员。根据这些理由,我们把音乐和舞蹈纳入表演艺术范畴。再则,音乐和舞蹈又是艺术发生史上较早形成的两种艺术形态,是表演艺术最基本的两种样式。所以,下文重点考察音乐和舞蹈的审美特性,表演艺术的其他样式和品种略去不论。

一、音乐

音乐以在时间中流动的音响——人的嗓音和乐器(笛、笙、弦、琴、锣、鼓等)的音响为物质媒介,表现人的审美感受,从而形成一定的极富表现性的"音乐形象"。

音乐的基本物质媒介——人的音响和物的音响——直接显现为一种物理现象,即一定音量的声音在空气中的振动形式,其声波和频率能被精密的测量仪器精确地量化、测试出来。但它既不同于原生态的自然音响,也区别于语言文字的物质外壳——语音。自然音响是在时间中无规律地流动着的音响,它没有节奏、旋律、和声,因此大多缺乏音乐美。音乐中的音响则是在时间中有规律地流动着的音响,旋律、节奏、和声是它的生命和灵魂。音乐清除了自然音响中的噪音,以自身的和谐结构,应合人的情感、情绪,从而引起快感,给人以美的享受。与文字的语音不同:音乐中的音响与它表现的对象的内容有内在的必然的联系,二者之间无中介;而文字的语音与它所反映的对象的内容没有必然联系,是纯粹偶然的有中介的联系。如狗这一概念,在汉语中对应的语音为"gǒu",在蒙语中发音为"nao hai",在英语中对应的单词为"dog"(英语)。

旋律是音乐语言——音响——的最基本的表现形式,节奏、和声、复调、配器是它的辅助手段。声音按其长短、高低、强弱、音色搭配在一起,有规律、有秩序地在一定时间过程中持续波动,便形成了旋律。在音乐表现过程中,旋律发挥着保障音响不停流转,以及固定和自由地改变音响的高度和节奏结构的重要功能。旋律及其辅助手段——节奏、和声等,最终以曲谱或乐谱的书面形式被对象化、形式化、符号化。准确地说,音乐是以有韵律的符号化的音响为基本物质媒介,创造音乐形象的一种艺术。

音乐的物质媒介——符号化的音响——像语言文字一样,既有物质性,又有精神性,或者说其物质性渗透着精神性。这是因为音乐音响的运动形式与人的情感、情绪的呈现形式具有结构的相似或相通性。当二者以相似或相通的结构方式同时发生时,外在的音响结构便成为内在的情感结构的对象化显现形式,人的特定的情感、情绪直接构成音响结构形式的精神内涵或意蕴。"发声方式和所表现的人的内容的联系在这里是直接的和不借中介的"①,由此注定了音乐的情感的直接现实性品格及其长于表现的审美特性。

音乐的物质媒介所固有的审美特性决定了音乐在其本质上是表现的艺术,而不是再现的艺术。除能模拟一些声响外,音乐不能活灵活现地描摹现实生活中的种种现象,只能直接表现现实生活在人们意识中的反映和影响——即主观感受、特定的思想情感和情绪。音乐直接表现的内容就是人们内心世界的丰富情感、情绪。因此,所谓"音乐形象"和绘画、雕塑中直接诉诸视觉的形象不同,它不具有客观对象的一定形状、色彩等特征的确定性;音乐利用音响的合规律性变化与特定情感起伏的复杂对应关系,曲折而真切地表现社会生活的复杂斗争与人的思想情感变化的关系,通过调动欣赏者的联想、想象和情感体验,在歌唱者、演奏者与欣赏者之间形成共鸣,从而在内心唤起一定的情感意象。音响的流动性和时间性使得音乐在反映生活的复杂变化、发展过程和审美感受的丰富性方面,与造型艺术相比有优越之处,即更不受反映对象的具体性的限制。

主观的思想情感构成音乐的主要内容。但是,并不是任何自然流露的情感都可以成为音乐作品的内容。情感若要成为音乐的内容,必须不是纯粹个人的、偶然的,而是带有社会普遍性的、可引起共鸣的,同时又必须与一定的音响变化形式相适应,符合乐声的规律性。

现代派把音乐等同于绘画,以音乐再现现实,这是对音乐本性的曲解。如法国的一位现代派作曲家奥涅格尔创作了一部作品叫作《帕西菲克第231号》,在其中表现了一列火车从开始发动蒸汽机直到停止时的声音,音乐的任务被归结为单纯表现声音,这种音乐创作是违反音乐本身的特殊审美规律的。固然,音乐中也偶尔出现再现的成分,比如有些音乐的节奏就是对生活节奏的模仿。但是,模仿的因素即使在音乐中偶然出现,也往往只是一种附属的辅助的因素,或者已

---

① ［苏］莫·卡冈:《艺术形态学》,凌继尧、金亚娜译,生活·读书·新知三联书店1986年版,第359页。

经改变了原来的客观形式,并且融入音乐的其他成分之中去了。这种再现成分不构成音乐的本质。

与其他表现艺术相比,音乐所表现的情感和情绪最真切、最具体、最细致。人的内在心理情绪,就其自身的运动形式看,变化多端,不可名状。以笑而论,可以文字表达的尚有几十种,如苦笑、佯笑、狞笑、奸笑、媚笑、冷笑、讥笑等,每一种笑都是一种特殊的心理运动和神经运动形式。如果以舞蹈表现这些情绪,就很难用有限的程式化的形体动作表现出其细致入微的差别来,只能通过象征性动作程式,指示或暗示人的某种内在的情感和情绪。所以,舞蹈的形体动作是思想情感的一种有限制的表现形式,不是直接的外现出来的现实形式,而音乐则是思想情感的直接的现实形式,是一种无限制、无中介的形式。与舞蹈动作不同,音乐的节奏和旋律可以以无限多样的形式自由地直接显现各种细腻的思想感情和心理变化。无论多么复杂细致的情感和情绪,都能在复杂多变的节奏和旋律中找到完全对应的关系。

音乐所表现的情感是最具体的,又是最抽象的。因为音乐直接表现的只是具体的情感,不包含任何明确的概念。音乐不向我们提供情绪的背景,不提供倾注情绪的对象,不提供故事,不提供说明书,这又是音乐区别于其他表现艺术的一个重要特点。在舞蹈里,往往借用布景道具、服装、化妆等来说明人物情感发生的背景,并通过分场表演,在人物动作的连续性中间接地表现故事情节。建筑本身固然没有背景,但已建成的建筑总是处于一定空间、环境中的,且建筑是一民族、一时代的精神的象征,从这个意义上说建筑又有环境,就是整个民族的特定生活环境。由于没有关于情感或情绪发生的背景的说明,音乐所表现的思想情感有更广阔的适应范围。

音乐还长于表现运动着的情感和情绪,而不宜于表现情感运动的结果和静态的心理形式。在这一点上,音乐和抒情诗、建筑都不同。抒情诗虽然有观念的时间的自由,但它在表现人的情感时,往往注重感情自身运动的结果,而不是过程。我们在读诗时,常常读到写泪的句子,如“忽报人间曾伏虎,泪飞顿作倾盆雨”①,“出师未捷身先死,长使英雄泪满襟”②。之所以写泪,是因为泪是某种情感、情绪运动的结果。音乐和建筑的重要区别是,建筑以凝固的形式表现静止的社会总体的心理-精神结构,而音乐音响自身的流动性很难表现静止的社会总体的心理结构形式,除国歌、军歌和宗教音乐之外,音乐一般通过直接表现个人

① 毛泽东:《蝶恋花·答李淑一》,见张仲举编注《毛泽东诗词全集译注》,陕西人民出版社1999年版,第125页。

② (唐)杜甫:《蜀相》,见中国社会科学院文学研究所编《唐诗选》上册,人民文学出版社1978年版,第276页。

的情感,间接地表现一阶级、一民族、一社会的共同情感、集体心理状态。

音乐既与建筑相区别,又与建筑相联系。音乐的声音高低、节奏、节拍与数有直接的联系,如声音振动的次数、发声器的长短比例等,这些都以数的形式、数量的关系在曲谱中高度概括地表现出来。早在古希腊,毕达哥拉斯就把音乐与数学联系起来加以研究。音乐中这种概括的数的结构和节奏关系,使诉诸听觉的音乐和诉诸视觉的建筑艺术有一定的联系。建筑在线、面、体所构成的节奏感和概括性方面与音乐有内在的联系,因此谢林把建筑称作“凝滞的音乐”①。但建筑毕竟是空间性的造型艺术,不能像音乐那样自由地直接表现内心的复杂状况,例如情感、情绪的激烈冲突和细微变化。

音乐固有的两种物质媒介——人的音响和乐器的音响——演化、派生出两个重要的音乐样式或品种,即声乐和器乐。声乐的基本形式是歌咏或歌曲,它用人的声音结合语词作为表现手段,形成歌唱艺术。歌唱艺术是音乐与诗的综合体,它把诗词的凝练意义与音乐的抒情因素结合为一体,因而它比器乐具有更为确定的认识内容。中国古代声乐艺术有着极深厚的传统,积累了丰富的经验及理论。中国声乐力求语言的自然声韵与音乐的曲调在演唱中实现高度的结合,在这方面达到了相当高的艺术水平。在近代戏曲及说唱艺术中,中国的民族声乐艺术与这些艺术的其他特殊因素相结合,得到更进一步的发展。器乐又可划分为弦乐、管乐和打击乐等品种,不管哪一品种,都不只是作为声乐的伴奏,也是一种独立的音乐形式。器乐没有语言艺术的因素,因而更具概括性,艺术境界更加广阔。器乐由于物质的发声材料的多样性、音量和音质等方面的特点,在表现情感的复杂、深邃、强烈方面,比声乐有更大的可能性。而近代工业的发展,更加增强了器乐的表现能力。器乐和声乐都有各自的特长和局限性,因而既不能像有些哲学家(如叔本华等)那样片面地抬高器乐而贬低声乐,也不能轻易肯定中国传统乐论中所强调的“丝不如竹,竹不如肉”②的偏颇论断。

二、舞蹈

舞蹈以人自身的形体动作为基本物质媒介,通过人体的有韵律的程式化的活动形式,抒发人的内心情感,在三维空间内塑造极富表现性的艺术形象。舞蹈的物质媒介的表现性是它与戏剧表演动作的模仿性相区别的突出特点。

舞蹈的物质媒介除人的形体动作之外,还有人工制作的装饰性形式、动物的形体和物体的造型。根据这四种不同性质的物质媒介,可将舞蹈划分为四个主

---

① ［德］谢林:《艺术哲学》下册,魏庆征译,中国社会出版社 1996 年版,第 264 页。

② （唐）房玄龄等:《晋书》,中华书局 1974 年版,第 2581 页。

要品种,即舞剧(或歌舞)、运动舞蹈、动物舞蹈和杂耍艺术。在运动舞蹈中,必要的运动器械以及条带、头巾、棒、环、箍等人工制作的装饰性形式,像戏剧演员的服饰和道具一样,作为运动舞蹈者的辅助性手段,有机地融入舞蹈艺术组织的整体结构中。动物舞蹈(例如马、熊、狗的舞蹈)则以动物的形体动作为主,以马戏演员的指挥动作为辅,共同表现一种谐趣。在这里,人的形体动作一般只在技巧和技术的意义上引起人们的审美注意。同样,人的形体动作在杂耍艺术中也作为辅助手段而存在,有所不同的是,在杂耍艺术中物体的运动及其造型(如盘、碟、球、瓶子、火炬等器物的机械运动和优美造型),以有生命的图案、"活动的花纹"[①]激发观赏者的惊叹、好奇之情。

舞蹈的艺术语言(物质媒介),无论是物的运动形式还是人的形体动作,都具有空间的造型性,这是舞蹈与雕塑的共同特点。舞蹈与雕塑都直接诉诸视觉,存在或活动于三维空间中,舞蹈动作在短暂停顿时(例如"亮相")具有雕塑的造型性意义,是很明显的事实。但是同中有异:舞蹈以其不可分割的连续性动作展现于流动不息的时间过程,一方面它那存在于一定空间之中的造型性不能媲美雕塑那种形体上的高度凝练、集中的概括境界(例如动作的虚拟性所造成的动态的逼真性与想象的丰富性),另一方面舞蹈这种动态的造型手段在整体上是为了更集中、更强烈地激发、表现人的情感和情绪,它是表现的,而雕塑的静态造型则是再现的。

舞蹈,尤其是歌舞,与音乐既有显著的区别,又有特别密切的联系。音乐直接诉诸听觉,而舞蹈直接诉诸视觉。以有韵律的符号化的音响为传达手段的音乐所建构的艺术形象是内在性的情感活动表象。在这里,音乐音响的流动形式与内在情感的活动形式是无中介的直接统一,它是可感而不可视的;而舞蹈通过程式化的形体动作所塑造的艺术形象是直接呈现在三维空间内的立体造型,是可视的、清晰明确的情感的客观对象化形式。由于舞蹈的形体动作是高度程式化的,在舞蹈的动作程式与所表现的特定情感之间,便介入了舞蹈专业的约定俗成的规矩、规定和解释意义。像戏剧的脸谱与人物性格的固定联系(如白脸与奸诈的性格、红脸与忠义的性格)一样,二者之间的固定结合、统一不是自然而然地形成的,而是经由约定俗成的规定而人为地形成的。舞蹈动作程式的约定俗成的解释意义成为沟通舞蹈的形体动作与其所表现的情感内容的重要中介,观赏者如果事先不具备舞蹈动作程式的常识或知识,便很难理解、感受舞蹈所表现的情感内容。但是这些差异不足以遮蔽二者的共同性和深刻的内在联系:音乐与舞蹈同为表现艺术,二者互有短长,又可以互相补充。中国古代关于诗、歌、

---

① ［苏］莫·卡冈:《艺术形态学》,凌继尧、金亚娜译,生活·读书·新知三联书店1986年版,第369页。

舞三种艺术的相互关系的看法值得重视。《毛诗序》中说："情动于中而形于言，言之不足，故嗟叹之，嗟叹之不足，故永歌之，永歌之不足，不知手之舞之、足之蹈之也。"[1]这段话指出了歌、舞在抒情方面的同一性，以及在表达这种同一性的内容的手段方面的差别和相互补充作用。舞蹈虽然具有造型艺术的一些特点，但它毕竟是一种动态的造型艺术，本质上更类似音乐。舞蹈宜于表现和抒情，而不宜于模拟和再现。人们在谈论舞蹈与音乐的联系时，往往只注意到舞蹈与音乐的外在联系（如音乐的伴奏），这是不够全面的。即使对于伴奏这种外在现象，我们也应当从舞蹈与音乐的内在联系上去理解，即把它看作二者在表现和抒情上的同一性的外部表现。在一定意义上可以说，没有伴奏的舞蹈本身就是一种无声的音乐，因为舞蹈动作本身就具有音乐的节奏和旋律性。

舞蹈与戏剧的异、同更突出地显出它的审美特性。二者同样诉诸视觉形象，同样以人的形体动作为其基本的物质媒介，但舞蹈的形体动作与戏剧的形体动作有很大的区别。包括强调形式美和程式化的戏曲在内，戏剧的形体动作从属于戏剧冲突，服从于一定的人物性格和特定的情景，其实质是客观再现的；而舞蹈动作却不以直接再现这一切见长，它所服从的主要是情感表现方面的规律，其实质是主观表现的。人们把芭蕾舞剧当成音乐剧来理解，却不按一般戏剧的审美规律和特征——主要是性格冲突和情节叙述的戏剧性——来理解和观赏，就是因为它区别于戏剧而更接近于音乐这一原因。至于舞蹈、音乐占了很大比重的中国戏曲是一种将戏剧冲突、音乐与舞蹈有机结合起来的特殊戏剧样式。中国戏曲表演中的程式动作是在戏曲体系下杂合舞蹈、武术、杂技等诸多表演形态的产物。

舞蹈艺术有着鲜明的民族特色，深刻地受特定民族的特殊思维方式和审美趣味的制约。中国的舞蹈艺术历经几千年的发展，特别是经过近代戏剧艺术的综合发展，积累了系统的经验，具有很高的艺术水平和鲜明的民族特色。这也是舞蹈的审美特性的集中体现。

第四节　综合艺术

上述三个门类的种种艺术样式大多是以单一的元素为其专有的物质符号的，由此形成自身固有的不能为其他艺术所取代的审美特性。也有一些艺术样式通过结合两个或两个以上的单一元素而形成自身特有的物质符号，如歌曲中

---

① 《十三经注疏》整理委员会整理，李学勤主编：《十三经注疏·毛诗正义》，北京大学出版社1999年版，第6页。

音乐元素与文学元素的结合,歌舞中舞蹈元素与音乐元素的结合,但在这种多元素的结合或综合体中,必有一种元素占据主导的支配地位,发挥主导的作用,其他元素则处于次要的地位,只起辅助的作用。本节将要考察的综合艺术,其物质媒介或艺术语言是多个——三四个乃至更多个——单一元素的极其复杂的多项组合。在这多项组合中各个组成元素围绕着一个中心形成有机的综合统一体,平等地、和谐地发挥着作用,很难分清主次。以多元素的复杂组合体或有机结合体为其艺术符号的艺术统称为综合艺术,其主要样式或品种有戏剧艺术、电影艺术和电视艺术。

一、戏剧艺术

戏剧作为综合艺术之一种,包括语言、音乐、美术、舞蹈等各种艺术元素,因此戏剧又被称为时间艺术和空间艺术的综合体。在西方戏剧艺术中,剧本文学、导演艺术和舞台表演艺术几乎发挥着同样重要的作用,很难分出轻重、主次来。剧本文学和导演艺术发生于舞台表演艺术之前,隐藏于台后,直接呈现的是舞台表演,演员的语言、表情、动作、内在心理的表现成为戏剧直接呈现的艺术要素。这些艺术要素是观察分析戏剧审美特性的基础和出发点。戏剧的审美特性也表现在文学、音乐、绘画等方面,这里略去不论,只探讨舞台表演艺术方面的审美特性。

人们通常把戏剧列入再现艺术类。严格地说,对戏剧审美特性的这一高度概括大体上适合于西方传统戏剧(不包括西方现代戏剧),但对中国戏剧就不完全适合了。因为中国戏剧带有很大的表现因素,舞蹈和歌唱在戏剧中占有重要的地位,中国戏剧是世界戏剧中的较为特殊的种类。为了突出中国戏剧的民族性特点,下面将重点分析中国戏剧(主要是中国传统戏曲)表演体系的审美特性,以及戏剧审美特性的集中表现——戏剧的表演风格和流派。

中国传统戏曲和西方传统戏剧、现代话剧不同,特别是近现代以来出现的地方戏曲其表演的艺术手段可概括为"唱、念、做、打"。"唱"指演员的演唱;"念"指演员的念白,讲求音韵美;"做"一般指演员的动作表演;"打"就是武打和翻跌的技艺展现。唱、念、做、打是和歌舞配合在一起进行的。这样中国传统戏曲表演体系就显出民族特色来,在表演体制和表演技艺上都具有自己的特点。舞台人物形象高度类型化和动作程式化、舞台表演虚拟性和剖象化是中国传统戏曲表演体系的两个重要特点。

1. 行当和程式

划分行当是戏曲区别角色类型、概括人物形象的方式。行当划分至迟自元代已出现。近现代以来形成的京剧等艺术形式简化行当分类,生、旦、净、丑是目前通行的行当类别。行当类别表现了行当的艺术概括能力。由于表现生活内容的不同，各个行当又有角色身份划定。如：旦行的青衣、花旦、老旦、马刀旦、彩旦；生行的老生、小生、武生、红生、娃娃生；净行的铜锤花脸、架子花脸、武花脸；丑行的文丑、武丑。这些难以一一枚举的行当名目，代表着不同性别、年龄、性格、品德的类型人物，用不同的唱腔、语言、动作、化妆、服饰给予区别和表现，反映了中国的百姓对各阶层人物的道德评价和美学评价。

程式是行当的外在表现手段，各个行当都有它们不同的表现程式，包括唱腔、语调、动作、化妆、服饰等，这些程式是高度规范化的。例如程式化动作，演员的一戳一站、一动一转、一扭一翻、一走一看、一抬（抬腿）一闪（闪身）、一坐一观，都要符合各行当的动作规范，再如甩发、髯口、帽翅、水袖、领子、扇子等服装、道具也都是规范化的。这些形式都是在长期的表演实践中逐渐形成，最后被固定下来的，都有凝练美和独立性。中国戏曲的动作程式名目繁多，不胜枚举。如此丰富的动作程式使舞台表演绚丽多姿。

中国戏曲的行当和程式，和中国律诗的平仄一样，具有相对独立的审美价值。欣赏律诗，须懂得平仄、对仗；欣赏中国戏曲，须懂得行当和程式。

2. 表演艺术的虚拟性和剖象化

中国戏曲表演体系具有完整的表演体制，舞台人物形象高度类型化、规范化，动作程式使人物形象的外在表现规范化。演员在熟练掌握技巧和程式的基础上，深入剧情和角色，把表现程式与刻画人物性格特征、逼真地再现剧本所规定的情景巧妙地结合起来。虚拟性和剖象化表演可使戏曲表演灵活多变、气象万千。

（1）虚拟性。中国戏曲人物活动的场景和背景不是固定集中的，舞台人物形象的环境或背景不是由布景直接表现的，多是由一定的舞台器具摆出象征性指示再结合演员的表演来突出的，通过这些虚拟的表演，唤起观众的想象，产生虚拟的环境，让观众进入情景，这就是表演的虚拟性。中国戏曲演出时，当舞台的大幕拉开，台上一般布置带有桌围椅披的一桌二椅。这时，无从分辨地点，一定要等到演员上场并且自报家门以后，观众才能确认具体场景。如果出场的是店员，那就是酒店或茶馆；如果上场的是书生或员外，多半是书房或客厅。同样是一桌二椅，摆法不同，地点也会不同。一把椅子放在桌子前面，叫作"外场椅"，多数表示厅堂或进大门的一间房子；这把椅子放在桌子后面，叫作"内场椅"，则多数指示此环境为内室、书房或衙署等；又如大帐子，一般是当作床帐用的；但是如果垂下帐幔，演员站在帐子后高出半身，那就是绣楼或影楼；把帐檐和帐幔卷起来架着，又成中军宝帐了。中国戏曲舞台人物活动的环境大都是通过这些固定的舞台器具表现的。这些器具和具体剧情结合起来，告诉观众人物活动的背景。除此之外,戏剧的情景又大多是通过演员的唱念表演和配合来表现的。比如《西厢记》中"长亭送别"一场,崔莺莺上场唱:"碧云天,黄花地,西风紧,北雁南飞。晓来谁染霜林醉?总是离人泪。"①深秋景色和别离气氛完全是通过舞台上的演员表达出来的,同时又和角色内心的情感交织在一起。

虚拟化表演使舞台表演艺术产生了虚实相生的妙境。例如川剧《秋江》这出戏,空空的舞台,一无船只,二无江水,只凭演员手中一支木桨,轻摇慢荡,便使观众感到一只轻舟漂游江上,虚构出一派天高水深的清秋境界。再如京剧《三岔口》,本来是空荡荡的舞台,通过演员近乎哑剧似的虚拟表演,使观众确信在夜幕笼罩下、在漆黑的店房里进行着一场惊险的格斗。剧中人物的情是"实情",场上的景是"虚景",人们受演员"实情"的感染,便会感受到舞台上无形的"虚景"。演员的"实情"启发观众联想到"虚景",亦产生情景交融的艺术境界。诗有诗境,戏亦有戏的境界、戏的诗情画意。所以,中国戏剧表演艺术具有很高的审美价值。

(2)表演的剖象化。剖象化是中国戏曲表演的又一重要特点。如果说虚拟性表演着重表现剧中人物和环境的关系,创造情景交融的艺术境界,那么,剖象化表演则着重表现人物内心世界。剖象化表演是一种以体验为基础的高度抒情化的表现艺术,它以泛美的艺术创造,使丰富的内心体验突破生活现实的极限,通过行当和唱、念、做、打的表演程式,把人物的性格特征、思想活动,率真地为观众唱出来、说出来、比画出来,并用乐器吹奏出来,实现舞台上人物内心世界视像化和外部特征特写化、叙述化,对人物形象及其灵魂进行主观剖析式的艺术表现。

中国戏曲里的独白、独唱几乎全都是剖象化表现,包括所有的上场自报家门〔引子〕、〔定场诗〕,以及上下场〔对子〕等,无一不是把人物的主观世界开门见山地向观众说出来的。

例如《感天动地窦娥冤》中赛卢医的上场:

> 行医有斟酌,下药依《本草》;死的医不活,活的医死了! 自家赛卢医。②

这里,赛卢医一出场,通过演员的独白,向观众赤裸裸地亮出了他的庸医相。再如窦娥在刑场的独唱:

> 没来由犯王法,葫芦提遭刑宪。叫声屈动地惊天! 我将天地合埋怨:天

---

① (元)王实甫著,张燕瑾校注:《西厢记》,人民文学出版社1994年版,第188页。
② 吴晓铃等注释:《大戏剧家关汉卿杰作集》,中国戏剧出版社1958年版,第3页。

也！你不与人为方便。有日月朝暮显，有山河古今监。天也！却不把清浊分辨，可知道错看了盗跖颜渊。有德的受贫穷更命短，造恶的享富贵又寿延。天也！做得个怕硬欺软！不想天地也顺水推船。地也！你不分好歹难为地。天也！我今日负屈衔冤哀告天。空教我独语独言。[①]

这一大段哭天抢地的悲愤独唱极大地突破了生活的客观逻辑，把窦娥遭受的弥天大冤和内心的悲怆酣畅淋漓地向观众倾吐出来。

总之，中国戏曲表演在唱、念、做、打方面都是剖象化的艺术表现。这种艺术表现具有浓烈的主观抒情性，类似中国的写意画，有独特的审美价值。

3. 戏剧表演的不同风格和流派

从剧本文学到舞台表演之间，有一个演员对剧本的理解、体验和再创造过程，演员对剧本文学的理解不同、主观创造不同，便形成了不同的表演风格和流派。表演风格和流派实质上是演员的创作个性在表演艺术中的具体表现。

（1）戏剧表演风格。演员在不改变剧本人物的基本性格的前提下，可以自行选择突出人物性格的某一侧面。例如京剧《黄鹤楼》中的刘备，是强调他的不安好，还是强调他的聪明好，演员有选择的自由；《捉放曹》中的陈宫，是着重表现他同情无辜被杀的吕伯奢一家，还是着重表现他对曹操的不满，甚至着重表现自己的愧疚，演员有选择的自由。演员在表演过程中自主选择表现方式，于是形成不同的表演风格。苏联有两位著名演员——叶兰斯卡雅和波波娃，二人扮演《大雷雨》里的卡杰林娜时表演风格不大相同。奥斯特洛夫斯基的《大雷雨》在叶兰斯卡雅看来是一首抒情诗，在波波娃看来是一出悲剧。二人风格的不同归因于她们对剧本的理解不同。

（2）戏剧表演艺术流派。就表演流派而论，表现派和体验派是在世界戏剧舞台，特别是西方戏剧舞台上影响较大的两派。与这两派鼎足而立的是独具一格的中国传统戏剧表演流派。

体验派要求演员设身处地地体验剧中人物的感情，分享剧中人物的感情，在表演过程中完全由情感来驱遣，变为剧中人物。19 世纪后半期的英国著名演员亨利·欧文是体验派的代表。

表现派也要求演员要具体生动地表现人物的内心情感，但始终要保持清醒的理智，始终和剧中人物保持一定的距离，知道自己是在演戏。18 世纪英国演员嘉理克属于表现派。他扮演理查三世，演得活灵活现，使得扮演配角汤恩娜夫人的什敦斯夫人看到他那可怕的面孔，当场就吓得惊慌失措，当时正在表现激烈

---

① 吴晓铃等注释：《大戏剧家关汉卿杰作集》，中国戏剧出版社 1958 年版，第 13 页。

情感的关头,嘉理克暗瞟了她一眼,提醒她不要打乱表演。可见他在表演过程中始终保持清醒的头脑。

　　这两个戏剧表演流派在创作原则上存在分歧,各有各的美学理论基础,往往互相排斥、互不相容。北欧一位很有才华的演员在莎士比亚的名剧《奥赛罗》中扮演伊阿古,淋漓尽致地刻画出伊阿古的狡猾、奸诈和残忍,引起观众极大的愤恨,以至于当这位演员谢幕之后走出剧场时被愤怒的观众殴打致死。当地人民为了纪念他,在海滨立了一座石碑。苏联戏剧家斯坦尼斯拉夫斯基到此地游览,看到这座石碑,听了这位演员的遭遇,十分感动。斯氏的表演体系属于体验派,要求演员从自我出发,达到忘我的境界,使演员和角色融为一体。斯氏认为这位演员的表演是成功的,观众已分不清角色和演员本人,把他错杀,他是为艺术而死的。于是斯氏在碑上题词:这里埋葬着世界上最伟大的演员。若干年后德国戏剧家布莱希特也到此处游览,布氏的体系属于表现派,他的理论要求演员在表演时着重外部表现,演员和观众始终需要保持距离。他听了这个故事后认为这位演员完全违背了表演的原则,使观众分不清角色和演员,演员被错杀,是活该。因此,布氏也在碑上题词:这里埋葬着世界上最渺小的演员。

　　这个故事反映出这两派的对立已达到水火不相容的地步。体验派和表现派无论在表演理论上还是在实践上,都是有分别的。主要区别在于:第一,体验派偏重于如实地反映人物的内心世界和精神面貌,提倡每次表演都要进入角色,做到活生生地直接体验;表现派则强调演员对生活的冷静观察,以便经多次体验和排练以后,创造出理想的范本,演员在表演时必须严格遵循"范本"的一切规定。第二,体验派主张演员和角色融为一体,与观众不保持间隔距离;表现派则主张演员和角色分开,进而与观众保持间隔距离,使观众知道演员在演戏。就审美价值而言,这两派各有所长,各有所短,可以互相补充。这两派不管在创作原则上存在多么大的分歧,有一点是相同的,即都主张演员的表演接近现实生活,故其本质都是模仿的。

　　中国传统戏曲表演流派既有体验派的特点,又有表现派的特点。就行当和程式而言,其表演特点接近表现派,但又和表现派不尽相同。表现派在表演实践中总结出的"理想的范本"并不是不可更改的定型,对于同一个舞台人物形象,不同演员会有不同的"理想范本",它是活的;而中国传统戏曲的程式则是严格定型的,任何演员演出时都要遵守,故它是死的。就中国传统戏曲表演的虚拟性和剖象性而言,它又和西方体验派艺术接近,但二者又不尽相同。体验派主张表现得逼真,尽量接近生活的原型,力争让演员和角色融为一体,与观众没有间隔距离。中国传统戏曲的剖象化表现虽然淋漓尽致地表现了人物的内心世界,但一经程式化,其表演就与现实生活拉开了距离,也就与观众始终保持了间隔距离。

中国传统戏曲表演流派又可划分为众多风格迥异的派别。每一个地方剧种就是一个特色鲜明的表演派别,如陕西的秦腔和眉户剧、山西的晋剧和蒲剧、河南的豫剧、四川的川剧、湖北的汉剧、广东的粤剧、河北的评剧、北方的京剧、南方的越剧,等等。每一个地方戏剧表演派别又有千姿百态的多种表演风格和门派,在某种意义上说,艺术修养不同的演员表演同一个剧种的同一个剧本,便产生不同的表演风格。例如京剧,其众多门派多以演员的名字命名。这是因为,风格各异的京剧表演门派都是通过京剧演员本人广泛学习与继承前辈的表演技艺,结合自身的性格爱好、生理特征、艺术修养和艺术见解而在演员的长期艺术实践中逐渐形成的,并且,在此基础上,京剧演员创造出独具特色的表演剧目、行当、程式、方式和手段。经过频繁的演出实践,得到观众的普遍认可和喜爱,以主要演员的艺术个性和独特的创造为本质特征的京剧表演门派便在舞台上形成了。京剧最著名的旦角四大门派为梅派、尚派、程派和荀派。

就表演风格和门派的丰富多样性而言,中国传统戏剧是世界舞台艺苑中的一枝奇葩,定会大放异彩,永葆艺术青春。

二、电影艺术

电影艺术与电影不是同一性概念,广义的电影与电影艺术在内涵与外延上是有区别的。电影包括新闻纪录片、文化科教片、政治宣传片和艺术片等多种类型,前三种是纯粹实用的,直接服务于现实生活的功利目的,电影艺术片则是非实用的,直接服务于人们的审美目的。我们所考察的电影艺术偏指艺术片,是电影的一个种类。

电影艺术是利用现代摄影技术等手段,综合和吸取了多门艺术的表现方式和方法而发展起来的一门艺术种类。

电影艺术的基本特点是以视觉形象为主,以听觉形象为辅,在二维空间内塑造动态的艺术形象,反映现实生活,表现艺术家的审美理想。它借助诉诸视觉的形体、明暗、色彩和诉诸听觉的音响,并以人物特有的动的画面的组合,能动地、逼真地再现生活的图画和情景。就电影的图案造型性而言,它属于再现艺术,与绘画性质相同。但电影的画面不是静的画面,而是动的画面,众多画面按照艺术家的认识逻辑和情节线索连接起来,构成一个完整有机的电影艺术形象总体。在这个电影艺术形象总体中,每一个画面没有独立性,它本身的意义往往由它与前后画面的联系决定,这又与绘画不同。把一个个画面按照情节发展线索组织起来,叙述故事情节,表现人物性格,这是电影艺术表现的一个重要特征。由此注定了电影艺术的叙事性特点。它像小说一样可以自由地叙述故事情节,描写广阔的人物环境,多方面刻画人物性格。但电影要求在一定的时间内放映完,故它又有较强的时间性要求,这就需要电影艺术在情节上比小说更集中、更凝练。就情节的集中、凝练而言,电影艺术表现情节又具有戏剧性,和戏剧接近。电影艺术的造型性接近绘画,但它克服了绘画的静止性;它的叙事性接近小说,但它克服了小说中艺术形象的间接性;它的戏剧性接近戏剧,但它又克服了戏剧舞台表演的时间、空间限制。电影可展演绘画、雕塑不能直接表现的运动,可呈现音乐不具备的造型,拥有戏剧所没有的时间和空间自由,它把文学的符号语言转化为直接诉诸视觉和听觉的直观形象。因此电影可以说是一门集多种艺术之长的综合艺术。电影艺术形象比任何艺术形象都更逼真、更直观。

1. 电影的基本审美特性——逼真性

电影可以说是集众多再现艺术之大成的一门艺术。电影形象与生活的距离最小、最真实,逼真性是它的基本审美特性。电影艺术的逼真性是由电影本身的特点而来的,与其综合利用的各种技术手段密不可分。摄影机能拍摄连续运动的画面,客观地记录它镜头中的一切视觉存在,并如实地在银幕上重现,生活的逼真再现与摄影机这一技术手段密切联系在一起。随着科学技术的发展,电影艺术的技术手段日趋先进、完善,它越来越多地掌握了再现客观现实的技术元素。20 世纪 20 年代后期,电影开始运用复制现实生活中的声音的技术(录音和播音),结束了"伟大的哑巴"时代;不久电影又获得了再现现实生活中五彩缤纷的色彩的技术,改换了它黑白的画面;电影镜头运动愈来愈灵活,照明、感光、录音技术不断改进,科学技术上与电影艺术相关的每一重大发明都增强了电影艺术逼近现实生活的可能性。

电影艺术手段的不断改进使电影的逼真性超过了其他一切艺术,它的真实感是其他艺术所难以达到的,特别是声音和色彩进入电影之后,电影艺术形象更加毕肖生活原型。本来电影是在二维空间内塑造形象的,声音介入后,人们根据声音与空间的关系,以声音的空间性来辅助表现造型的三维空间,使声音和形体和谐地统一起来。艺术家还根据声画关系,使声画同步:一辆汽车驶过,发出隆隆响声;众人热烈鼓掌,同时掌声雷动。这样就使观众见其人,闻其声。其他艺术样式则能见其人但不闻其声(绘画和雕塑),或则能闻其声却难见其形(音乐)。现代电影特别注重表现音响环境,如银幕上人物身处大山密林,除音乐之外,还要配上风声、鸟声、山泉水声,使观众觉得身临其境。

为了进一步加强电影艺术的真实感,国外一些电影艺术家试图使电影艺术形象直接诉诸嗅觉和触觉。20 世纪 60 年代国外出现一种嗅觉电影,当片中出现某种散发气味的场景时,观众可嗅到相应的气味。20 世纪 70 年代美国拍了一部轰动一时的灾难片《地震》,与之配套,在观众座位上安装一种名为"身历境"的装置,当银幕上发生地震时,观众身体便会真正感觉到震动。我们这里所说的电影艺术的逼真性,是就电影与其他艺术相对而言的。与其他艺术相比较,电影艺术形象更直接、更具体、更接近生活原型。电影艺术的逼真性既是它的一个长处,又是它的一个局限性。这是因为艺术形象越接近生活原型,它为欣赏主体留下的想象的余地就越小。若电影照相式地照搬生活原来的样子,排斥艺术家的选择、加工、改造,排斥典型化,那么它就失去了审美价值。但电影通过特有的艺术表现手法,可以削减这一局限性,这一手法就是蒙太奇。

2. 电影的表现手法——蒙太奇

蒙太奇是电影艺术表现的特殊性的产物。电影是通过连续出现的多个画面来录制物象和重现运动的,每一个画面本身是静止的,前边画面的意义总需要后边画面予以补充,因而蒙太奇就成为适应视觉连续性的需要的重要手段而出现了。蒙太奇以人们的联想和理解能力为依据,运用镜头的分切和组合,能动地揭示对象的内在联系和意义。它将两个或两个以上的镜头,按照一定的形式连续起来,从而产生一种不同于它们单独存在时的意义。这新的意义不是各个镜头原始意义之和,而是它们的乘积。在苏联影片《复活》中有一组精彩的蒙太奇镜头组合:一个镜头描写一位法官在法庭上冠冕堂皇地分析玛丝洛娃的罪行,说她是道德堕落的根源,紧接着一个回忆性特写镜头,正是这个正人君子曾在玛丝洛娃所在的妓院里鬼混。通过这两个对比镜头,使观众联想到沙皇司法界官吏是何等的腐化堕落,何等的虚伪。在中国古诗中,我们也可以看到一些类似蒙太奇的表现手法。"鸡声茅店月,人迹板桥霜。"①这就是一组绝好的蒙太奇画面。这两句诗所描写的看来是不甚相关的六种景物,彼此孤立地排列、组合在一起,其实不然。正是这六种景物的组合,十分传神地表现了征夫的羁旅之苦,创造出征夫早行的清苦、寒凉、旷远的意境。这与电影艺术中的蒙太奇手法是相通的。

爱森斯坦是电影艺术史上创造性地运用蒙太奇手法的一位大师。如果说格里菲斯的蒙太奇是二数之和,那么爱森斯坦的蒙太奇则像二数之积,是节奏的蒙太奇,而不是速度的蒙太奇。概括起来说,爱森斯坦的蒙太奇超越过去的地方在于:其一,由掌控速度转为把握节奏;其二,由表现外部的情节联系转为揭示画面之间的内在联系;其三,每一个镜头成为整个银幕形象的有机组成部分。这样蒙太奇就由客观记述手段转为抒发主观情感和表达艺术家审美理想的手段。

三、电视艺术

电视艺术和电视也是具有很大区别的两个概念。要科学地确定电视艺术的

---

① (唐)温庭筠:《商山早行》,见中国社会科学院文学研究所编《唐诗选》下册,人民文学出版社1981年版,第254页。

美学内涵,首先必须正确区分这两个概念。就电视的科学技术基础而言,它更多地与人们的现代化物质文明生活相联系。它被广泛地应用于现实生活的各个领域,为各种形式的功利目的服务。例如,电视被用作及时传达信息的工具,传播国内外的最新消息;被用于现代化的生产管理,以及银行、贸易流通的管理、控制和调节;还被用于现代军事领域,辅助收集情报、提供资料、制订作战计划和指挥战争,等等。作为家庭娱乐工具,电视也不是以审美和娱乐为唯一功能的,在一系列电视节目中往往穿插着许多非审美的内容,如新闻报道、商业广告、知识讲座等。显而易见,电视的功利实用性特点比电影更为突出,它用作实用工具的范围也比电影大得多。

电视艺术与电视的分界到底在哪里呢? 二者的分界与电影和电影艺术的分界相似,这就是电视艺术所服务的审美目的以及由此决定的电视生产过程的特殊性。当电视传达、表现美的理想和趣味的时候,它在整个生产过程和传达过程中所利用的一切技术手段都在不同程度上成为特殊的艺术语言。电视艺术的特殊性质必然制约着它的整个生产过程,文学编剧的创作,导演的第二创造,演员、摄影师和电视总编导的后创造等,构成电视艺术生产有机过程的各个环节,形成不可分割的统一体。这一过程的最终产品,便是地道的电视艺术。在这里需要特别指出的是,那些被原封不动地搬上电视屏幕的其他艺术种类,如戏剧、音乐演唱会、电影、绘画等,不能列入电视艺术之列。因为电视仅仅利用了别的艺术样式的特殊生产过程终点上的物态化产品。这些艺术产品并不是按照电视艺术语言的特殊规律生产出来的,电视的特殊艺术语言也不是作为这些艺术的生产过程的必然环节而发挥作用的,它的作用仅仅是复制原作、扩大原作的表现形式范围而已。在这种情况下,电视尽管传达了美的内容,但它不应列入电视艺术范畴,而应归于其他种类的艺术范畴。因为它所传达的不是电视艺术的审美形象或形式,而是其他种类艺术的审美形象或形式。

当电视以现实生活领域中直接存在的非审美对象、正在进行着的事件作为信息来源并加以传达时,它在整个传达过程中综合运用的一切技术手段便失去艺术语言的性质,成为纯粹的实用工具。这种生产过程的实用功利性质将艺术创造活动(包括编剧、演员和导演的艺术创造)排斥在外,至多仅仅保留了摄影师和有关的技术人员。这种生产过程的最终产品也因之失去了艺术的品格,被排斥在艺术范畴之外。不管是电视新闻,还是电视科学知识讲座,都不能被视为电视艺术,而只能算电视。

电视艺术与电影艺术的制作过程、传达手段和表现方式基本相同。在此基础上形成的审美特征也大致相同。但是二者之间也存在明显的差别,由此形成电视艺术区别于电影艺术的基本特征。

　　摄影机是电视艺术与电影艺术共同的基本传达手段,但是,二者在整个传达过程中分别运用的各种技术因素综合起来看还是有区别的。电视艺术从摄影到播放再到接收,需要一个十分庞大复杂的现代科学技术系统,如无线电广播技术、显像放像技术、卫星传播技术、遥控技术、计算机技术等。除此之外,还需要一系列配套的现代化机器和设施,如电视台、转播站、地面接收站和国际通信卫星等。电影艺术除摄影机和放映机之外,并不必需更为复杂的机器和设施,它的技术基础比电视艺术薄弱得多。在电视艺术的传达手段中,技术的成分比艺术的成分大得多,它是唯一一门以庞大的现代化技术系统为必要传达手段的新型艺术。诸多现代化技术手段结合为电视的艺术语言,特别是卫星传播技术成为电视艺术的重要传达手段之后,电视艺术便具备了电影艺术所没有的美学属性,因而二者由各自的基本物质媒介所规定的基本审美元素也不尽相同。如果说构成电影艺术的基本元素是镜头,绘画性质的造型因而成为电影艺术的审美基础,那么构成电视艺术的基本元素便是场面,舞台再现性质的表演因而成为电视艺术的审美基础。除这一最基本的审美特征之外,电视艺术还有以下几个显著特点:

　　第一,它在反映现实美、叙述故事情节方面,比电影艺术具有更大的时间和空间自由。在所有的艺术种类中,电视艺术是受现实时空限制最小的一门艺术:在空间上,它可以突破国家或地区的地域界限,摄取或转播不同国家的现实生活领域和艺术领域中的美的现象、美的信息;在时间上,它可以将摄取的美的生活画面、复杂的故事情节放在连续不断的电视节目中剪切、拼接并择时播放。电视艺术所特有的时空自由性也表现在它的艺术结构形式上,它往往将多种不同形式的艺术内容甚至是非审美的日常生活内容结合在一起,形成一个内容庞杂、结构松散、覆盖面较为广大的艺术画面。这些画面被组织在一个仅有某种外在联系的电视节目之中,它可以在时间上任意分割开,再任意连续起来。电视节目的总框架内的各个部分也可以任意调换位置。在这两种情况下,那些构成一个电视节目总目录的组成部分或增或减,因其相对的独立性,都不会在总体上增加或失去多少审美价值。

　　电视艺术的时空自由在接受主体方面也有特殊的表现。电视艺术借助卫星传播技术手段,使世界范围内的观众在不同的空间中同时接收同一个电视节目成为可能。这对别的艺术而言是不可思议的。这样就将不同国度的观众结合为一个最广大的接受群体。这个接受群体又与戏剧和电影的接受群体不同,它无需将观众集合在同一个空间场地(剧场或影院),电视观众身处无数的家庭或办公室里,各自独处,彼此离散。这样一来,接受群体便分割为无数相对独立的个体或小群体。这些众多的个体或小群体既彼此分离独立,又在无形中相互联系,形成一个统一的大群体。电视艺术的接受与欣赏也不像电影艺术或戏剧那样具有严格的时间规定性。它的播出可以被穿插于电视节目中的其他内容所打断，甚至可以间隔数日之后再接续起来。观众也随着电视艺术断断续续的演出看看停停。这显然是电视所特有的一种接受方式。

第二，与其他种类的艺术相比，电视艺术与现实生活和观众保持着最近的审美距离。电影艺术可以算电视之外的诸种艺术中与生活的审美距离最近的一门艺术，然而它与生活的接近程度又远不及电视艺术。电视艺术可以将现实生活和艺术审美生活中正在进行的美的现象，迅速准确地按照生活本身的形式传达给观众，因而使艺术与生活、观众与艺术及生活达到融合无间的程度。而电影则没有这种审美功能。尽管电影的摄影也是以生活本身的形式逼真地反映现实生活，但它必须将拍摄的影像凝固在胶片中，使之成为静止的物质化形态。这个过程有时拖得很长，这样一来，便加大了观众与艺术、观众与生活的时间、空间距离。电视艺术则有现场直播的功能，可以将摄影镜头所拍摄的影像当场直接、迅速地传播给观众，观众可以借电视这个千里眼观看当时正在展现的美的事物。在这种情况下，观众的观赏、艺术的传达与生活的运动是同步进行的，在时间上没有明显的间隔距离。

第三，电视艺术在与其他诸种艺术互相影响、互相吸收的关系中，具有最大的融合力和整合力。电视艺术的艺术语言可以表现各种形式的艺术，各类艺术可以通过电视的艺术语言和外在的电视节目框架组合在一起，形成多种艺术的大合唱。尤其是文学、音乐、舞台表演艺术、电影艺术与电视艺术的关系尤为密切。它们相互影响，相互融合，在电视艺术与文学、戏剧、音乐、电影艺术交叉的边缘地带形成一系列综合性电视艺术。这种巨大的融合力和整合力是其他艺术所没有或少有的。

上述这些特点也正是电视艺术的基本审美特性之所在。

第五节 实用艺术

实用艺术与上述各类艺术在美学上存在两大原则性区别。第一，所有实用艺术在一般情况下直接存在于现实生活领域，作为满足各种生活需要的对象而发挥作用。它们因而成为现实生活世界的组成部分。艺术世界中没有它们的独立存在领域，只有在特定条件下设立的陈列台、展览台、橱窗和博物馆中，那些暂时或永久退出生活领域的服装、家具、装饰织物、瓷器、珠宝饰品、武器和劳动工具等，才独立地出现在参观者、欣赏者面前。即使在这种情况下，这种被分离出来的独立存在的生活实用品也不是纯粹的艺术作品或审美对象。第二，在制作、建造材料的种类和范围上,实用艺术所拥有的可利用领域远比其他艺术所拥有的领域宽广许多。在某种意义上说,现实生活中制造物质产品的可利用材料有多么丰富,实用艺术的制作材料就有多么丰富,并且这些材料首先不是为了审美,而是为了实用而存在的。实用艺术可从体积、空间存在方式以及技术含量方面区分为三类:一是建筑,二是工艺,三是"迪扎因"。建筑体积比较庞大,固定于一定的空间或场所,不可移动;工艺的体积或面积比较小,没有固定的空间和场所,是可移动的;"迪扎因"是技术含量最高的现代工艺,它以其技术的现代性,消解了传统建筑与工艺的区分界线。

一、建筑

建筑是实用与审美相结合的一种静态的表现艺术。作为一门艺术,它所呈现的是自身的外观、形式、美的样子或造型。其形式或造型所固有的实用性内容则被剥离出去,暂时退出人们的审美视野,尽管在客观现实生活中建筑的实用性始终占据中心地位,主导、支配着它的审美性。建筑艺术是呈现在审美视野中的建筑。在此前提下,建筑艺术的物质媒介或艺术语言也不是原来意义上的全部建筑材料,也被暂时剥离了其固有的实用性内容,呈现为多元素的组合形式。这些元素主要有空间组合、体型、比例、尺度、质感、色调、韵律等。建筑艺术通过建筑物的体积、布局、比例、空间安排、形体结构,建筑材料的质地、色彩,以及各种装饰,如壁画、壁灯、顶灯、浮雕、荧光屏等,形成一种意境、韵律和情调,表现一定社会的情感和精神。

单就建筑艺术的表现形式而言,建筑和其他艺术种类既有共同点,又有显著的区别。

建筑是在三维空间中存在的静态的立体艺术,其空间性特点与雕塑有某些接近、相通之处。建筑与雕塑一样,都以其可视的形体直接诉诸视觉,并以其多维度适应视觉活动的全方位视角;建筑与雕塑都能以其坚固结实的质感引起一种触觉的联觉。同时,二者又有显著的区别。建筑的优美或壮美的形式所体现的形式感,可能唤起有关人的体貌、性格特征的联想和想象,但这只是表现的,建筑不直接模仿人物形象或自然物象。而雕塑的审美本性是再现的,其艺术形象是对现实生活中人与自然事物的具体地再现和模仿。建筑材料的合规律与合目的的有机结合给人以韵律感和节奏感,这使建筑与音乐发生深刻的内在联系。谢林把建筑称作"凝滞的音乐"[①],这种见解有一定的依据,但他只强调了建筑与音乐的联系而忽视了二者的区别。由于建筑直接诉诸视觉,它有明确固定的空间形式或形象,所以不

---

① 　[德]谢林:《艺术哲学》下册,魏庆征译,中国社会出版社1996年版,第264页。

能像音乐那样在时间的流动过程中更加自由和可变地反映人内心的思想情感。建筑和音乐相似,同样以直接表现主观情感与精神为目的,但是建筑直接服从于人的一定的实用目的,材料必须首先按照自身的规律和人对建筑物的实际需要组织起来,而音乐所运用的流动的物质材料(音响)则直接服从于人们表现情感的审美目的,遵循的是美学规律。建筑的表现性可以归纳为以下三点。

1. 建筑表现的意境美

建筑通过借景形成一种意境美。不可移动的固定地点或场所对建筑物的限制是建筑存在的一个空间特性。因而如何处理好建筑物与周围环境的关系是构成建筑审美属性的重要条件。建筑的艺术性要求建筑物与周围的环境互相配合、协调一致、融为一体,以此营造或宽旷、或幽深、或雄伟壮丽、或小巧玲珑的意境。例如中国园林建筑,采用借景(又可分为近借、邻借、仰借、俯借、镜借等多种)、分景、隔景等手法,采用山重水复、独钓寒江、世外桃源等艺术处理,用以构成广阔、深远、多姿多彩的艺术境界,丰富人们的审美感受。北京颐和园的建筑艺术就充分体现了这一点。颐和园巧妙地采用了"近借"和"远借",把它背后的玉泉山以及远处隐约可见的西山作为"借"来的背景,纳入它的整体结构,从而构成一个更加广阔深远的建筑艺术境界。

2. 建筑表现的时代精神

建筑通过高度概括的抽象形式或象征手法表现一定的时代精神。中国在漫长的封建时代所建设的两千多座城市,所有建筑物(宫殿、庙宇和民居)的规格、格局、规模乃至色彩、图案装饰,都有高低、尊卑之分,以突出等级森严的伦理秩序,共同体现帝王高于一切的专制统治主题和封建时代精神。比如皇宫的主色调是大红配黄,龙、凤是其主要装饰图案。因为红与黄被看作最尊贵的颜色,而龙、凤则是皇帝和皇后的象征。这些颜色和图像,除庙宇之外,是基本不出现在民居建筑之中的。随着封建制度的寿终正寝,这些曾经高贵的颜色和图案毫无禁忌地进入寻常百姓家,点缀、装饰着民居建筑,这体现出平等、自由的现代精神。建筑艺术的形式所表现的内容具有模糊性。许多古代的优秀建筑艺术虽在当时蕴含着确定的内容,但在后世可能被赋予新的意义。例如我国的天安门,在明清之际,它凸显、渲染着皇权的威严,但在今天,它又成为新中国的象征。欧洲十七八世纪的巴洛克风格和洛可可风格的建筑,以其豪华繁缛的装饰,显示了当时的精神风貌和美学追求。

建筑艺术在其形式上所显示的独特风格,表现出特定的时代精神,包含着深刻的历史因素。巴洛克风格和洛可可风格的形成与当时欧洲盛行的人文主义和启蒙主义关系密切。在某种意义上说,没有人文主义和启蒙主义对人的思想的解放,就没有建筑的巴洛克风格和洛可可风格。

3. 建筑表现的民族精神

建筑通过整体性的结构组织、空间布局、象征形式等,集中表现一定的民族精神。任何一种艺术形式都在不同程度上体现着民族性,但比较而言,建筑艺术的民族性又有其独特性。如果说音乐、舞蹈是通过直接表现个人心理、情感而间接表现民族共同心理的,那么,建筑则是通过其整体结构和外观形式直接表现民族共同心理的。在这个意义上讲,一定的建筑艺术形式和风格就是一定的民族性格和民族心理的对象化、物态化显现。如建造于我国封建社会后期的北京故宫,严整地沿中轴线布局,有前序、有过渡、有高潮、有结尾,十几处院落和几百所殿宇纵横穿插、高低错落,再加上对比强烈的色调和各种装饰物,把皇帝的权威渲染得淋漓尽致,使亲临其境者自然产生对皇权威势的感受和联想。但是故宫同时洋溢着温暖的人间气息和清晰的理性精神,它带给人们的是亲切感而不是恐惧感,它在人的心目中是地上凡人的居所,而不是天上神仙的宫殿。故宫以其扎根大地的横向式结构布局,集中体现现实的、入世的理性精神,这是汉民族长期在儒家思想熏陶下形成的共同心理、性格。

再如北京天坛体现天圆地方、天人感应的思想,也是中国传统的哲学思想;中国园林建筑尤其是苏州园林,处处流露着隐逸超世、寄情山水的情趣,无一处不显现融融泄泄的和谐,这是天人合一的中国传统思维方式的集中体现。

西方哥特式教堂以其纵向式结构、夸张的尖顶、光怪陆离的色彩,表现出超越的出世的神秘主义精神,渲染出肃杀森然的气氛,荡尽人间的现实气息,充满跻身彼岸的浪漫情调。所有这些都集中体现着基督教超越尘世的彼岸精神。

归根结底,建筑艺术风格的丰富多样性依赖于建筑材料的无限多样性,它随着物质生产力——主要是科学技术——的发展而发展。随着人的各种需要不断产生,建筑的品种、样式也日益多样化。建筑艺术的审美特性特别受其所使用的物质媒介的制约。在当代中国,科学技术的每一新创造、发明都引起了建筑材料、设计、施工方面的重大革新:预制构件、薄壳结构、玻璃钢、塑料制品等新建筑材料的制作及其技术的运用,催生了以"鸟巢"和"水立方"为代表的大型现代建筑。其突出科学理性的鲜明的现代风格与故宫突出民族性的传统风格形成鲜明的对比。不断进步的科学技术为现代建筑提供了日新月异的可能性,建筑艺术获得了新的表现力,越来越绚丽多姿、丰富多彩。

二、工艺

工艺是实用艺术的一大种类,它与建筑艺术几乎平分了整个实用艺术领域。工艺与建筑的主要区别在于其空间的存在特点和方式:它的体积或面积比建筑小得多,并且不受固定地点和场所的限制,是随时随地可移动、搬迁的。单从外延来看,工艺指除建筑以外人类所有的日常生活用品的制造工艺。它包含许多品种和样式,莫·卡冈将工艺归纳为四大品种:(1)纺织-服饰工艺,包括棉织、丝织、编织、上彩、印花等工艺;(2)珠宝工艺,即金、银、玉、宝石等贵重材料的艺术加工与创造;(3)器具工艺,即实践生活活动的各种工具和用具的制作工艺,主要包括日用生活和祭祀的器皿、生产工具、仪器等;(4)室内陈设工艺,包括家具(衣柜、橱柜、书柜、餐桌等)、办公用具(写字台、手术台、绘图桌等)、工业设备(钳工台、机床、工作台等)。① 所有这些工艺都以具有某种使用或实用价值的产品为载体,这样的产品通常称为“工艺品”。所谓工艺品,是指日常生活用品经过艺术化处理之后,带有鲜明的审美价值的产品。工艺指工艺品在其生产过程及其结果中始终存在并显现着的技术和艺术,它是工艺品审美价值的集中体现。显然,工艺与工艺品不是同一概念。

　　根据工艺品的空间存在特点,工艺的四大品种可归约为两类:一是二维的平面的图案装饰工艺,纺织-服饰工艺是它的中心样式;二是三维的立体的造型性工艺,器具工艺、珠宝工艺和室内陈设工艺都属于这一类。这两类工艺由于各自的物质实体——产品自身——的存在方式不同,其审美特性也有所区别。纺织-服饰工艺突出的是图案、线条、色彩、形式的美,如苏州绸缎纺织品中常见的花鸟图案、寓意吉祥的“福”“寿”艺术字图案,戏剧演员服装中的龙凤图案、云纹、水纹、“卍”字勾连图等。这些图案、文字和纹样都不是对现实生活中具体对象的直接的模仿或描写,而是从流传久远的民族审美传统中继承、沿袭而来的,它的现实内容已被历史过滤掉,积淀为纯粹的形式。它属于抽象的形式美范畴,适宜于表意或表情,所以这一类工艺的审美本性是表现的。第二类工艺突出的是造型的美,它的三维性实体材料为多样化造型提供了有利条件。现代仿生技术的广泛应用为现代工艺设计和造型的多样性创造了极佳的条件,现实中种种生物或动物的形体结构成为产品结构外形的模仿对象,如飞机的外形结构就是对飞鸟形体的模仿。比较而言,立体的工艺品比平面的工艺品在形象塑造方面具有更大的空间自由,这使它能够更多、更有利地吸收雕塑和绘画的艺术元素,从而加强它自身的造型性。但是这并不能从根本上改变实用艺术固有的表现性质,像音乐中再现性因素一样,立体工艺品的仿生结构和写实性图像、景象都不提供具体的背景,更不叙述故事情节、刻画人物性格,所以是抽象的描写,而不是具体的再现。归根结底,立体工艺的造型是表现的。由此看来,一些美学家把牙雕、根雕之类的艺术归入实用艺术范畴是极不妥当的,这些艺术本来属于雕塑

---

① 参见[苏]莫·卡冈《艺术形态学》,凌继尧、金亚娜译,生活·读书·新知三联书店1986年版,第374~375页。

艺术。

像建筑艺术一样,实用价值和审美价值的统一是工艺美的本质特征。一般情况下,在所有工艺品中实用价值始终压倒审美价值,审美价值仅仅是一种附加价值。所以要单纯地把握工艺的审美价值和审美特性,必须把工艺的形式与它附丽其上的物质实体——产品——主观地分离开来,暂时忘却或有意忽略工艺品的实用价值,全神贯注于它的外在形式美,按照形式美的规律和法则接受工艺美。这样一来,呈现在人们审美视野中的便是工艺造型的精巧奇特和玲珑剔透,线的流淌飞动,色的冷暖温凉,结构的对称与和谐,景象的情采飞扬,这一切都烘托、渲染出某种趣味、情调和气氛,传达着或热烈紧张、或静谧亲切的意味和情趣,集中体现着合规律性、合目的性的美的形式规律。

与其他种类的艺术相比较,工艺与建筑一样,其艺术对技术的依赖性更大、更强。在一定意义上说,技术是工艺艺术实现自身的决定性手段,离开一定技术的有效操作和制作过程,工艺的审美价值便无从显现、实现自身。例如纺织工艺,纺织品的精美艳丽的图案和花纹最初是由美工或画师设计、创造出来的底样,这是纯粹的艺术,但不是最后完成的现实的艺术品。它还得通过掌握印染技术的印染工人来实现、完成,印染工人成为继画师之后的第二生产者、最后完成人。事实上纺织工艺品是由纺织工匠、印染工匠和美工共同生产、制作而成的。在整个生产过程中,纺织工和印染工始终发挥着主导的决定性作用,不仅纺织工艺品的制作如此,其他工艺品——例如陶瓷器具等——的制作也是如此。这种情况在其他种类的艺术的创作中是极其罕见的,甚至是绝无仅有的。技术与艺术的紧密结合在工艺的审美效果及其评价中达到高度的渗透、融合,以至于人们很难将技术与艺术截然分开。面对一件精美瓷器的瑰丽图案与纹样,你很难断定这显现的到底是陶瓷工匠的高超技术,还是画师的卓越艺术。这种情况在其他种类的艺术中也是很少见的。

三、迪扎因

"迪扎因"来源于英语单词 design,原意为设计、筹划等。随着现代化工业生产和工业技术的发展,它被赋予新的含义,主要指艺术设计活动。"迪扎因作为二十世纪六十年代出现的一种新的社会实践形态,在现代科学的基础上把艺术与技术密切地结合起来,使各行各业的工程技术设计提高到艺术设计的水平。"[①]

长足发展的现代科学技术被广泛地应用于现代工艺,进一步强化了工艺艺

---

① 凌继尧:《苏联当代美学》,黑龙江人民出版社 1986 年版,第 311 页。

术对技术的依赖性,并从根本上改变了整个传统实用艺术的存在面貌。工厂的现代化机器生产取代了作坊的手工艺制作,由此产生了崭新的实用艺术——工业艺术,即迪扎因。工业艺术或迪扎因是由传统的实用艺术历史地转变而成的现代工艺,"往昔以画家本人画上花样的手工方式为基础的图案装饰艺术,由供机器生产的图案设计所代替(机器可以生产任何数量的绝对相同的复制品);以书法作为中心环节的手抄图书艺术,由印刷图书的艺术设计艺术所更换"①。同样的情形出现在传统实用艺术的其他领域,于是传统的建筑艺术为建筑-迪扎因所取代,传统的交通工具的制造被运输-迪扎因所更替,等等。工业艺术的出现极大地拓宽了工艺的存在范围,哪里有现代化机器生产,哪里就有工业艺术。与此同时,单纯满足人们生活需要的实用产品的范围越来越小了。

"迪扎因"这个术语虽然在不同的地域和学术界得到了广泛传播,但是它尚未获得一个准确的、统一的定义。诚如苏联格拉济切夫所指出的那样:"虽然西方关于迪扎因的著述已经有了半个多世纪的发展,都谈不上其中有一致的观点。问题在于,'迪扎因'相当经常地表明工业中艺术家的活动本身,而更经常地表明这种活动的产品(物品或物品的系统),而有时则表明整体上的活动的组织领域。在一些情况下,对于迪扎因的解释极其广泛,远远超越了表明艺术家解决工业生产任务的活动的范围。"②

1964年国际迪扎因讲习班就迪扎因所下的定义被认为是权威性的:"迪扎因是一种创造性活动,其目的是确定工业产品的形式性质。这些性质也包括产品的外部特征,但主要包括将产品变为以消费者和制作者双方观点来看的统一整体的那些结构和功能的相互联系。"③这个所谓的权威定义片面地将迪扎因定义为现代工业产品生产制作过程中的一种艺术设计活动。实际上,迪扎因是技术生产、艺术设计活动及其产品三个环节的不可分割的统一体。这就与传统工艺中工匠的手工制作、艺术家的艺术设计与工艺品三者紧密联系、不可分割的情形一样。有所不同的是,作为技术、艺术活动过程与其结果的统一,迪扎因是通过规模性现代化机器生产完成的,而不是通过个体的手工艺完成的。更准确地说,迪扎因是在现代工业生产与制造过程中,普遍形成的技术设计与艺术创造相融合、实用与审美相统一的工业艺术,或现代新工艺。

迪扎因或工业艺术至少有三个重要特征是传统的工匠工艺所不具备的:第一,其制作途径和手段不再是以个体手工艺为基础的作坊式生产或个人劳动与创作,而是筑基于现代科学技术基础上的工厂化机器生产,科学技术成为工业艺

---

① [苏]莫·卡冈:《艺术形态学》,凌继尧、金亚娜译,生活·读书·新知三联书店1986年版,第373页。

② 凌继尧:《苏联当代美学》,黑龙江人民出版社1986年版,第311页。

③ 凌继尧:《苏联当代美学》,黑龙江人民出版社1986年版,第311~312页。

术生产过程中支配一切的决定性力量或元素。

　　第二，工业艺术品具有批量生产的雷同性和可复制性，它直接体现的是机器生产的共性，而不是艺术家个人的创作个性。在这里显然是技术压倒，甚至淹没了艺术。但是另一方，现代科学技术又极大地提升、扩张了传统的工匠工艺的形式表现力，比如现代建筑利用霓虹灯、荧光屏作为装饰，极大地增强了它在夜间的视觉效果，再配以悦耳的音乐，它便成为在夜幕下"说话、亮相"的"活建筑"，这在传统的建筑艺术中是不可想象的。再以桥梁建筑为例，若将传统的桥梁建筑与现代迪扎因-桥梁建筑做对比，二者在形式表现上的优劣便判然分明。两相比较，不难看出：迪扎因-桥梁建筑使用钢索斜拉技术等，其线条比传统桥梁建筑的线条更突出、更具张力、更有表现力，它为人们开拓出极其宽广的想象空间，把直线与曲线的表现力发挥到无以复加的地步。

　　第三，迪扎因以广泛普及的现代科学技术为基础，摒弃了传统的手工艺，进而消解了传统实用艺术因技术难易、体量大小而形成的区分界线，主要是建筑物与工艺品的区分界线。例如 3D 打印技术的发明与应用，使楼房的建造与花瓶的制作失去了本质的区别。

【本章复习重点】

一、基本概念

语言艺术　绘画　雕塑　音乐　舞蹈　戏剧　电影　电视　建筑　工艺　迪扎因

二、思考题

1. 如何理解语言艺术的基本审美特性？

2. 造型艺术与表演艺术的根本区别是什么？

3. 实用艺术的本质特征是什么？

4. 何谓迪扎因？

5. 简述绘画、雕塑、音乐、舞蹈、戏剧、电影、电视、建筑和工艺的审美特性。

第七章　分层显现的审美现象

审美现象无论从审美对象来看,还是从审美主体来看,都不是二维的、平面的,而是多维的、立体的。美在形式,但不仅仅是形式,所谓"有意味的形式",说的就是形式背后深藏某种意义或内蕴。就审美主体的美感经验而言,美在感性又不唯感性,美感是感性与理性的统一。康德认为以快感或不快感为形式的趣味判断中包含着概念和目的性,此说揭示的就是这一事实。对自然美、社会美的感受如此,对艺术美的感受也是如此。

第一节　审美对象显现自身的三层次

一、形式层

美作为审美对象而存在,首先呈现为具体可感的形式或形象。在某种意义上说,审美就是"看样子","样子"就是形式,形式是美的最浅显的直接诉诸感官的第一个层次。

唯物主义美学认为美是客观的物质的并不是毫无根据的。单从美的形式来看,它确实是由种种物质元素构成的结构组织和感性形式。无论是自然美、社会美还是艺术美,其形式无一不是由声音、色彩和有形材质等物理元素构成的物质结构或形象体系。这些形式或形象本身因其构成元素的物理属性而禀有某种潜在的审美特性,这一点我们在论述自然美时已经具体分析了。

对象的形式本身具有潜在的审美特性是有条件的。这意味着并非一切客观对象的形式都有美的潜质,只有合规律合目的性的对象形式才具有美的潜质和可能性。

美的形式首先是合规律性的。美学上把这些规律性称作形式规律或法则,主要有整齐一律与多样统一两类。前者呈现的是形式结构各部分之间的组合规律,包括匀称与比例、对称与均衡、反复与节奏;后者呈现的是形式或形象总体的组合规律,包括和谐、对比与调和。

黑格尔说:"整齐一律一般是外表的一致性,说得更明确一点,是同一形状的一致的重复,这种重复对于对象的形式就成为起赋予定性作用的统一。"①节日庆典中游行表演方阵中的人群、律诗中的音节,其排列都是整齐一律的。这是反复的最简单的方式。各种物质材料按照形体的大小高低以相同的方式排列,就形成单纯的反复。林荫道上一棵槐树、一棵柳树间隔种植,就是从错杂中见反复。有规律的反复形成节奏。节奏是事物运动规律的正常体现,也是生命运动规律的正常体现。昼夜交替,春秋代序,人体的呼吸、脉搏,走路时两手的摆动,作息的一张一弛,都是生活中的节奏。音乐节拍的强弱、长短等交替出现,舞蹈动作的反复变化,建筑物上窗户、柱子的排列,园林中花草的间隔栽培、亭台山水的错落有致,绘画中垂直线、水平线、斜线、曲线的重复配置和冷暖色、明暗色的反复调和,诗歌的韵律与平仄声调安排,戏剧、电影中紧张场面与抒情场面的交替安置等,都形成节奏。

如果说反复与节奏是整齐一律的加法和乘法,那么,匀称与比例则是整齐一律的除法。前者反映的是事物形式及其构成要素之间同量叠加与累进关系,后者反映的则是事物形式要素之间相互含摄、包蕴的常量与尺度。事物,尤其是有生命之物在其存在和运动中有常量,有变量。常量就是在变量中相对稳定的尺度。这一尺度使事物形式的一些要素与另一些要素之间长期保持不变的合比例关系。比例是事物形式要素之间内部的包蕴关系,匀称则是比例的外在显现或合尺度的外现。凡是合比例的事物形式必然是匀称的,凡是外观或外在形式匀称的事物,其内在结构组织及其诸多元素之间必然存在合比例的关系。毕达哥拉斯总结出的"黄金分割律"讲述的就是事物形式要素的内在不等量分割所形成的比例。比如一根木棍分为长短不等的两段,当短与长之比为 1:1.618,其近似值为 5:8 时,它便合乎黄金分割律。把这一比例推广于长方形,使宽与长之比等于 5:8,这便是最匀称、美观的长方形;人体合乎这个比例,也是匀称、耐看的美身材。人的身高以肚脐为分割点,身材上、下之比正好合乎黄金分割律,无论高矮,此人看上去总是匀称、顺眼的。再如人体的美脖颈,增一分则长,减一分则短。其妙处在于它合比例,脖颈的长短与脸的大小、肩的宽窄、身体的高低之间都有恰到好处的比例和尺度。合乎尺度则美,不合乎尺度便不美。

对称是生命结构的对象化形式,其原始根据是生物自身结构的一种合规律的存在形式。凡是有生命之物,其身体结构一般都是对称的。早在狩猎与农耕时代,古人就发现了动物体、植物叶脉的对称规律。人体的外部器官是左右对称的,很多花朵呈辐射对称。在长期的生活实践中,人们认识到对称对于人的生

---

① [德]黑格尔:《美学》第一卷,朱光潜译,商务印书馆 1979 年版,第 173 页。

存、发展有着重要的意义,不仅挑担、走钢丝等需要对称,而且许多生产工具、交通工具也需要对称。人所创造的事物的对称形式,实质上是人通过生产实践活动将自身的内在生命结构在他所创造的对象世界再度呈现出来。因此,事物的对称形式会给人们以审美的愉悦。

均衡是对称的演变形式。如果事物在左右、上下、前后等相对方位的布局上出现等量(这个量不是单纯的量,而是与质和力密切联系的量)不等形的情况——即双方虽然在外形上大小不同,但内在力的分量却是相等的、对应的,则被称为均衡。对称自然也是均衡,是一种机械的均衡;而一般所说的均衡,则为构成对称的双方在外表上有变化、有差异的均衡。均衡可以分为天平式、杆秤式、跷跷板式等多种。

整齐一律演进到均衡,外表的、纯量的同一性已被打破,形式规律开始由表及里,由量到质,由同一、单一发展到差异和多样,出现更高级、更复杂的形式组合规律,即多样统一或有机统一。

从构成形式美的物质材料和元素的总体关系来看,其基本规律就是多样统一。和谐是多样统一的本质特征。老子说:"万物负阴而抱阳,冲气以为和。"[1]表达了对立而统一的辩证法思想。和谐的实质是对立、差异的统一或同一,没有对立就没有和谐。古希腊数学家尼柯玛赫说:"和谐是杂多的统一,不协调因素的协调。"[2]一语道破了和谐的本质。"多样"是整体中所包含的各个部分在形式上的差异与对立,"统一"则是指各个部分在形式上的某些共同特征以及它们之间某种关联、呼应、衬托的关系。"多样统一"就是寓多于一,多统于一,在充满对立与差异的丰富多彩的表现中保持某种一致性。

多样统一包括两种基本类型:一种是各种对立因素之间的统一,谓之对比;一种是多种非对立因素相互联系的统一,形成不太显著的渐变和变化,谓之调和。以色彩而论,浅蓝、天蓝与深蓝,淡黄、金黄与黄橙,粉红、大红与赭红,都是具有同一色相的同类色,各按其浅深程度逐层排列在一起,彼此之间色彩和谐;音乐中利用谐音原理使两个以上的音按一定规律同时发响,形成和声;古典建筑配上古色古香的古瓶古画,形成建筑物内外格调的调和,等等。而相互对立、相互排斥的因素结合在一起而形成的和谐比非对立因素的统一更具美的魅力。不同的色、形、声因素在质、量、空间、时间等方面都可以形成强烈的对比。"蛇形线"、太极图都包含着明显的对立因素,形成对立的平衡统一。"大漠孤烟直,长

---

① 汤漳平、王朝华译注:《老子》,中华书局 2014 年版,第 165 页。
② [古希腊]尼柯玛赫:《数学》,见北京大学哲学系美学教研室编著《西方美学家论美和美感》,商务印书馆 1980 年版,第 14 页。

河落日圆。"①"蝉噪林逾静,鸟鸣山更幽。"②这些诗句都是把两个明显对立的因素放在一起,得到相反相成的审美效果。无论是对比还是调和,都要有变化,在变化中见出多样统一的美。③

审美对象的物质形式及其元素的合规律的美是最表面化、感性化、大众化的美,不同文化教养的审美主体都能不同程度地感受、接受它,普通工人、农民、市井小民、肩挑叫卖货郎脱口而出的"美",一般都是这一层次的美。

二、意蕴层

美不仅是形式,形式背后有某种诉诸理性的意义或意蕴。这隐含的意义或意蕴是审美对象自身存在、显现的第二个层次。

虽然美的形式所隐含的意义与审美主体的体验和理解密切相关,但它的根基不在审美主体,而在形式美本身的结构方式和显现特点。细细推究,审美对象的物质形式具有两重性,它既是一种物理性的结构组织,又是承载一定精神信息的形象文本或广义的符号系统,艺术美的形式如此,现实美的形式也是如此。作为符号系统,美的形式必有所指,指示一定的意义或价值。康德认为,美是对象的主观合目的性的形式④,以此主观合目的性与现实世界中实用事物的客观合目的性相区别,比如犬守夜、鸡司晨、马乘、牛耕等,都具有客观的合目的性。美的形式虽然没有这种明显的客观价值和意义,但它指示、揭示着人的生存的某种目的,显现人的精神价值和意义。这主观的精神价值和意义就是美的形式作为符号系统直接指示的东西,它不是审美主体凭空赋予其中的观点或概念。陈毅有礼赞松柏的名句:"大雪压青松,青松挺且直。要知松高洁,待到雪化时。"⑤诗句所描写的青松顶雪直立、挺拔不屈的外观,是青松固有的物质属性和物种特征。但稍有一点诗词赏析能力的人都知道,青松的这一外观或形式不仅指示它自身的客观属性和本质,而且指示人的某种价值和意义,即威武不屈的高洁品格和人格。这一形式所指如此,不是别的道德品质和人格,如孝悌、忠诚,是因为青松的形式的物质属性和特征与坚贞不屈的人格精神之间具有某种相似性和一致性,由此一致性将青松的形式所指自然而然地导向人的特定的内在精神价值和意义。假如有人想通过芦苇或紫藤的外观来歌颂坚贞不屈的品格,那一定会贻

---

①　(唐)王维:《使至塞上》,见中国社会科学院文学研究所编《唐诗选》上册,人民文学出版社 1978 年版,第 114 页。

②　(南朝梁)王籍:《入若耶溪》,见(清)沈德潜选《古诗源》,中华书局 1963 年版,第 320 页。

③　参见刘叔成、夏之放、楼昔勇等《美学基本原理》,上海人民出版社 1997 年版,第 90~96 页。

④　参见[德]康德《判断力批判》上卷,宗白华译,商务印书馆 1964 年版,第 74 页。

⑤　陈毅:《冬夜杂咏》,《诗刊》1962 年第 1 期。

笑大方:"大雪压紫藤,紫藤挺且直。要知藤高洁,待到雪化时。"这样的歪诗能登大雅之堂吗? 紫藤压根就没有挺拔笔直的干枝,它经常依傍着别的高大劲直的植物生长。这样的外观无论如何也无法令人联想到坚贞不屈的人格。美是对象的主观合目的性形式,这一美学定理揭示的正是美的形式的定向性所指:它揭示的不是科学意义上的客观事实,而是人的生存目的、价值和意义。车尔尼雪夫斯基也曾说:"任何东西,凡是显示出生活或使我们想起生活的,那就是美的。"①这里说的是同一个道理和事实,即审美对象的定向性所指,或美的形式所指的定向性。美的形式指向人、人的生活与生存,舍此别无所指,尤其不指向与人和人的生存无关的客观事实。美的形式的意蕴,归根结底乃是人的生存或生命的意义。

审美对象的形式一般情况下以两种方式与生命意义相关联:一是以肯定的方式直接表现生命的意义,在这种情况下,美的形式与其意蕴内外合致,和谐一体,内在意蕴就是外在形式,反之亦然;一是以否定的方式间接表现生命的意义,在这种情况下,美的形式与其意蕴处于分裂、矛盾、对立状态,呈现为乖谬、不和谐,这便是丑和崇高。丑与崇高的共同特点是,其形式是对生命的直接否定或阻滞。所以,要使丑升华为美,将生命的否定意义回转为生命的肯定意义,就必须首先超越丑的有限形式,以主体的理性自由绽放无限,再度肯定生命。这样一来,审美对象的意蕴便随之升华为无形式或超形式的表现,显现为非实体性的象外之象。

三、非实体性和多义性层

审美对象自身显现的第三个层次是它的非实体性和开放的多义性。

根据哲学的一般常识,实体是万物的不变的基础,它和单个事物的可变性相对立。唯物主义认为物质就是这样的实体,而在唯心主义者看来,精神、观念是实体。英国唯心主义哲学家贝克莱认为存在就是感觉的复合,感觉就是实体。在一般科学和心理学的意义上,实体确实有物质实体与精神实体之区分。任何客观事实、事物都有其持存自身的本质,这不变的客观本质就是事物的物质实体,它是科学所要揭示的对象。人们对事物的正确感知、认知和理解,以及由此形成的感性经验和理性概念,与它所反映的客观事物相对应而存在。这些精神现象也是持久不变的,尤其是那些正确揭示事物本质的理性概念,可能比它所反映的对象更长久、更永恒,具有实体的存在特征,所以称之为精神实体。

审美对象的形式所指示的既非物质实体,也非精神实体,这是它的非实体性

---

① 〔俄〕车尔尼雪夫斯基:《艺术与现实的审美关系》,周扬译,人民出版社 1979 年版,第 6 页。

的集中体现。但这并不意味着审美现象的非实性显现等于虚无。其非实体性确指的事实是,美的形式所指示、显现的精神价值和意义是非逻辑、非概念的,其丰富的内涵不是单一的判断或科学定理所能完全揭示出来的。康德说:"美是那不凭借概念而普遍令人愉快的。"①根据普通逻辑学的常识,普遍性是通过概念来实现的,没有概念就没有普遍性可言,而在美的判断或显现中,没有概念却出现"表象样式的主观的普遍传达性"②。依据康德之见,这种主观的普遍性实质上是"在想象能力的自由活动里和悟性里的心意状态"③。这种想象中的自由的心意状态正是我们所说的审美现象显现自身的非实体性。

　　这种主观的心意状态排除了概念的客观正确性和逻辑一义性,只有想象的自由性和开放性。自由的想象力为美的形式的所指意义的生成提供了一个具有多种可能性和向度的张力场。在这样一个张力场中,人们对同一形式、形象或表象做出多种不同的感知、理解和解释,从而形成种种不同,甚至截然相反的含义和意义,而它们对于接受者来说都是普遍有效的,没有正确与错误之分。有这么一个民间故事:一位秀才赴京赶考,途中投宿一家旅店,夜里梦见自己做了两桩事,一桩是在晴天拿着雨伞出行,一桩是在墙头上种白菜。早晨起床后他给同店的旅客讲述了自己的梦,一位旅客听后劝这位秀才立刻回家,放弃考试,因为这个不吉利的梦已经预先透露了不能考中的信息——白日打伞是多此一举,墙头种菜是徒劳。这位秀才听了他的解释,觉得有道理,接受了他的建议,垂头丧气地收拾行李准备回家。热心的店家看到此情景,上前劝阻,听闻此梦后哈哈大笑,连声说"好梦,好梦",他的解释是晴天带伞意味着有备而来,墙头种菜意即"高中",这都是金榜题名的好兆头。在店家的热情鼓励下,秀才改变了想法,继续踏上赶考的征程。这个民间故事的美学意义在于:同一个表象形式或形象因接受者的不同理解和解释,可以产生、引申出不同的意义和含义,即使是相互对立、矛盾的意义和含义,对处境不同的接受者都是合适有效的,没有衡量其对错的绝对客观标准。因为这些不同的意义都是在形式对人的合目的性关系或场域中生成的,都指示、揭示着人的某种生存价值,而价值是无正确与错误之分的。这正是审美现象显现自身的非实体性的方式。

　　审美现象作为形式而显现的非实体性以想象力为自身奠基。因此,审美现象又是开放的、多义的。"所谓开放性,就是说审美对象具有不确定性和不可穷尽性。我国古典美学中经常谈到的所谓'言有尽而意无穷','状难写之景,如在目前,含不尽之意,见于言外','韵外之致、味外之旨','象外之象、景外之景'

---

①　[德]康德:《判断力批判》上卷,宗白华译,商务印书馆1964年版,第57页。
②　[德]康德:《判断力批判》上卷,宗白华译,商务印书馆1964年版,第55页。
③　[德]康德:《判断力批判》上卷,宗白华译,商务印书馆1964年版,第55页。

等,实质上都是对审美对象开放性特点的深刻揭示。就是说,审美对象既是有限的、确定的,但又具有无限性和不确定性。"①冈布里奇在《艺术与幻觉》一书中以"鸭兔变形"为例,具体说明艺术形象与幻觉的关系(见图7-1)。

这一图形的妙处在于它的模糊性,在似与不似之间,既似兔又不似兔,既似鸭又不似鸭。唯其如此,它才能产生出不同的感觉图像。如果它像摄影图像一样逼真,就不会有这种似是而非的效果。鸭兔变形揭示了审美对象显现自身的普遍性特点,即它在

图7-1 鸭兔变形②

似与不似的模糊场域中自由游移、变化的开放性。

审美对象的开放性是其多义性的由来和根据。由于审美对象的形式具有开放性,人们便对于同一形式或形象因时因地有不同的理解和解释,于是形成单个形象的丰富含义和深广意蕴。又由于单个形象的丰富含义和深广意蕴,不同阅历、不同教养、不同处境的接受者对同一个形式或形象会有不同的感知和理解。一百个人眼中有一百个个性迥异的哈姆莱特,这揭示的正是审美对象的多义性特点。在文学批评史上"主题说"颇为流行,而且影响深远,流行至今大有泛滥之势。主题说认定艺术作品必有一个明确意义的主题,可还原为一个触之凿凿的客观事实,揭示了这唯一客观的主题便是正确的批评,歪曲了这个主题便是错误的批评。这是有违艺术的审美本质的。审美对象的开放性与多义性特点表明,任何一种美的形式所隐含的意蕴都是非概念的、无确定主题的,艺术美如此,自然美、社会美也是如此,概莫能外。

第二节 审美主体接受美的三层级

上述审美对象的三个层次是在现实的审美活动和审美关系中通过审美主体的感受和理解,由表及里逐级显现出来的。无论哪一个层次的美,离开审美主体的接受与认知都不可能显现自身。与审美对象的三个层次相对应,审美主体在接受美的过程中心理、精神状态也逐级显现为浅深不同的三个层级或三种心理活动方式,即感性的惊异、生命的体验和理解、超验的觉悟与澄明。

① 朱立元主编:《美学(修订版)》,高等教育出版社2006年版,第134页。
② 参见朱狄《当代西方美学》,武汉大学出版社2007年版,第314页。

一、感性的惊异

与审美对象的物质形式相应合的审美心理状态是感性的惊异。惊异与审美快感密切相关,但是并不完全等同于审美快感。当事物的形式美为审美者直观时,审美者的第一心理显现形式是充满愉悦的惊异。自从康德提出"美感就是无利害观念的快感"①这一美学新命题之后,美学界一直沿用"审美快感"的提法,并把"审美快感"看作审美主体接受形式美的第一情感反应形式。这一认识是从普遍性的角度来定义主体感受的。如果从感受的生成机制来看,审美快感只是这一过程的结果,在审美活动的出发点或起点上,形式美所激发的第一心理感受形式或审美主体感知形式美的第一存在状态或许是惊异。惊异是审美快感生成的重要原因。康德以"无利害观念"来规定审美快感的本质特性并非没有道理,但他没有强调惊异的存在,更没有讲出惊异对审美快感的奠基作用。

惊异最早被柏拉图认作哲学的起点,后来黑格尔发展了柏拉图的观点,认为惊异不仅是哲学的起点,而且是艺术与审美意识的起点。他在追溯象征艺术的起源时说过这样一段意味深长的话:"如果从主体方面来谈象征艺术的最初出现,我们不妨重提一句旧话:艺术观照,宗教观照(毋宁说二者的统一)乃至于科学研究一般都起于惊奇感。人如果还没有惊奇感,他就还是处在蒙昧状态,对事物不发生兴趣,没有什么事物是为他而存在的,因为他还不能把自己和客观世界以及其中事物分别开来。"②"只有当人已摆脱了原始的直接和自然联系在一起的生活以及对迫切需要的事物的欲念了,他才能在精神上跳出自然和他自己的个体存在的框子,而在客观事物里只寻求和发见普遍的,如其本然的,永住的东西;只有到了这个时候,惊奇感才会发生。"③这里的"惊奇"有的译本也译成"惊异",也就是我们所说的"惊异"。黑格尔在这里明确指出:艺术观照(即审美意识)和科学都起源于惊异,并深刻揭示出惊异借以产生、形成的条件和根据。

审美惊异不是一种理性的求知欲,而是一种鲜活的生命感。它既不同于哲学、科学的惊异,也与日常生活中的好奇、惊喜有别。哲学和科学的惊异起于主、客的原始分离与分化,其终点亦回落在主、客对立的矛盾中,并以知识的形态将主客二分关系凝固化。亚里士多德认为,哲学研究起于惊异,研究的结果是明白与不惑。当主体明白了最初使他惊异的陌生的客体是怎么一回事时,惊异也就消失了,清晰的认识或知识取代了它的位置。这一见解是深刻的。④ 审美惊异

① ［德］康德:《判断力批判》上卷,宗白华译,商务印书馆 1964 年版,第 47 页。
② ［德］黑格尔:《美学》第二卷,朱光潜译,商务印书馆 1979 年版,第 22 页。
③ ［德］黑格尔:《美学》第二卷,朱光潜译,商务印书馆 1979 年版,第 23 页。
④ 参见全增嘏主编《西方哲学史》上册,上海人民出版社 1983 年版,第 203～205 页。

则与之不同,它虽然起于主客的分离与分化,但并没有向起点回落,而是向更原始的主客合一状态回归。这种回归不是探索发现新知识,而是占有、拥有一度丢失、遗弃或遗忘的东西,失而复得。所以,审美惊异在其结果中显现为惊喜,这就像人们不经意间偶然得到自己丢失已久的宝物一样,喜不自胜。它自始至终都现身为情感,没有转化为知识。

日常生活中的好奇一般指人们对某些异乎常态的现象的一种特别热情的关注态度。它是机械生活的一种暂时的中断,是生活中偶然出现的异常或反常现象,它仅仅关注事物新奇的外在方面。单从引起好奇的对象来看,其形式的新奇完全越出了人之常情、常理、常识的范围,是常人全然陌生、从未见过的,如生角的犬、长翅膀的马之类是最容易引起好奇的对象。由此引起的好奇除令人们对新鲜事物的怪异形式感到惊诧外,再无别的更为深刻的理性观念渗透其中。这种唯形式是异的好奇、惊诧在人们的精神生活中没有持久的生命力,极易流为浅薄无聊的猎奇与浮躁。审美惊异所关注的对象则是日常生活世界中为人们所熟悉的事物,或是常人往往熟视无睹的事物。天外来客之类的悖乎生活逻辑和常情常理的事物,不管其形式如何奇特,并不能引起审美惊异。然而,惊异来自陌生和距离,习以为常、熟视无睹的事物是不能引起陌生感的,那么惊异对象的陌生感从何而来呢? 来自对象形式所蕴含的深刻的生命意义和价值,它隐藏在熟悉的形式中而不能被轻易察觉。人们一旦发现了它,其形式便焕然一新,以崭新的、陌生的面貌呈现在审美主体面前,审美的惊异便油然而生。别林斯基形象地把艺术典型描述为"熟识的陌生人"①,推而广之,审美惊异的对象也应如是观,它是"熟识的陌生形式","熟识"是因其常见或曾见,"陌生"是因其显露出全新的精神理念和意蕴。新的理念使似曾相识的形式脱胎换骨,卓然超拔于生活世界之上,孤标特立,鹤立鸡群。引起审美惊异的形式因此而不断焕发出勃勃生意,鲜活常新;与此同时,审美主体真切地感受、体验到鲜活形式所隐含的生命意义和精神,从而激发起自身生命的律动与对象生命律动的共鸣共振,最初的惊异至此显现为惊喜和愉悦,即通常所说的审美快感。显而易见,惊异既是审美意识的原始开端和起点,又是审美意识的初级显现形态——审美快感——的原因和根据。由于审美快感中包含着深湛的生命意义与理性精神,因此它在生命的长河中历久弥新。

二、生命的体验与理解

审美惊异或快感现身为感性,又超越了感性,因为单纯的快感中介入了生命

———————————
① 《别林斯基选集》第一卷,满涛译,上海译文出版社 1979 年版,第 191 页。

的意义和理性精神。这是审美主体真切地感受美的形式所隐含的精神内蕴的结果。审美主体因此深入一级，进入更深层次的存在状态，即对生命本身的体验和理解状态。这一存在状态与审美对象显现的第二个层次——内在意义和意蕴相对应。审美对象的主观的合目的性形式将自身所含意义指向生命和生活本身，与此相对应，审美主体只能以自身的生命感受、体味对象的生命，以生命来感受、解读、认同生命，这便是审美的体验。

在审美体验中，主体的各种心理因素都被充分调动起来，处于紧张、亢奋的活跃状态：感知、理解、想象俱兴；欲望、兴趣与意志同行；伴随着回忆、幻觉、潜意识，在情感的驱动下并以情感为中心形成一股强大的生命洪流，将主体淹没在物我不分的混沌中，从而使主体产生一种情牵意绕、意象纷呈、言难尽意、欲辨忘言的复杂心绪。由此看来，"体验不是一个认识论概念，而是一个存在论范畴。处在审美体验中的人，不是要去客观地认识对象的物理属性，而是要把客观对象完全接纳到自己的生命世界中，并通过与对象的交融把自己生命的本真性全面开启出来、显露出来"①。同一对象在逻辑概念与在生命体验中的显现状态迥然不同，比如温暖，当它以概念"热量"来传达时，人们普遍地一致把它理解为一种物理现象，当人们这样理解它时，它与人（不管男女老幼）处于一种彼此相外的关系中，热量丝毫没有改变接受概念者的存在状态。但当人们以身体来亲身感受、体验温暖（如水暖、火暖）时，则是别样的情形：受热皮肤顿感热流涌动，随着热量的增加，继而汗流浃背；身体的变化引起情绪的变化，或亢奋、或烦躁，等等。此时体验者真切地体认到温暖在自己身上的存在状态以及自身在变化着的存在状态。由此可见，审美体验作为个体生命体验而显现，它不是概念性认识，而是生命的一种存在状态，在这种状态中审美体验是排斥概念的。

另一方面，审美体验又与理性概念存在千丝万缕的联系。这是因为审美体验虽然以个体生命体验为中心，但又不是纯粹的个人生命体验。人在世界中生存的事实，决定了个人内在的生命体验与对外部世界的经验的相互渗透与缠结：从个人的生存中完全排除对世界的经验是不可能的，也是不可想象的。因此，审美体验绝不是关在象牙塔里想入非非的海市蜃楼，也不是离群索居的幽深孤峭的神秘内省或狂想，而是对人与世界的整体性体认，是对人生整体价值和根本意义的一种领悟和玩味。

如果说体验是真切显现个体生命的最好方式和途径，那么理性的理解和认知则是掌握世界的必要手段和最佳途径。这是因为个人寓身于其中的世界是由一定文化、文明的历史延续而来的现实，它是人们历史地认识和实践的结果，因

---

① 朱立元主编：《美学（修订版）》，高等教育出版社 2006 年版，第 119～120 页。

而具有历史与逻辑的本质规定。世界的存在性质如此,对它的掌握和理解只能是理性的理解和概念的认知。在这个意义上说,审美体验又是认识论的。它不但不排斥对世界的理性理解和概念认知,相反,还积极地吸纳对于世界的理性认识和理解,以此来补充、丰富个体生命体验。真切的个体生命体验与正确的世界认识和理解是审美体验内外相维、相辅相成的两个方面。单纯的个人生命体验离绝正确的世界认识,容易流为幽深怪僻的神秘心境;片面的世界认识脱离了真实的生命体验,容易蜕变为与人性本真相悖的异化知识。只有在二者合为一体的情况下,才能真正把握、领悟人在世界中存在的整体性,才能真正实现人对其对象世界的审美体验。

与审美对象的意蕴的两种显现方式相对应,审美主体对审美对象的理解与体验也有两种,即,对审美对象的肯定性生命意义的理解与体验,以及对审美对象的否定性生命意义理解与体验。在前一种情况下,体验的结果直接现身为积极的情感,主要是快感,包括惊异、愉悦和欣喜等情感表现形式;在后一种情况下,体验的结果直接显现为消极的情感,美学家一般称之为痛感,包括恐惧、悲哀、焦虑和感伤等情感表现形式。

丑以及人与对象世界的矛盾对立是痛感的本质和根源。丑对生命的否定使审美主体暂时处于压抑、不自由的生存状态中;人与世界的对立冲突引起人生深重的苦难,对不自由与苦难的真切而深刻的体验便产生痛感。痛感不具有直接的审美价值和意义,只有当痛感升华、转化为快感时,它才具备间接的审美价值和意义。正如康德所指出的那样,崇高的痛感是一种仅能间接产生的快感①,因为“这愉快却是由不愉快的媒介才可能的”②。从痛感到快感,从压抑到解放,从不自由到自由,需要审美主体纵身一跃,跳出寓身于其中的生活世界,以实现人自身对有限世界的超越和主体的绝对自由。这是痛感转化为快感的先决条件。康德把这一转化看作纯粹的生理、心理的事实,是由生命力的暂时阻滞而爆发的更大、更强的生命力喷射的结果。③ 这一观点是片面的。实际上,痛感的转化离不开人对生命的深刻理解与体验,没有对人生苦难的深刻体验,就不能真正深刻地理解生命的本质和人生的真相,也就不能超越苦难,洞达生命及其世界的本质,实现主体的真正自由。而主体的绝对自由恰好是痛感转化为快感的存在论根据。

总之,在这第二个层级上,审美主体对个体生命及其世界的体验与理解仅限于世界范围之内。由于世界经验的有限性,人们从中体验、理解到的生存意义与价值也是经验的、有限的。其实,生命的意义与价值不仅存在于有限个体生命及

---

①　参见[德]康德《判断力批判》上卷,宗白华译,商务印书馆1964年版,第84页。

②　[德]康德:《判断力批判》上卷,宗白华译,商务印书馆1964年版,第100页。

③　参见[德]康德《判断力批判》上卷,宗白华译,商务印书馆1964年版,第84页。

其世界之中,而且超越个体生命及其世界而存在,因此它又是超验的、永恒的。真切地体认、显现个人生命的永恒价值与意义是审美活动的终极目的或最高目的。为了实现这一最高目的,审美主体必须在既已达及的第二层级上继续向纵深拓进,跻升到第三层级——审美主体的自由存在或绝对自由境界。在这一境界中,审美主体超越有限世界,洞明人生本质,通达无限,不拘于有限,无挂无碍,大彻大悟,澄怀观象,升华到审美的极致或最高存在状态,即超验的觉悟与澄明。

三、超验的觉悟与澄明

审美"觉悟"也是审美意识的一种显现形式和方式,是审美主体在审美实践活动过程中高层级的存在状态。但这一重要的审美活动方式像审美惊异一样长期被绝大多数美学家忽略了。其实,早在德国古典美学诞生之时,康德已经注意到审美觉悟,并对它做了深刻的思辨分析,只是提法稍有不同,他称之为"悟性",并认为它与想象力处于解不开的协调关系里。他认为审美判断力具有主观的普遍可传达性,这种主观的普遍可传达性指的就是悟性与想象力的协调关系。至于悟性到底是怎样与想象力发生协调关系的,康德对此语焉不详。根据我们的理解,想象力为悟性提供先验的或超验的表象形式、形象,悟性则在想象奠定的基础上,进一步照亮超验表象形式的存在根据和最高本体。由此看来,审美觉悟实质上是以想象力为基础照明、敞亮存在之先验本体的一种心理形式和能力。想象力与审美感知、体验和理解的本质区别是,想象力具有先验的或超验的表象能力,而后者一般只具有经验的表象能力。因此,审美觉悟具有超验的或先验的存在特性。

由于审美觉悟与想象力相勾连,而想象力又是审美对象的非实体性和开放性得以展开的主体性的由来和根据,这样,审美觉悟便自然而然地与审美对象的第三层显现形式相对应。

审美觉悟的对象是什么,或者说,什么样的对象形式引起审美觉悟?答案是审美对象的非实体性外观或形式所揭示的生命的永恒价值及其最高本体。这一最高本体固然也存在于有限个体生命及其世界中,但当它如此存在的时候,审美主体对它欲辨难言、言而难尽,以任何逻辑认知的经验方式都难以如其本然地将它揭示出来。所以,只能诉诸超验的想象力和觉悟,以此来超越有限的个体生命及世界,照亮生命及其世界的无限的永恒的存在本体。

这一生命的最高本体,哲学称之为"道"或"理式",神学称之为上帝或神,伦理学称之为生命的原始栖居地。海德格尔认为人生在世的极境是诗意地栖居,所谓诗意栖居也就是还原到或跻升到人生的原始栖居地。这正是审美活动的最高目的或审美觉悟所要敞亮、绽放的最高生存境界。所以审美的最高境界与哲学、宗教和伦理学的最高境界是同一的,殊途同归,以不同的方式和途径,达及同一境界——人生的原始栖居地,体认、通达同一存在——生命的最高本体或道。

儒家道德哲学把人生的最高本体称作"明德",认为它是人与天地万物共通的永恒本体,因而它是超越历史、世界和一切有限存在的。"明德"本身是明澈透亮、纤尘不染的,但当它在有限个体生命和世界中持存自身时,往往又处于被遮蔽的状态,像晶亮莹澈的月亮被云雾遮住一样。究其原因,是个人的私心和妄见使之然。杨简说得很明白:"人心自明,人心自灵,意起,我立,必固碍塞,始丧其明,始失其灵。"①因此要"明明德"。"明明德"就是要使暂失其明的道德自体复归其明,其主要方式是去私心、大觉悟。私则暗,公则明,"明通公溥",一旦觉悟,私欲自去,明德复明。王阳明曰:"七情有著,俱谓之欲,俱为良知之蔽。然才有著时,良知亦自会觉,觉即蔽去,复其体矣。"②这里所说的"觉"即道德的觉悟,它与审美的觉悟相似,甚至相通。审美觉悟的有效方式也是去私欲,即以无功利的眼光静观有限世界。所谓无功利,就是放下对人生及世界的私欲、私念,以廓然大公的超然态度面对眼前的一切。儒家道德哲学的"明明德"与审美的"澄明"是相通的。审美的"澄明"也有去遮蔽之意,就是使生命的最高本体从有限世界的遮蔽中暴露、绽放出来,像太阳从乌云的遮蔽中敞亮出来一样,复现阳光灿烂的一片大清明境界。这正是审美觉悟对遮蔽于世界中的生命本体大彻大悟,并将其揭露出来的结果。所以审美觉悟是审美澄明的实现途径和方式,审美澄明是审美觉悟所开放的最高境界,也是整个审美活动所达及的最高境界。澄明境界的生成意味着审美活动的终结。

上述审美对象与审美主体相互对应、逐级显现的三个层级只在分析的理论意义上存在,在现实的审美活动中很难将三者逐层分开。在此不妨赏析陶渊明的一首诗,以具体体会之。

饮　　酒

结庐在人境,而无车马喧。
问君何能尔,心远地自偏。
采菊东篱下,悠然见南山。
山气日夕佳,飞鸟相与还。
此中有真意,欲辨已忘言。③

---

① 冯友兰:《中国哲学史》下册,华东师范大学出版社 2000 年版,第 279 页。
② 冯友兰:《中国哲学史》下册,华东师范大学出版社 2000 年版,第 295 页。
③ (晋)陶渊明:《饮酒》(其一),见北京大学中国文学史教研室选注《魏晋南北朝文学史参考资料》下册,中华书局 1962 年版,第 401 页。

这首五言诗自身的美属于艺术美范畴,它描写的对象则属于自然美范畴。反复吟诵,朗朗上口,字字铿锵,行行押韵,这是诗词固有的音韵美,还有诗文所显现的宁静而优美的农村自然风光和景色,这都属于审美对象的形式范畴,是这首诗显现出的第一层次的美。与此相对应,是审美主体对它的第一感受。面对如此幽静、闲逸、清新的自然景色,再加上动听悦耳的诗歌音韵,审美主体陶醉于其中,心旷神怡,喜不自胜。这便是审美主体接受美的第一存在状态,即感性的惊异和愉悦。

如果这首诗的美仅限于形式,那么它的审美价值就不太高。事实并非如此。在其音韵美和迷人的自然形象背后隐藏着更为深刻的意蕴,这就是诗人寄托于其中的对远离市朝的田园风光景色的挚爱,以及他对田园生活的向往之情和生活理想,也就是陶渊明表白的"少无适俗韵,性本爱丘山"[①]这一生活理想。这是这首田园诗的形式美所显现的第二个层次——指向一定人生目的的生命意义与价值。与此相对应的是接受者、欣赏者对它的真切体验和理解。接受者要真正感同身受地体会诗文所传达的独特情感和理想,至少要具备两个条件:一要有一定的农村生活经验和体验,二要对陶渊明的身世与生存境遇有切实的认识和理解。欣赏者具备了这两个必要条件,才能在惊异与愉悦的基础上深化情感,设身处地将与诗人相近或相似的情感和情愫投射、推移到对象性情景中,实现所谓"移情",形成情感共鸣,在共鸣中亲身体验、理解诗文形象所指示的深刻生存意义与意蕴。

这首诗所传达的不仅是诗人自己在特定境遇中的个体生存意义和价值取向,即远离官场、寄情于静谧秀丽的田园风光的恬淡闲适的生活情趣和理想,而且有诗人对人生永恒价值和意义的叩问与追求。"此中有真意,欲辨已忘言",此真意是什么?连诗人自己也说不清、道不明。它绝不是指追求静穆、恬淡、自然的理想生活这一类有限的人生价值与意义,因为这些都是与诗人的特殊生存境遇相联系并通过诗的语言明确传达出来的东西,它是有限的,而不是无限的。我们不妨顺着诗的形象所隐含的生活逻辑去联想、想象:夕阳西下,余晖洒落枝头,百鸟归巢,静谧地栖息在自己的家园。飞鸟忙碌了一天之后,最终都有自己的栖止处和归宿,鸟犹如此,而况人乎?人生在世,辛苦奋斗一生之后又向何处栖息呢?他的归宿在哪里、是什么?就是那像馒头一样圆鼓鼓光秃秃的坟丘吗?如果人有灵魂的话,灵魂又在哪儿安顿自己呢?它的最终归宿和家园在哪里呢?诗人所说的真意也许指的就是这些人生的终极目的和永恒主题,它是超越有限

---

① （晋）陶渊明:《归田园居》,见北京大学中国文学史教研室选注《魏晋南北朝文学史参考资料》下册,中华书局 1962 年版,第 396 页。

人生的,是无限的,是人类永远解不开的秘密。对此诗人自己虽然说不清,但他并不回避它,相反,他殷切地关注着它,并通过诗文含蓄地将它暗示出来,形成诗的高深莫测的幽深境界。这是这首诗的内蕴的最高层次——第三层次的显现。这一人生的最高的形而上学旨趣和境界,未必能被所有的接受者、欣赏者真切地体认或体味到。必须具有哲学的情怀,追求人生形而上旨趣,或与诗人的情怀、人生旨趣接近,欣赏者才能真切体会到这首诗的人生"真意"。或者反过来说,诗中的人生"真意"的圆满显现,取决于接受者的哲学、宗教情怀,以及他对人生价值的形而上追求和旨趣,而这正是审美主体在真切体验、理解个体生命及其世界的基础上升华出来的觉悟和澄明境界,即审美主体在第三层次上的显现形式和存在状态。

【本章复习重点】

一、基本概念

　　形式规律　整齐一律　多样统一　非实体性　审美惊异
审美体验与理解　审美觉悟与澄明

二、思考题

1. 审美对象在审美活动中是如何显现自身的?

2. 形式美主要有哪些类型? 它的基本美学规律是什么?

3. 如何理解审美对象的非实体性和开放性?

4. 审美主体在审美活动中是怎样存在、显现自身的?

5. 审美惊异与日常生活中的惊奇有何区别?

6. 如何理解审美主体的觉悟和澄明境界?

第三编　美感及其基本存在方式

　　本编所要考察的主要对象是美感及其基本存在方式——审美直观，它是审美活动及其内在性结构——审美关系——充分展开的存在形式。一些美学家通常把美感等同于"审美意识"，并根据认识论哲学原理解释美感，认为它是审美主体对审美客体的能动反映。这样就把美感的丰富内涵简化了，容易使人忽略美感固有的独特的存在性质。另一些美学家则把美感等同于"审美经验"（aesthetic experience），也把它看作人对艺术或美的反映。审美经验是晚出于美感的一个美学概念，直到20世纪这一概念才被广泛用于美学研究中。此前，西方美学家主要使用"趣味"（taste）、"趣味判断"（judgement of taste）和"美感"（taste of beauty）等词，很少使用审美经验这个词。从词源上看，"taste of beauty"与"aesthetic experience"存在很大的差异，绝不是同一性概念。美感一般等同于审美趣味，被看作人们感受、体验美的一种能力，康德、谢林等德国古典主义美学家都如是观。美国美学家乔治·桑塔耶纳在其《美感》一书中，把美感界定为人们天性中固有的"一种审美和爱美的最根本最普遍的倾向"，最显著的"一种能力"①。这一观点强调了美感的先验存在性质，但同时淡化或忽略了美感对审美对象的积极、能动的反映，也带有一定的片面性。我们这里沿用"美感"这一概念，并根据马克思主义实践美学原理对其原有的内涵加以改造，将认识论美学关于审美意识的正确解释纳入美感的内涵。按照实践美学原理，美感既是审美主体的一种特殊的存在方式，又是一种特殊的心理反映形式和社会意识形态。它是先验与经验、感性与理性的综合统一。其先验存在直接诉诸感性直观，是超越逻辑概念的，因而是不可分析的；其经验存在直接诉诸知觉和理性，因而是可分析，且可通过概念普遍传达的。

　　人对现实的审美关系是我们分析美感的逻辑前提。在任何情况下，美感作为审美主体基本活动方式，总是在一定的审美关系中与审美对象相互影响，相互作用，互因互果，成就、建构自身。所以在第二编中，我们重点考察构成审美关系的对象一极（审美客体），同时兼及审美主体，因为审美客体不能脱离审美主体

---

　　① ［美］乔治·桑塔耶纳：《美感——美学大纲》，缪灵珠译，中国社会科学出版社1982年版，第1页。

而独立存在。本编则将着重考察构成审美关系的自我或主体一极,同时兼及审美客体,因为审美主体总是与审美客体结缘。但是这并不意味着把构成审美关系的两极等量齐观,在我们的视野中审美主体优先于审美客体。这是因为在现实的审美活动中,审美主体具有能动地赋予美的先验或超验本质的能力,审美客体则没有自动生成美的超验本质的潜能。

第八章　美　　感

美感具有经验与先验、感性与理性的二重性。单从其经验的、感性的存在性质来看,它是审美主体对自然美与艺术美的能动反映和自由接受。尽管审美主体在自由接受过程中先行赋予对象某种精神元素,但对象的形式因素也同时发挥着重要作用,与主体共同建构、生成美感。所以美感不能不受具体的审美对象的限制,不能不显现为有限的心理反映形式和可经验的心理现象,如美的感受、美的情感、美的趣味、美的理想,乃至美的观念和概念,这些都是逻辑的事实,是可分析的。

第一节　美感的基本内涵及其分概念

根据马克思主义实践美学原理,美感的本质既不是对象固有的审美属性,也不是主体的纯粹意识或精神,而是在审美实践活动中展开的审美主客体之间的一种活生生的物我合一的动态关系。历史实践在生成感受美的社会化感官的同时,也生成人的本质力量的对象化形式(对象之美)。只有在这两个条件都具备的前提下,才能形成真正的人对现实的审美关系和审美实践活动,才能产生现实的美感。美感实质上是以对象化的形式来确证、肯定人的本质力量的感觉、反应、体验、理解、把握、观照和觉悟。从主体来看,美感是以无利害、超功利的感性愉悦直接肯定、显现人的人性本质的一种精神实践活动,是人持存、显现自己的人性本质的特殊存在方式。从美感由以产生的实践基础来看,它是认识与实践、感性与理性、主观心理与客观社会的统一。单从认识论的角度来看,美感作为一种社会意识形态,是经验的可分析的现象。本节将就美感的认识论特点及其本质特征做简要分析。

美感是一个具有广泛外延的集合性概念,自身又包括许多层次不同的概念,如审美理想、审美趣味、审美感受和审美愉快等,其中每一个概念又各有其丰富的内涵和意义。

一、审美理想

审美理想是美感中层次最高的概念。它是在大量的审美经验基础上形成的具有规范性的最高形式,集中体现了一定时代的人们关于至善的生活和完美的人的愿望和要求,凝结着民族的、时代的、阶级的意志和追求。审美理想结合着理论和形象两个方面。

一方面审美理想与一般世界观相联系。因为它总是和道德伦理原则、善恶观念、是非标准、政治功利目的交织在一起,总是和人生观、社会风尚、思想氛围互相渗透。这种情况一般出现在美学理论中。在一个美学理论体系中,以概念形态表达的审美理想往往集中体现一定社会的道德伦理原则、善恶观念、宇宙观、社会风尚等。在美学中表达的多种观念与道德伦理学、社会学所表达的观念在本质上没有多少差别。比如,古典主义美学推崇的理性美与笛卡尔哲学、伦理学中的"良知"相通,其推崇的"三一律"与当时法国社会崇尚理性、忠诚、秩序的风尚出于同一哲学原理和概念。以雨果为代表的浪漫主义美学,把不和谐、力量、运动、美丑对立的艺术典型奉为审美理想,其伦理观念与卢梭的政治思想、伦理观念是相通的。再如,我国以宋代严羽为滥觞推崇创作个性的美学-艺术理论体系所表达的审美理想,亦渗透着宋明以来比较进步的哲学观念和伦理观念。严羽在其《沧浪诗话》中提倡"别材""别趣",极力标榜一种空灵的美,即所谓"羚羊挂角,无迹可求"[①],空中音、水中色、镜中象,不涉理路,不落言筌,这显然是受禅宗哲学的影响而形成的审美理想。

另一方面,审美理想又与一般世界观相区别。这是因为审美理想与政治理想不同,它不是以纯粹的理论形式表现的,而是和具体的感性形象结合在一起,并通过形象来表现的。在美学理论中,以概念形态出现的审美理想总是和具体形象(主要是艺术形象)结合在一起的。艺术形象是观念的审美理想的载体。一般来说,在艺术史上依次出现的那些影响较大的正面艺术形象都可以称作审美理想。例如,崔莺莺、张君瑞、贾宝玉、林黛玉是汉民族在封建制度解体时代的审美理想,高乃依的熙德是十六七世纪法国人的审美理想,拜伦式的英雄是欧洲在新旧制度交替时期的审美理想。

二、审美趣味

比审美理想低一层次的是审美趣味。审美趣味是审美主体独具的独立于审美对象之外的审辨美丑的特殊能力。它是以主观爱好的形式来体现对客观事物的审美判断和审美评价的。审美趣味可以是社会的,也可以是个人的。无论是个人的审美趣味,还是社会的审美趣味,都是以个性、独立自由性和丰富多样性

---

① 　(宋)严羽:《沧浪诗话·诗辨》,见郭绍虞主编《中国历代文论选》第二册,上海古籍出版社 2001 年版,第 424 页。

为特征的。

趣味贵在差异。天下有口同嗜,这就算不上趣味,因为没有个性;情人眼里出西施,这就是趣味。不同的人评价同一对象时显示出审美趣味的差异,显示出个性。

独立性也是趣味的一个重要特征。就审美趣味产生、形成的原因来看,它受许多客观社会条件制约。一个人审美趣味的高下,一方面取决于个人的生活经历和文化教养的具体状况,另一方面取决于他所从属的阶级、民族、时代的具体情况,诸如阶级的经济地位、民族的文化水平和审美习惯、时代精神、社会风尚等。但个人的趣味一旦形成,就获得了相对的独立性,不再受社会制约。我喜爱什么是由我既成的趣味决定的,而不是由强制性的社会的外部力量决定的。我的喜好完全是我个人的事,无须考虑社会影响,社会的外部影响也无法直接左右我的趣味,因为趣味不刻意追求社会认同,也不追求功利的社会效果。这和科学意识、道德意识不同。科学认识形成之后,并没有成为一种独立的个人意识,它还继续受外部关系制约。科学认识一方面受它反映的客观对象的必然性的制约,比如它一旦被后续的实验或实践证明是错的,认识主体必须放弃或改变原来的认识;另一方面科学认识又受客观社会关系的制约,如果社会不承认它,尽管它是正确的,它还是得不到应用,只能被暂时束之高阁。道德意识也一样,个人的道德伦理观念形成之后,还受客观社会关系的制约。一个有道德的人,必须将他的道德观念、伦理原则付诸实践,在他所处理的各种社会关系中具体地体现出来。这样,他才能为社会所承认,只有被社会承认,他才是一个真正有道德的人。一个人自认为有德而不把自认的美德付诸实践,封闭在主观的美好愿望中,从而无法被社会承认,实际上还是没有道德的人。审美趣味则不同,个人的趣味一旦形成后,就无须社会承认。社会承认也好,不承认也好,个人认为美的就是美的。例如楚王爱细腰,宫女多饿死,爱细腰对楚王来说是趣味,对宫女来说就不是趣味,因为宫女在束紧自己的腰身时,是以楚王的趣味为追求的,她们考虑的是自己的形体能否被楚王承认为美。这种凸显个性的自由性是审美趣味的一个重要特征。

审美趣味的丰富性从客体上讲,可称之为魅力,从主体上看,可称为一种把握魅力的能力或智慧。一些美学家(如孟德斯鸠)认为,一个女人的美丽远不及她的可爱,因为美丽是单调的美,可爱才是趣味十足的风情万种的美。趣味往往与浅薄、单调、不变、静态无关,而与深湛、变化、多样有关。杨贵妃"回眸一笑百媚生,六宫粉黛无颜色"[1],体现的就是一种绰约多姿、风情万种的风韵和活力四

---

① (唐)白居易:《长恨歌》,见中国社会科学院文学研究所编《唐诗选》下册,人民文学出版社 1978 年版,第 147 页。

溢的魅力。

三、审美感受

比审美趣味再低一个层次的是审美感受。审美感受就是个人在接受美的事物的过程中产生的反应状况和反应形式。审美感受和艺术欣赏有相同的地方，特别是在个人接受艺术美时，审美感受和艺术欣赏融为一体，二者很难区别开来。像艺术欣赏一样，审美感受亦是一个过程，是客观的美向主观的审美意象转化的运动过程。在这个过程中，人的各种心理机制如感觉、情感、情绪、体验、想象、记忆等，各以不同的活动方式协调一致地运动着（反应状况），在最后形成共同的产品——审美意象，继而升华为审美理想（新感性形式）。

审美感受在本质上是个人对美的客观事物的感知、体验和重构。与一般心理学意义上的反应不同，个人在接受美的过程中具有极大的主观能动性和自由性，客观对象的美在多大范围内、多大程度上被个人所接受和体验，完全取决于个人的主观条件，取决于个人的审美理想和审美趣味。这又与艺术欣赏略有不同：一个没有审美趣味或审美能力不怎么高的人可以欣赏、阅读一部好的文学作品，倘若他的文化修养很深、思想认识水平很高，他可能对这部作品的内容理解得很深刻、很到位。这是因为审美趣味的高低与思想认识水平的高低没有必然的联系，例如康德这么一个学识渊博的大思想家，审美鉴赏力却不怎么高超。所以一个鉴赏力较低的人在欣赏艺术作品时，只是不能很好地欣赏其中的美，而作品中其他方面的内容，他还是能接受的，而且能接受得很好。列宁不喜爱马雅可夫斯基的诗，这只意味着马雅可夫斯基的诗的形式美不能为列宁所接受，并不意味着列宁根本看不懂马雅可夫斯基的诗。但审美就不同了，一个没有审美趣味或趣味极差的人不可能很好地接受美的事物，再好的自然景色、再美的艺术作品对一个缺乏审美能力的人来说是毫无意义的。对牛弹琴实枉然，就是因为牛没有欣赏音乐美的能力。最美的花朵在一个没有审美趣味的植物学家的眼里，不是美物，而是植物标本。我们把审美感受和艺术欣赏做一比较，便会发现审美感受比艺术欣赏更自由，其主体性更突出。

四、审美愉快

审美愉快是美感诸概念中层次最低的一个概念。从现象上看，审美愉快是美感经验中最直接、最普通的生理-心理现象。也就是美学史上各家统称的审美快感。审美快感不单是生理上的快适，而且是心理上的愉悦，它具有悦身、悦意、畅神的情感反应特点。

范仲淹《岳阳楼记》中有段文字：

至若春和景明,波澜不惊,上下天光,一碧万顷,沙鸥翔集,锦鳞游泳,岸芷汀兰,郁郁青青。而或长烟一空,皓月千里,浮光耀金,静影沉璧,渔歌互答,此乐何极! 登斯楼也,则有心旷神怡,宠辱皆忘,把酒临风,其喜洋洋者矣。①

春和景明的自然景色可以使人心旷神怡,宠辱皆忘,这就是一种审美愉快。无论是欣赏自然美,还是欣赏艺术美,都会产生审美愉快,没有审美愉快的美感是不存在的。

审美愉快既不是纯粹的生理快感,也不是纯粹的精神愉悦,它介于二者之间,具有生理快感与精神愉悦的两重性。人们饥餐渴饮,酒足饭饱之后也有快感,这是人的生理欲望和需求得到满足之后的心理反应,是纯粹的感性愉快;乐善好施的慈善家或慈悲为怀的宗教信徒为他所做的点滴善事而欣慰,而陶然自乐,这是他的道德的、宗教的精神需求得到满足后的心理反应,是纯粹的理性愉悦。审美愉快则身心俱乐,既是感性的愉快,又是理性的愉悦。康德曾通过比较快适、美和善,把审美愉快或快感归结为自由的快感,因为它摆脱了利害计较和功利考量,而生理快感与精神愉悦则与利害观念、功利目的始终缠结在一起。他说:"快适,是使人快乐的;美,不过是使他满意;善,就是被他珍贵的,赞许的,这就是说,他在它里面肯定一种客观价值。快适也适用于无理性的动物。美,只适用于人类。换句话说,适用于动物性的又具有理性的生灵——因为人不仅是有理性(就是说,有灵魂)的,但同时也是一种动物。善却是一般地适用于一切有理性的动物。"②"在这三种愉快里只有对于美的欣赏的愉快是唯一无利害关系的和自由的愉快;因为既没有官能方面的利害感,也没理性方面的利害感来强迫我们去赞许。"③这是对审美愉快的本质特点的准确精当的概括说明。

从本质上看,审美愉快的实质是客观事物的声音、色彩、线条、节奏、运动等形式结构与主体的生理-心理结构的协调一致。我们看到平衡对称的形式感到心情舒畅,而看到乱七八糟、杂乱无序的情景则会产生心烦意乱甚至厌恶的情绪,其主要原因在于我们的身体结构组织本来就是平衡对称的。有的人喜欢柔美的景色,宁静的月夜、祥和的小山村、绮丽的田园风光能使他产生快感;有的人则喜欢雄奇的景物,巍峨挺拔的奇峰峻岭、一泻千里的瀑布、汹涌澎湃的大海能使他产生快感。这是因为人的心理结构不同。有的人感性和理性大致保持平衡,这样的心理结构往往能与静止的形象或形式形成协调一致的关系;有的人感

① 张燕婴等译注:《中华经典藏书(全套典藏装)·古文观止》下册,中华书局 2012 年版,第 621 页。
② [德]康德:《判断力批判》上卷,宗白华译,商务印书馆 1964 年版,第 46 页。
③ [德]康德:《判断力批判》上卷,宗白华译,商务印书馆 1964 年版,第 46 页。

性和理性经常失去平衡,这样的心理结构与动的形象和形式容易形成协调一致的关系。

以上四个概念的含义都涵盖于美感的丰富内涵中,广义的美感至少是以上四个概念的集合。一些美学家认为美感作为一个多层次的集合概念,还指审美态度、审美注意等,例如"审美态度说"在当代西方美学界流行甚广,这些观点都有重要的参考价值。

第二节   西方美感理论发展的简明线索

从美感的基本内涵来看,它首先显现为可分析的逻辑的事实。这一事实早在遥远的古代就被哲学家、美学家意识到了,并形成关于美感的理论,其历史在西方从古希腊一直贯穿到现代。

西方美学与西方哲学是同步生成、同步前进发展的。西方哲学从古到今经历了三个发展阶段,即"本体论阶段""认识论阶段"和"语言学-存在论阶段",与此相应,美学(包括美感理论)也同步经历了这三个阶段。其间始终穿插、贯彻着两条思想路线,即主客二分的思想认识路线和主客合一的思想认识路线。前一条认识路线侧重于揭示美感的可分析的认知性质,后一条认识路线侧重于揭示美感诉诸直观的存在性质。

一、"本体论阶段"的美感理论

"本体论阶段"大致为从古希腊罗马时期到 16 世纪。在这一阶段,美学主要集中于探索一种独立的美,以此为一切审美现象的终极根源或最高根据,同时把它看作与人相对立的形而上的客体。这是主客二分的哲学思维方式在美学中的集中体现,它一直延续到西方近现代哲学-美学,形成一条源远流长的西方传统思想认识路线。柏拉图、亚里士多德、贺拉斯、朗吉弩斯、普洛丁、奥古斯丁、托马斯·阿奎那等是这一时期有代表性的哲学家、美学家,其中柏拉图和亚里士多德师徒二人的成就最高、影响最大。在古希腊思想界还没有专门提出美感问题时,他们二人就开始思考美感现象了,只是没有明确使用美感这个词而已。柏拉图提出"灵感说"和"迷狂说",把艺术创作看成神赐的一种迷狂,把创作活动中某些有关美感的特殊心理现象归结为神秘的力量。他曾这样描述灵感发生时的迷狂状态:

> 由于他在开悟当时所见多多,一旦见到一张神样的面相或者某个把美摹写得惟妙惟肖的身体形相,他首先是一阵颤栗,开悟那时看见过的某种骇

人的东西来到他身上。然后,他望着这张面相或身体简直有如在敬拜一个神,如果不是畏惧自己显得疯癫到极点,他会有如祭拜神像和神那样祭拜这些心爱的少年。当他看着心爱的少年时,一种随颤栗而来的转变攫住他,以至不同寻常地燥热得浑身冒汗——因为他通过眼睛接受到那些美的泌液,浑身燥热起来,而翅羽的天性正是靠这泌液得以滋润。随着这阵子燥热,翅羽根茎四周融活起来——很久以来,这些地方已经因顽梗而凝固,翅羽根茎闭合,不再发芽儿。可这时滋养涓涓流入,羽管开始发胀、涌动,从根处长出来,长满灵魂的形相——毕竟,每个灵魂从前满是翅羽。这个时候,灵魂整个儿在沸腾、在充血,就像长牙时的感受——牙刚生长出来时,由于牙在生,牙龈又痒又刺激,一个刚开始生出翅羽的灵魂感受到的是同一种情形:灵魂在沸腾、在充血,生长着的翅羽在发痒。①

柏拉图在这里把"迷狂"看作由美"形相"引起的灵魂凭附身体的非理性存在状态,它不是一种认识或知识,而是人们对最高的美——神或理念——的切身体验和感受。他的"回忆说"补充说明了这一点。根据"回忆说",人对美的把握,不是来源于对具体事物的感知,而是来源于对自己灵魂在未肉身化之前与理念世界合一状况的回忆。虽然柏拉图的"迷狂说"充满神秘主义色彩,但他初步认识到美感经验的先验性,并把美感认作人的一种特殊存在方式,这两点是值得肯定的。

亚里士多德明确提出审美快感或艺术快感的问题。与柏拉图不同,亚里士多德认为艺术之所以能给人以愉快,原因之一在于人们对于对象的认识。

每个人都能从摹仿的成果中得到快感。可资证明的是,尽管我们在生活中讨厌看到某些实物,比如最讨人嫌的动物形体和尸体,但当我们观看此类物体的极其逼真的艺术再现时,却会产生一种快感。这是因为求知不仅于哲学家,而且对一般人来说都是一件最快乐的事,尽管后者领略此类感觉的能力差一些。因此,人们乐于观看艺术形象,因为通过对作品的观察,他们可以学到东西,并可就每个具体形象进行推论,比如认出作品中的某个人物是某某人。②

亚里士多德在这里明确指出,美在客观对象本身,审美快感是人对客观美的

①　[古希腊]柏拉图:《柏拉图四书》,刘小枫编译,生活·读书·新知三联书店 2015 年版,第 333～334 页。

②　[古希腊]亚里士多德:《诗学》,陈中梅译注,商务印书馆 2016 年版,第 47 页。

正确感知和认知,它首先是一种知识。这一观点为后来唯物主义美学探索美感问题奠定了一个牢固的出发点,对近现代唯物主义认识论美学产生了深远的影响。

另一方面,亚里士多德又认为审美快感具有提升、净化人的特殊存在性质,这是他的"净化说"的主要观点。他结合音乐的接受与欣赏实际,具体分析了音乐的三重目的:

> 那就是(1)教育,(2)净化,(3)精神享受,也就是紧张劳动后的安静和休息。……有些人受宗教狂热支配时,一听到宗教的乐调,就卷入迷狂状态,随后就安静下来,仿佛受到了一种治疗和净化。这种情形当然也适用于受哀怜恐惧以及其他类似情绪影响的人。某些人特别容易受某种情绪的影响,他们也可以在不同程度上受到音乐的激动,受到净化,因而心里感到一种轻松舒畅的快感。因此,具有净化作用的歌曲可以产生一种无害的快感。[①]

欣赏美所产生的"无害的快感"其实就是美感。美感具有净化、改变、提升人的作用与功能。这是亚里士多德的一大发现,对后来美学的发展亦产生了极其深远的影响。18世纪德国和英国的一些学者对"美感无利害说"的发明权的归属问题争论不休,其实把它归于康德或夏夫兹博里都不妥当,应当归于亚里士多德。

二、"认识论阶段"的美感理论

文艺复兴以后,哲学研究的重心转移到获得真理的可能性和认识能力的探求上,哲学从此结束了本体论阶段,进入了认识论阶段,美学也与之同步进入认识论阶段。在这一阶段诞生了作为部门科学的美学,先后涌现出一大批成就卓著、影响巨大的美学家,他们对美感现象的探索,无论在广度上还是在深度上都是空前的。

在这一阶段先后出现影响巨大的三大美学派别:英国经验主义美学(有唯心和唯物之分),主要代表人物有洛克、艾迪生、夏夫兹博里、哈奇生、荷加兹、博克、休谟等;大陆理性主义美学,主要代表人物有法国的笛卡尔、布瓦洛,德国的莱布尼茨、鲍姆嘉登等;德国古典主义美学,主要代表人物有康德、黑格尔、席勒、谢林等。

---

① 朱光潜:《西方美学史》,人民文学出版社1979年版,第86页。

由于认识论哲学思维水平的限制,这一阶段的美学家对美感的关注点主要集中在认识美的可能性和能力上。人正确认识和掌握美的可能性条件是什么,人具备怎样的能力和手段去认识美,这成为美感理论的核心问题。

夏夫兹博里认为,人天生便具有分辨美丑的能力,它是五官之外的所谓"内在感官"或"内在的眼睛",也就是人们常说的"第六感觉"。在他看来,这"内在感官"可以通过直觉把握到对象的美,而不必经过思考和推理。① 他的门徒哈奇生对这种看法进一步发挥。经验主义美学家以审美感受的直接性特点,证明这种天赐的精神感官的存在,否认美感来源于实践,并把美感与一般的理性认识割裂开来。他们还从经验的角度对审美特征进行了仔细的归纳,比如荷加兹提出,美的对象一般总是体积较小、造型流畅的感性形式,因为只有这样才体现出它是按自身的规律发展而不受外力的强制,才能给人以审美的愉悦或审美快感。在这里,他们明确认定了美感得以产生的两个基本条件,即审美主体的超验的感知能力与审美对象的合规律合目的的形式。这两个必要条件凸显了美感作为一种认识的本质特征。

大陆理性主义美学家对美感的认识与早期英国经验主义美学家几乎处于同一水平。鲍姆嘉登在其《美学》中明确地将美学规定为"研究低级认识方式的科学",所谓"感性的审辨力"(美感)就是一种"低级认识方式",它有别于"高级认识方式"(逻辑)。美感的实质是"感性认识的完善",是人的"感性的审辨力"对完善的事物或事物完善的认识和掌握,也就是对作为客观对象而存在的美的认识和掌握。从此可知,鲍姆嘉登承认离开认识主体的"对象和物质"本身可以有美,但这种美不能脱离认识主体的认识活动。"美是凭感官认识到的完善"一个定义就同时兼顾到客观性质与主观认识。②

休谟前进了一步。他明确地把美感(他称之为"趣味")归结为情感活动,从而把审美与认识活动区别开来。他认为:"理智传运真和伪的知识,趣味则产生美与丑和善与恶的情感。前者按照事物在自然中的实在情况去认识事物,不增也不减;后者却具有一种制作的功能,用从心情借来的色彩去渲染一切自然事物,在一种意义上形成一种新的创造。"③休谟在此强调美感能够改变存在性质的建构性或创造性,突出了审美区别于认识的存在本性。这是对认识论美学的一大超越。但他只强调情感与理智、审美与认识之间的区别,而忽略了二者之间的联系,因此存在片面性。

总体上看,近代经验主义美学和理性主义美学将美感的探讨重心转向了审

---

① 参见朱光潜《西方美学史》,人民文学出版社 1979 年版,第 207 页。
② 参见朱光潜《西方美学史》,人民文学出版社 1979 年版,第 290 页。
③ 朱光潜:《西方美学史》,人民文学出版社 1979 年版,第 225 页。

美主体及其心理结构,都把美感看作一种特殊的认识方式,并承认审美认识过程中审美主体与客观对象的不可分割的联系或关系。但是,由于受主客二分哲学思维方法的限制,其研究仍然把他们对美感本质的经验归纳看作对象的审美属性,归根结底美还是可以脱离主体而存在的独立客体,同样主体可以脱离客体而独立存在,只是在何者为第一性存在的问题上,唯物主义和唯心主义分别给出不同的解释。这样,主、客体之间的相互作用与关系还没有进入他们的理论视野。

德国古典美学以其卓著的创造性理论成就超越了经验主义美学和理性主义美学,在近代美学史上立起一座承前启后的不可逾越的理论高峰。

首先,德国古典哲学创立的主客合一的新思维方法为美学奠定了全新的方法论基础和出发点。德国古典美学从此扬弃了认识论美学的主客二分的思维方法,开辟了近代美学研究的新方向、新路线。这条主客合一的思想路线被马克思主义、存在主义加以批判地继承和发展,一直延续到现代,以不同方式、不同程度,或隐或显、或直接或间接地影响着现代各派美学。

这一功劳应首先归于康德。黑格尔曾高度肯定康德的美学建树,认为康德的美学概念为哲学奠定了一个新的出发点,这个美学概念就是“判断力”或“趣味判断”。康德确信自然必然与主体自由在客观上永远不能实现统一,因此理论理性(认识)和实践理性只能分离、分裂、对立,永远不能统一。但是审美判断力——也唯有审美判断力——能将二者结合、统一起来。判断力是沟通主体与客体、必然与自由、认识与实践的中介。尽管通过判断力中介而实现的主客统一是主观的精神的统一,但它毕竟是前无古人的创见和发现。它宣告了主客合一的新思维方法的诞生。正是在这一意义上,黑格尔把它看作哲学的牢固的新的出发点。

其次,康德美学新概念“判断力”不仅是近代哲学的新起点,而且是近代美学的新起点。从此开始,判断力成为美学研究的直接对象,美学也因此改变了名称,自康德以后,直观学“专用来指美学”①,美学不再是研究低级认识的科学,而是专门研究审美直观的科学。这是德国古典美学的又一个超越性理论成就。

康德最早提出“先验的直观”和“先验的直观学”,但没有明确提出“审美直观”这一概念。“先验的直观”具体指的是时间和空间的直接性感觉形式。“空间和时间就它们的直接的性质说,并不属于感觉本身。我有这个或那个感觉,这感觉永远是个别的;作为共相的空间和时间只属于先天的感性。”②在“先验的直

---

① [德]黑格尔:《哲学史讲演录》第四卷,贺麟、王太庆译,商务印书馆1978年版,第264页。
② [德]黑格尔:《哲学史讲演录》第四卷,贺麟、王太庆译,商务印书馆1978年版,第264页。

观"中经验的个别的感性与先验的共相的感性结合在一起,所以康德又称之为
"先验综合判断"。直观学所研究的则是"直观中的普遍成分,即存在于主体之
中、属于主体的成分,亦即空间和时间"①。由此引而申之,判断力也是一种"先
验的直观"形式,也具有先验综合的存在性质。判断力也就是审美或鉴赏的能
力,它"是凭借完全无利害观念的快感或不快感对某一对象或其表现方法的一
种判断力"②,康德进而解释说:"为了判别某一对象是美或不美,我们不是把它
的表象凭借悟性联系于客体以求得知识,而是凭借想象力(或者想象力和悟性
相结合)联系于主体和它的快感或不快感。"③从此可知,判断力实质上是个别的
特殊的情感(无利害的感情)与普遍的"先天的共同感"(想象力与悟性的协调一
致)的综合统一。所以后学追认判断力为审美直观,是有充分理由的。

　　谢林首次明确提出"美学直观"或审美直观,并把它看作认知、掌握绝对真
理的最可靠、最切实、最有效的工具和器官,黑格尔则称之为"人性思维"或"情
感直觉"。所谓人性思维,意即它"不借思想的形式以出现,而是作为情感直觉
或表象等形式而出现",并以此形式"表现人性的意识内容"④。这是它与以思想
的形式出现的一般思维的主要区别。谢林与黑格尔扬弃了康德判断力概念的主
观设定,更进一步把审美直观提到哲学本体论高度,揭示了审美直观的人性内容
及其终极存在性质。

　　德国古典美学将美感理论推进到一个新阶段。无论康德的"判断力"还是
谢林的"审美直观"、黑格尔的"情感直觉",都揭示一个事实:美感不是一种认识
形式,更不是一种与理性分离、对立的低级的感性认识,而是通过情感而显现主
体的人性本质的感性直观。在此直观中,个性与共性、感性与理性、经验存在与
先验存在是统一的、不可分割的。这比认识论美学前进了一大步。但由于唯心
主义哲学立场的限制,德国古典美学最终不能正确解决美感的感性与理性相统
一的客观基础到底是什么这一重大理论问题。他们没有从根本上完满地解决主
客合一的客观基础问题。

三、"语言学–存在论"阶段的美感理论

　　19世纪末,英、美语言哲学兴起,标志着哲学"认识论阶段"的终结和哲学
"语言学阶段"的滥觞。从此哲学揖别近代,跨进现代的门槛。以语言哲学为代
表的现代哲学将其研究重点由认识的能力和可能性转向人的活动方式及其工具

---

① 　[德]黑格尔:《哲学史讲演录》第四卷,贺麟、王太庆译,商务印书馆1978年版,第264页。
② 　[德]康德:《判断力批判》上卷,宗白华译,商务印书馆1964年版,第47页。
③ 　[德]康德:《判断力批判》上卷,宗白华译,商务印书馆1964年版,第39页。
④ 　[德]黑格尔:《小逻辑》,贺麟译,商务印书馆1980年版,第38页。

本身。广义的语言（包括名物、制度、艺术形式等）被看成人的活动或生存方式的集中体现，对语言意义与机制的研究和分析被视为揭示人的存在真相的最可靠的途径和方法。从此可见，语言哲学的实质是存在论。现代哲学流派众多，存在论哲学是其主流。这一主流一分为二，沿着科学主义和人本主义两个方向发展，展开了两条哲学路线。

美学与哲学同步转向，它对美感的探索也由人的审美能力转向人的审美活动方式。沿着哲学的方向和路线，美学也展开了科学主义和人本主义两条路线。

在美学的科学主义路线上，主要代表人物有：美国的美学家乔治·桑塔耶那、托马斯·门罗和杜威，英国的形式主义美学家克莱夫·贝尔、罗杰·弗莱，英国"新批评"派理论的创始人瑞恰兹，以及奥地利分析哲学、美学家维特根斯坦等。

现代科学主义美学的思想基础是主观经验主义和逻辑实证主义，这种立场在不少学派对美感的观点上都有所体现。美国的自然主义连同新自然主义美学家坚定地站在主观经验主义立场上研究、分析美感。新自然主义代表人物托马斯·门罗拒绝超经验的价值和原因，坚定地主张美学必须摆脱哲学，"完全放弃使它成为一门哲学学科的奢望"①，以现代心理学为基础，尝试科学地描述和解释艺术现象和审美经验。他认为审美经验的各种因素都可以包容在"审美态度"这一概念之中："审美态度是种集成类型的概念，它把种种不同的构成方式，想象、推理、能动性和情感等因素，所有意识的作用，任何一种感性知觉的模式都联结在一起。"②实用主义代表人物杜威则认为，艺术是对自然经验的延续与完善，审美经验就来自日常经验，美的形式唯有凭借经验才能理解并享受。

分析美学则以逻辑实证主义为其方法论基础，将美感的先验的形而上存在性质排斥在语言逻辑范畴之外。维特根斯坦在前期把事物分为能言说、能用命题描述的与不能言说、不能用命题描述的两类，认为后者是无意义的，传统哲学中大部分抽象命题（包括"美""善"等）都属此类，都是无意义的；后期他提出"语言的意义在于它的用途"，如"美的"这个形容词，"我们在许多场合都使用'美的'这个词，但每次都各不相同。例如：一张脸的美跟一把椅子的美，一朵花的美或一本书的装潢的美是各不相同的"③，关键要看使用该词的具体语境，即具体的使用决定"美的"一词的特定的意义。维特根斯坦的上述观点最终还是奠基于经验（能否证实或证伪的经验），其实质仍是通过语词的运用来分析美感的具体含义。

---

① 朱狄：《当代西方美学》，武汉大学出版社2007年版，第58页。
② 朱狄：《当代西方美学》，武汉大学出版社2007年版，第220页。
③ ［奥］维特根斯坦：《哲学研究》，转引自朱立元主编《美学》，高等教育出版社2001年版，第235页。

在美学的人本主义路线上,主要代表人物有:现象学美学创始人胡塞尔及其弟子波兰美学家英伽登,法国美学家杜夫海纳,精神分析学美学家弗洛伊德、荣格,解释学美学家伽达默尔、尧斯(尧斯又被公认为接受美学的创始人)等。

胡塞尔对美学的巨大贡献是,他在德国古典美学基础上进一步完善发展了主客合一的思想方法。如果说德国古典美学将主客合一奠基于共体的先验的精神理念,那么胡塞尔则将主客合一奠基于个体的经验的"意向性"概念。"意向性"是指任何意识总是关于某个事物的意识,也就是说,意识总是指向某种外在对象。胡塞尔认为,意向行为包括意向作用和意向对象两个方面。意向对象不同于实在对象,它是由意识通过意向作用而构成的。因此,意识活动不是一种被动性的接受行为,而是一种积极性的建构活动。如此生成的主客合一是能够通过个体直观被切实地掌握的。这一新思维为现代美学奠定了更为坚实的方法论基础。

英伽登从胡塞尔的意向性理论出发,把艺术作品与审美对象区别开来。他认为,从艺术创造的角度来看,作品也是一种意向性的构成物。但从艺术欣赏的角度来看,艺术作品就成了实在对象,而审美对象则是由接受者通过审美活动在自己的审美经验中构成的。之所以会出现这种差别,是因为艺术作品是一种图式化的存在物,因而存在着许多"空白"和未定之处。他认为,美感经验是一种由审美感知、审美素质和原始情绪"合成"的"复合经验"。这一美感经验论已超越流行的心理主义而有所深化,但充满了浓重的理性主义色彩。在他看来,"文学审美经验的核心永远是一种理性的理解行为"[1]。

杜夫海纳进一步发展了英伽登的美感理论。他在一定程度上扬弃了英伽登的理性主义倾向,主张美学返回其原来的"感性学"意义,并以此为基点来探究人与世界的具体的活生生的感性经验关系。杜夫海纳不同意英伽登把美感经验归结为情感活动的看法,而是把它视为一种知觉行为。他的代表作《审美经验现象学》一书的主旨在于凸显感觉和知觉的意义,为审美经验提供一个坚实的基础,从而恢复古希腊语"埃斯特惕卡"(Aesthetics)一词的正确含义。"M. C. 比尔兹利认为杜夫海纳的《审美经验现象学》具有'极大的清晰性、洞察力和独创性',并认为它是'两本最杰出的现象学美学著作'之一。"[2]他的美感经验理论在以下四个方面有所突破和推进:一是超越了仅从艺术家创造活动出发研究美感经验的局限,以接受者的美感经验作为切入点,并把二者结合起来研究,避免陷入心理主义的偏狭。二是超越了单从主体角度或单从对象属性角度研究美感

---

[1]　朱立元主编:《美学(修订版)》,高等教育出版社 2006 年版,第 268 页。
[2]　朱狄:《当代西方美学》,武汉大学出版社 2007 年版,第 84 页。

经验的局限,认为"审美经验揭示了人类与世界的最深刻和最亲密的关系",他称之为存在的深度或和谐,因而他自觉地在人与世界的活生生的关系中,即在人的生活世界中,来探讨美感经验的所有问题。三是超越了仅把艺术作品作为美感经验研究对象的局限,将研究对象拓宽至整个自然和社会生活领域。四是超越了对美感经验仅做心理学研究的局限,提出了"情感先验"的新范畴来阐释审美知觉,认为人与世界的存在关系首先是一种情感性关系,情感先验在逻辑上先于经验,与"知性先验"一起与世界发生关系,后者是用来认识世界的,而前者是感知世界的基本条件,也是美感经验构成的基础。① 情感先验先于知性先验而存在,美感经验的本质是先验与经验的统一、人与世界的存在关系。这是杜夫海纳美感理论超越英伽登的突出亮点。

奥地利心理学家弗洛伊德在 20 世纪初创立的精神分析学对现代西方思想产生了非常广泛的影响。他对美学和艺术理论的深刻影响主要在于"潜意识"和人格结构理论。据此原理,他提出了"替代"说、"白日梦"等理论,从生理、心理层面拓展了科学化的美感经验研究。他认为,审美和艺术活动在根本上是主体为了宣泄和转移自己的生命本能而选择的社会所允许的替代方式,从某种意义上说就是一种白日梦。对于艺术家而言,艺术创造就是以一种间接的方式把自己受压抑的性本能转移到作品之中,使其在想象和幻想之中得以释放,从而确保主体在精神和心理上健康。对艺术欣赏而言,作品同样只是一种"诱惑物",使读者的本能在自由的想象中获得替代性的满足。②

弗洛伊德美感理论的片面性是显而易见的:他用人的生物-生理的本能来解释美感,把作为社会意识现象的人的美感的本质降低为动物性的情欲,他把人的心理基础完全归结为性本能,全然否认美感的客观社会基础。

伽达默尔的解释学美学以对美感经验的研究作为逻辑起点,试图从此出发去发现一种与整个解释学经验相适应的认识和真理。他把艺术作品放在接受主体的美感经验中考察,指出:

> 艺术的万神庙并非一种把自身呈现给纯粹审美意识的无时间性的现时性,而是历史地实现自身的人类精神的集体业绩。所以审美经验也是一种自我理解的方式。但是所有自我理解都是在某个于此被理解的他物上实现的,并且包含这个他物的统一性和同一性。只要我们在世界中与艺术作品接触,并在个别艺术作品中与世界接触,那么艺术作品就不会始终是一个我

① 参见朱狄《当代西方美学》,武汉大学出版社 2007 年版,第 77~84 页。
② 参见[奥]西奥蒙德·弗洛伊德《弗洛伊德论美文选》,张唤民、陈伟奇译,裘小龙校,知识出版社 1987 年版,第 28~37 页。

们刹那间陶醉于其中的陌生宇宙。我们其实是在艺术作品中学会理解我们自己,这就是说,我们是在我们此在的连续性中扬弃体验的非连续性和瞬间性。①

这里伽达默尔把美感经验理解为人类在与世界的接触中所实现的对世界的理解,其实质也是人对自己的理解。这种经验"从根本上说总是超越了任何主观的解释视域的,不管是艺术家的视域还是接受者的视域。作者的思想决不是衡量一部艺术作品的意义的可能尺度,甚至对一部作品,如果脱离它不断更新的被理解的实在性,其意义是不可能实现的。艺术作品的意义只能存在于不断被接受、被经验的无穷过程中"②。他通过区分美感经验与科学认识、伦理认识,深刻揭示了美感经验的本质特征,并明确地把美感经验规定为一种"独特的认识方式""一种生存方式",人们对它的研究是"美学的任务"。这就把美感经验的研究提升到了更高的层次。

从总体上看,人本主义美学将德国古典美学奠定的主客合一的思想方法论推进到一个新阶段,能够比较深入细致地探讨美感的先验与经验、感性与理性的统一性问题,并且取得了卓著的理论成就。但是,他们最终将美感二重性统一的基础归结为主观的内在性或个人的生理本能,这又退回到唯心主义跳不出去的泥沼中。这个重大难题在马克思主义那里才得到完满、科学的解决。

马克思主义是横跨"认识论阶段"和"语言学阶段"的极富创造性的伟大理论。马克思对美学的杰出贡献在于其辩证历史唯物主义实践论。马克思在批判改造费尔巴哈人本主义哲学基础之上提出了"实践"这一新概念。在马克思看来,实践至少是人类赖以存在、发展的唯一的客观社会基础,因而也是创造生成人类历史现象(包括一切文化、文明)的唯一的客观社会基础。实践又是人类实现自由的客观基础。在历史实践基础之上,主体与客体、人与自然、必然与自由、客观规律与主观目的现实地统一起来了,一直困扰着德国古典哲学的二律背反问题终于得到圆满的解决。实践原理为现代美学(包括美感理论)奠定了坚实的方法论基础,为解开美感的关键奥秘——个性与共性、感性与理性、经验与先验、生理与社会的统一问题——提供了一把万能钥匙。

根据辩证历史唯物主义一般原理,马克思主义美学创始人认为,美感与人类一切意识现象一样,"一开始就是社会的产物,而且只要人们存在着,它就仍然

---

① ［德］汉斯-格奥尔格·伽达默尔:《诠释学1:真理与方法——哲学诠释学的基本特征》(修订译本),洪汉鼎译,商务印书馆2007年版,第137页。

② ［德］汉斯-格奥尔格·伽达默尔:《诠释学1:真理与方法——哲学诠释学的基本特征》(修订译本),洪汉鼎译,商务印书馆2007年版,第21页。

是这种产物"①。

从美感的内容来看,意识在任何时候都只能是被意识到了的存在②,美感是对审美对象的一种能动的反映和建构,它的内容与特性归根结底取决于人对现实的具体的实践关系,决定于社会存在的一定发展状况和水平,从美感的感性形式来看,"五官感觉的**形成**是迄今为止全部世界史的产物"③,它的产生是建立在人类社会实践的漫长历史进程的基础之上的。无论是美感的内容,还是它的感受形式,都不是某种动物的本能或天赋能力,而是社会实践的产物。

美感作为一种特殊的精神活动,它的根源与本质只能从生产活动这一人类基本实践中探求。

马克思认为,人类的劳动是一种有意识、合目的的"中介、调整和控制人和自然之间的物质变换的过程"④。人"通过这种运动作用于他身外的自然并改变自然时,也就同时改变他自身的自然。他使自身的自然中蕴藏着的潜力发挥出来,并且使这种力的活动受他自己控制"⑤。正是在改造客观自然的劳动过程中,人也改造着自己的"自然本性",发展着人的各种能力。恩格斯说:

> 首先是劳动,然后是语言和劳动一起,成了两个最主要的推动力,在它们的影响下,猿脑就逐渐地过渡到人脑;……随着脑的进一步的发育,脑的最密切的工具,即感觉器官,也进一步发育起来。正如语言的逐渐发展必然伴随有听觉器官的相应的完善化一样,脑的发育也总是伴随有所有感觉器官的完善化。⑥

就这样,在生产劳动使人脱离动物状态、逐渐发展成为社会人的同时,人的各种感觉器官也逐渐脱离动物的自然本性或本能状态,成为具有社会性质的人的感官,并不断发展完善起来。所以,人们通过劳动,一方面改造了作为客体的

---

①　《马克思恩格斯选集》第一卷,中共中央马克思恩格斯列宁斯大林著作编译局编译,人民出版社2012年版,第161页。

②　参见《马克思恩格斯选集》第一卷,中共中央马克思恩格斯列宁斯大林著作编译局编译,人民出版社2012年版,第161~162页。

③　[德]马克思:《1844年经济学哲学手稿》,中共中央马克思恩格斯列宁斯大林著作编译局编译,人民出版社2018年版,第84页。

④　《马克思恩格斯全集》第四十二卷,中共中央马克思恩格斯列宁斯大林著作编译局编译,人民出版社2016年版,第168页。

⑤　《马克思恩格斯全集》第四十二卷,中共中央马克思恩格斯列宁斯大林著作编译局编译,人民出版社2016年版,第168页。

⑥　《马克思恩格斯选集》第三卷,中共中央马克思恩格斯列宁斯大林著作编译局编译,人民出版社2012年版,第992页。

自然,使自然界事物的形体、色彩、音响等性能、规律为自己所熟习、掌握和运用;另一方面又改造了作为主体的自然(人本身),形成和发展着人的各种主观能力,丰富和敏锐着人的感觉,不断地"**使人的感觉成为人的**"①。正因为人的感官社会化了,人的感觉具有了社会的性质,人对事物的感知和反映便与动物的从根本上区别开来。

人的感觉器官的社会化特点,是经由劳动和语言而形成的。语言是思想的直接现实,人的感觉在语词符号的指引下不但能够比较深入地掌握客观事物的各种性能,甚至是某些具有概括意义的性能,例如形态、色彩在比例方面的变化,各个因素之间的对称、和谐等,而且还逐渐能够直接感受、体验这些客观性能与人的实践的各种概括关系,开始在客观对象身上直接感受、理解它们与社会生活的关系、价值和意义。这也就是在对象身上直接看见自己(包括自己寓身于其中的社会、阶级、种族)的生活、实践的社会内容,看到合规律性与合目的性的一致,看到自己的力量和理想,从而引起精神上的愉快和满足,这就是审美感受的萌芽。人不仅通过思维,而且也通过一切感觉在对象世界中肯定自己。当人能够在客观世界中直观自己本身,感到愉快喜悦即获得审美感受时,美感就开始产生了。

可见,美感的产生和发展、根源和本质归根结底取决于人们的社会物质生活,取决于人们的历史的具体的社会实践。所以,只有在客观上通过社会实践创造出美的对象,才可能令主体在主观上相应地形成接受这一对象的特殊的能力和特殊的感受。反过来说也是一样,只有在主体方面通过社会实践生成感受形式美的感官,才能现实地接受对象的美,二者在实践的基础上互为因果。

从此可知,在社会实践的基础之上,美感的个性与共性、感性与理性、经验与先验、生理与社会现实地统一起来了。实践的原理乃是揭开美感全部奥秘的第一原理。

马克思主义方法论的灵魂是唯物辩证法,辩证法的基本原理和原则赋予马克思主义美学以极大的开放性与包容性。可以说,马克思主义美学"是一种最有现实精神、论域最广、最有深度的"②美学思想。它不仅最深刻地影响了许多国家(主要是中国、苏联和东欧社会主义国家)的整体美学思想,而且催生出极具魅力的西方马克思主义美学,同时对存在主义、后结构主义、女性主义等最前沿的哲学-美学方法产生了深远的影响。

---

① [德]马克思:《1844 年经济学哲学手稿》,中共中央马克思恩格斯列宁斯大林著作编译局编译,人民出版社 2018 年版,第 84 页。

② 朱立元主编:《美学(修订版)》,高等教育出版社 2006 年版,第 57 页。

第三节　美感与科学认识、
伦理意识的联系及区别

美感作为一种社会意识形态,有自身独具的与其他形式的意识形态相区别的本质特征。我们把它与科学认识、伦理意识做一比较,就可从中凸显美感的本质特征。

人在漫长的历史实践过程中逐渐形成了各种复杂关系。其基本关系不外乎三种:(1)人通过理性认识掌握外部世界的规律,形成认识关系;(2)人运用既得的正确认识,以伦理共同体的存在形式能动地改造外部世界,形成伦理-实践关系;(3)在实践过程中,事物对人显出价值和意义来,于是人们有了善恶价值标准,以此为标准来审辨事物的美丑,这就是审美关系。真、善、美就存在于这三种关系中。有真、善、美的客观存在,遂有哲学(广义的科学)、伦理(道德)和美感的主观精神形式。这三种精神现象既互相联系又互相区别。弄清了美感与它们的联系和区别,也就更进一步掌握了美感的本质特征。

一、美感与科学认识的联系和区别

1. 美感与科学认识的联系

何谓科学? 科学就是研究自然、社会和思维的客观规律的分科知识体系。科学和哲学一样,都以客观真理为研究对象,科学认识是客观事物的本质规律在人们头脑中的主观反映形式。美感则是对人的本质的对象化事物的能动反映和掌握,它所掌握的不只是美事物的外在形式,而且主要是形式所蕴含的人的人性本质及其规律性。所以从反映的内容来看,二者所掌握的都是客观对象的本质和规律。同一事物,尤其是社会事物的本质和规律既可以通过科学反映出来,也可以通过美感显现出来,这就是美感与科学认识的内在联系。

例如,五四运动到第二次国内革命战争这一时期的中国社会现象既可作为社会科学研究、反映的对象,也可作为文学艺术描写、表现的对象。当时中国社会有什么客观必然性规律呢? 毛泽东在《星星之火,可以燎原》这篇政论中通过直接、精准、深刻地揭示中国社会的种种矛盾,得出了一个科学结论:中国革命的高潮"不可避免","很快会要到来"[①]。这一判断就是对当时中国社会客观规律的正确反映。茅盾的小说《子夜》所描写的对象也是这一时期的社会生活现象。《子夜》以民族资本家吴荪甫兴办实业,在买办金融资本的压迫下逐渐走向破产

---

① 《毛泽东选集》第一卷,人民出版社 1991 年版,第 101~102 页。

的全过程为主要线索,展开纵横交错的故事情节。中国社会各阶级、阶层的代表人物都在小说中出现了,中国社会的各种主要矛盾都在小说中得到生动的再现。小说形象地再现了 1930 年前后中国社会的状况。《子夜》的结局发人深思。在夜半钟声中,赵伯韬一伙举杯相庆。作者巧妙地把这桌宴席设置在工人运动和农民运动已经崛起的社会背景下,寄寓了深刻的含义。不难想象这一桌"人肉宴席"其实正置放在烈火之上,其下堆满干柴,火苗已经点燃,赵伯韬等人将很快被工人、农民革命斗争的熊熊烈火化为灰烬。那划破夜空的悠扬浑厚的钟声向人间报道,笼罩在中国大地上的漫漫黑夜即将过去,革命的清晨即将到来。《子夜》通过形象的描写、艺术的渲染,向我们展示出中国社会的前景,寄托了中国革命高潮即将到来的寓意。这和《星星之火,可以燎原》一样,反映的是同一对象的同一客观规律。

由此可见,科学认识与美感之间存在深刻的内在联系。尽管二者的显现形式不同,但就反映的内容来看,二者是同一的。

2. 美感与科学认识的区别

就美感所掌握的客观对象的本质规律来说,它属于理性认识范畴,但美感的理性始终不脱离感性,并渗透于鲜明的形象之中。而科学最后所形成的理性认识则以概念系统直接传达,排除了形象性和具体性。美感的形象性决定了其心理反映形式为感性直觉或直观,而科学认识的抽象性则决定了其心理反映形式为逻辑判断。此为二者的基本区别。具体分析,又有以下三种区别:

第一,二者感受事物的心理反映形式不同。美感带有情感,科学认识则不兼带情感。情感是美感直接的感性经验形式之一。明代臧懋循谈到元曲时说:"能使人快者掀髯,愤者扼腕,悲者掩泣,羡者色飞,是惟优孟衣冠,然后可与于此。"[1]喜、怒、哀、乐不唯在看戏时有,在美感中普遍存在着。在审美过程中,或触景生情,或借景移情,这样的例子不胜枚举。"献岁发春,悦豫之情畅;滔滔孟夏,郁陶之心凝;天高气清,阴沉之志远;霰雪无垠,矜肃之虑深。"[2]这是触景生情。范仲淹在《岳阳楼记》中写道,对春和景明、浮光耀金之景,则"喜洋洋者矣",对霪雨连绵、连月不开之景,则"感极而悲者矣"[3],也是触景生情。"感时花溅泪,恨别鸟惊心。"[4]忧则云愁月惨,喜则山欢水笑,是借物移情。"更草草离

---

[1] (明)臧懋循:《元曲选序二》,见郭绍虞主编《中国历代文论选》第三册,上海古籍出版社 2001 年版,第 167 页。

[2] (南朝梁)刘勰著,周振甫注:《文心雕龙注释》,人民文学出版社 1981 年版,第 493 页。

[3] (宋)范仲淹:《岳阳楼记》,见张燕婴等译注《中华经典藏书(全套典藏装)·古文观止》下册,中华书局 2012 年版,第 497 页。

[4] (唐)杜甫:《春望》,见中国社会科学院文学研究所编《唐诗选》上册,人民文学出版社 1978 年版,第 241 页。

筵,匆匆去路,愁满旌旗"①,也是借物移情。欧也妮刚萌发了爱情之后,觉得院落周围平淡无奇的景色突然变美了:"一堵墙上挂着浓密的凤尾草,草叶的颜色像鸽子的颈项一般时刻变化。阳光照到这堵墙上的时候,仿佛天国的光明照出了欧也妮将来的希望。从此,她就爱这堵墙,爱看墙上的枯草,褪色的花,蓝的灯笼花,因为其中有她甜蜜的回忆,跟童年往事一样。有回声的院子里,每逢她心中暗暗发问的时候,枝条上每张落叶的声响就是回答,她可能整天呆在这儿,不觉得时光飞逝。"②这也是借物移情。可见有美必有情,凡是美感,必含情感。

科学则不然,根据牛顿、康德等科学家、哲学家的亲身体会,在整个科学认识过程中,无论是接受感性材料阶段,还是推理、思考阶段,都没有情感的成分。科学认识需要的是冷静的理性思维和客观的分析、综合。

第二,二者揭示事物本质的途径和方式不同。美感通过直觉的途径和方式体认事物的本质,科学则通过逻辑推理的途径和方式认识事物的本质。在一刹那间,人们在深刻感受事物的同时,理解了事物的本质,这是直觉的主要特点。所以在直觉中感性和理性不是截然分开的,在时间上也很难分清二者到底谁先谁后。所以冷静的思考和严密的逻辑推理是不能介入的。科学则不然。科学认识的形成往往需要一个漫长的过程,一个科学家发现一个定理,往往需要花几十年时间,甚至一生。这样的例子在科学史上不胜枚举,如达尔文的进化论,哥白尼的太阳中心说,牛顿的万有引力定律,爱因斯坦的相对论,巴甫洛夫的两种信号神经系统说,都花了很长时间才形成。科学认识是一个过程,从感性到理性,从理性到实践,循环往复。其间感性和理性是可以分开的,在时间上有先后,从感性上升到理性,都需要逻辑判断、推理来完成。

第三,二者传达事物本质的符号化形式不同。美感以具体形象传达对象的本质和规律,科学则以抽象概念传达事物的本质和规律。茅盾《子夜》所揭示的1930年前后中国社会发展的必然性规律不是以命题、概念体系来传达的,而是用形象系列来表现的。小说中没有民族资产阶级、买办阶级、地主阶级、工人阶级、农民阶级、军阀、掮客之类的抽象概念,我们看到的是活生生的人,是赵伯韬、吴荪甫、吴老太爷、蒋云卿等人。他们之间的阶级关系也不是用压迫、矛盾之类的概念说出来的,而是用复杂的故事情节、人物性格的矛盾冲突表现出来的。读者通过对人物形象的深刻理解和切身体验,体会出"中国革命高潮即将到来"这

---

① (宋)辛弃疾:《木兰花慢·席上送张仲固帅兴元》,见张碧波编《辛弃疾词选读》,黑龙江人民出版社1979年版,第49页。

② [法]巴尔扎克:《欧也妮·葛朗台》,傅雷译,人民文学出版社1980年版,第52页。

一客观规律,而这一规律在毛泽东《星星之火,可以燎原》一文中,则以概念、判断、推理的形式直接表达出来。一个以形象传达事物的本质和规律,一个以抽象概念传达事物的本质和规律,这是二者的表面区别。最根本的区别还在于二者所揭示的内容的特殊性:形象的意义是复杂的、丰富的,而概念的内涵则是单一的、抽象的,因此马克思称之为"稀薄的抽象"①。所以,形象的意义是单一的概念、判断所不能充分、完全地传达出去的。

美感言有尽而意无穷,形象的意义大于概念所能表达的意义。科学认识则是言尽而意止,它的内容与概念、判断所表达的意义是相等的。林黛玉突然听到了《牡丹亭》曲词,顿时如醉如痴,四肢酥软,瘫坐在石凳上,细细思量,有许多话压在心头,难以言传。之所以如此,是因为这个音乐形象向她揭示或暗示了许多意义,想不尽,说不完,在她的意识中,找不出一个明确的概念来表达它的意思。如果有人读了《红楼梦》,简单地判断这是一部封建社会的没落史,读了鲁迅的《药》,一语断定这篇小说反映了辛亥革命失败的原因,那么这个人可能是并不高明的欣赏家和评论家。固然作品中有这些意义,但并不仅仅有这么一层意义。如果一部文学作品的意义可用一个概念、判断表达透彻的话,它也就算不上真正的文学作品,就变成了寓言或政论。反之,如果一部科学著作,在没有误读、曲解的情况下,读者读了之后觉得有两个以上的相对独立甚至相互对立的道理或原理,那么它就算不上真正的科学著作。

当然,美感也不是绝对排斥概念和逻辑思考的。每当一个对象引起我们的美感时,思绪万千,浮想联翩,这时也有概念和思维的成分在活动,只是我们没有明确地意识到罢了。小说中的议论、中国画中的题诗、音乐中的标题,其作用都是启迪欣赏者深刻领会作品中的抽象道理和意义。

《聊斋志异》中各篇都有描写、有议论,每写完一个故事之后,作者加一段议论,叙议结合。这种叙议结合的方法,为许多小说家所采用。巴尔扎克的《欧也妮·葛朗台》有一个情节:葛朗台在他弟弟破产自杀之后做了一桩好生意,卖了一千桶葡萄酒,赚了一大笔钱,他高兴得不得了,紧接着又谋一笔钱,准备在巴黎放公债。他晚上回来时,在查理的屋子里发现了一支白蜡(这违反了他的家规),便想找太太发作,此时,葛朗台太太正在晚祷。太太恳求说:"朋友,我在祷告,等一会儿好不好?"葛朗台咕哝着说:"见他的鬼,你的好天爷!"巴尔扎克在此加了一段议论:

---

① 《马克思恩格斯全集》第十二卷,中共中央马克思恩格斯列宁斯大林著作编译局编译,人民出版社 1962 年版,第 750 页。

　　凡是守财奴,都只知道眼前,不相信来世。葛朗台这句话,把现在这个时代赤裸裸地暴露了出来。金钱控制法律,控制政治,控制风俗,到了前所未有的程度。学校、书籍、人物、主义,一切都在破坏对来世的信仰,破坏这一千八百年以来的社会基础。如今坟墓只是一个无人惧怕的阶段。死后的未来,给提到现在来了。不管什么义与不义,只要能够达到尘世的天堂,享尽繁华之福,化心肝为铁石,胼手胝足地去争取暂时的财富,像从前的殉道者为了未来的幸福而受尽苦难一样。这是今日最普遍的、到处都揭示着的思想,甚至法律上也这样写着。①

　　这一段概念化的议论点明了葛朗台性格的普遍社会性。但这段议论并没有将葛朗台这一形象的深刻含蕴全部揭示出来,仅仅是在描写的基础上扩大了这一形象的意义。再比如中国画中的题诗,郑板桥在一幅《墨竹》中题了一首诗:"扬州鲜笋趁鲥鱼,烂煮东风三月初。为语厨人休斫尽,清光留此照摊书。"②这首诗对画中的幼笋寄予深切的同情,点明了言外之意,把观赏者的指向性从墨竹移到鲜笋,扩大了形象的意义。无论小说中的概念化议论还是画中的题诗,都是艺术形象的补充部分。它可以启迪我们深刻地理解形象的意义。由此可见,美感不是绝对排斥概念和判断的。但其中概念和判断发挥作用的方式与科学认识的概念和思维活动的方式是不同的。

　　总而言之,科学认识是抽象的,美感是形象的;科学认识过程是从感性到理性的一个逻辑推理过程,美感的反映显现途径是感性和理性统一的直觉活动;科学认识不带有情感,美感带有情感。此为科学认识与美感的主要区别(详见表8-1)。

表 8-1　科学认识与美感对比一览表

	对象	方式	时间状态	空间状态	心理形式	产品
科学认识	事物本质	逻辑推理	循序渐进	抽象分解	理性思维	概念
美感	具体形象	感性直观	刹那领悟	整体把握	情感想象	审美意象

二、美感与伦理意识的联系和区别

　　美学史上曾有两种互相对立的美学观点。一为载道说,认为艺术完全服务于至高至善的伦理目的,它的任务是进行道德说教;一为娱乐说,认为艺术近乎

---

①　[法]巴尔扎克:《欧也妮·葛朗台》,傅雷译,人民文学出版社 1980 年版,第 81 页。
②　韩凤林、宫玉果编:《郑板桥书法字典》,中国青年出版社 1999 年版,第 160 页。

游戏,其目的只是为了使人快乐而已。这两种观点各走一极端,载道说只看到了美感和伦理意识的联系,娱乐说只看到了美感和伦理意识的区别。其实,美感和伦理意识既有互相联系的一面,又有互相区别的一面,以下分述之。

1. 美感和伦理意识的联系

什么是伦理意识?简言之,就是人们在社会实践过程中形成的功利观念、善恶观念,它是对社会实践过程中形成的人与物、人与人之间的合目的关系的反映。个人的社会性意志和行为及其最高目的——善——构成伦理意识的核心内涵,它是具体的、历史的。

例如中国古代士阶层普遍奉行的"士为知己者死"这一伦理准则,体现的就是一种伦理意识或精神。战国时期的豫让,他的主人智伯被赵襄子杀了,他为了报仇,化为刑人。一次豫让在茅厕中企图行刺赵襄子,未遂,被抓获后,赵襄子问明情由,放了他,认为他是义人。因为他是按照"士为知己者死"这一伦理准则行事的。后来,豫让又"漆身为厉,吞炭为哑"①,化为乞丐,连他的妻子也认不出。一个朋友认出他后,劝他假意为赵襄子做事,伺机杀之,不必这样残身苦形。豫让回答说,既然委身做了人家的臣子,又存心害他,这是对君怀有二心,不忠诚,我之所以这样做,就是为了让后世那些对君不忠的奸臣听了我的事迹后脸红。② 显然,豫让坚定的意志行为明确指向一个至善的伦理目的,即事君不二的"忠"。"忠"在封建伦理社会被认作善的集中体现。

美感和伦理意识联系的纽带在于其共通的实用观念、功利观念和善恶观念。

美感与实用观念、功利观念密切相连,这在原始社会的审美观念中表现得最明显、最清楚。在原始社会的美感中,审美观念和其他观念混合在一起。那时人们的审美活动和功利活动是在生产劳动中同时进行的。因此,审美观念和实用观念、功利观念直接相联系。

首先,由实用观念派生出审美观念。非洲西部有一个部落,那里的女人爱打扮:赤裸身体,唯有手臂上戴着铜镯,头上戴着许多白珠串。南非有一个部落的人也有佩带金属环的爱好。这种审美观念是怎样形成的呢?据说这些部落居民最初佩戴金属环是为护身,在草木中行走时,有些植物的刺很硬,用铁环把它碰掉,以免刺伤身体。男子手臂上戴铁环是为在打仗时防护身体。最初他们在手臂上戴铁环,是因为铁环具有一定的使用价值。这种观念是一种实用观念,后来慢慢形成习惯,人们觉得戴上铁环不但有用,而且很美。妇女也模仿男人在臂

---

① (汉)司马迁撰,(南朝宋)裴骃集解,(唐)司马贞索隐,(唐)张守节正义:《史记·刺客列传》,中华书局 1982 年版,第 2520 页。

② 参见(汉)司马迁撰,(南朝宋)裴骃集解,(唐)司马贞索隐,(唐)张守节正义《史记·刺客列传》,中华书局 1982 年版,第 2519~2521 页。

上、腿上戴上铁环,作为装饰,以示美丽,于是产生了原始的审美观念。可见实用观念先于审美观念,审美观念来源于实用观念。

中国人原始的审美观念也是从实用观念中产生的。古文字学提供了最可靠的证据。中国古人造字是很科学的,《说文解字》对美字的解释是:"甘也。从羊,从大。羊在六畜,主给膳也,美与善同意。"①"善"字的古义就是"膳"。"美"字之所以从羊字引申出来,是因为羊在六畜里主要是给人吃的,而且其肉鲜嫩肥美,其奶甘甜可口。羊大为美,羊甘为美。这是由实用观念派生出审美观念。

其次,由功利观念派生出审美观念。非洲的许多原始部落喜欢用野兽的皮、爪做装饰。如有些部落喜欢用狮牙做装饰,有些部落喜欢用鸟的羽毛、猛兽的牙齿做装饰。这些东西"是不能吃的,或是不能用来满足其他需要的,但是这些部分可以作为他的力量、勇气或灵巧的证明和标记。因此,他开始以兽皮遮掩自己的身体,把兽角加在自己的头上,把兽爪和兽牙挂在自己的颈项上,甚至把羽毛插入自己的嘴唇、耳朵或鼻中隔"②。这种审美观念逐渐被固定下来,形成普遍的审美嗜好,久而久之转而用木棍等其他代用品来穿鼻,以为这也是一种美丽。"在非洲的本戈部落中,每个女子在出嫁的时候,总要给她的下唇穿一个孔,插上一根小小木棍。有一些女人除了这样做以外,还要在鼻孔上穿窟窿,插上草秆。"③这些奇特的审美观念是怎样形成的呢?稍加思考不难理解,他们佩戴的这些东西都和他们的猎获物有关,之所以他们喜爱这些东西(鸟、狮子、豹子、熊、野牛等),是因为这些东西对他们的部落或种族全体有利、有益。他们首先考虑到这些东西对全部落有利,然后才产生了相应的审美观念。

由此可见,先有功利观念,后有审美观念。审美观念是由功利观念派生出来的。原始人的审美观念与实用观念、功利观念混合并存。处于萌芽状态的美感与质朴的伦理意识不可分割地联系在一起。随着美感的发展,人们渐渐用和原来的审美对象相似的形式代替具有实际价值的审美形式,例如用草秆代替羽毛,用红色代替血。这样美感的表现范围就扩大了,人们开始放弃功利的考虑,欣赏那些没有实际价值和意义只用作代替品的样子,自此美感和伦理意识分道扬镳。二者的联系变得曲折而间接,其区别也就明显了。

2. 美感与伦理意识的区别

随着社会实践的发展,美感与原始的伦理观念分离了。随着人们审美能力的逐渐提高,人们可以通过欣赏非功利的形式,理解掌握伦理功利内容。于是美感就具备了相对稳定的本质特征:巨大的社会功利内容和效果沉淀在似乎非功

---

① (汉)许慎:《说文解字(附检字)》,中华书局1963年版,第78页。
② [俄]普列汉诺夫:《普列汉诺夫美学论文选》,曹葆华译,人民出版社1983年版,第419页。
③ [俄]普列汉诺夫:《普列汉诺夫美学论文选》,曹葆华译,人民出版社1983年版,第419页。

利、非实用的心理形式里,通过非功利的心理反映形式实现重大的社会功利目的。换句话说,功利的内容与非功利的形式相统一是美感的一个基本的、重要的特点。伦理意识是纯功利的,非功利的心理反映形式是区分美感与伦理意识的显著标志。

非功利的心理反映形式就是没有利害计较的一种心理感受、体验或经验。它直接显现为一种愉悦畅快的心情,如同娱乐,如同小孩子做游戏,如同看马戏,如同一对年轻夫妇逛公园。我们在小说中、舞台上看到答尔丢夫、福斯泰夫,因之情不自禁地哈哈大笑,这就是一种非功利的心理反映形式。在现实生活中则不是这样。一个有正义感的人看到流氓恶棍、看到伪君子,一定会咬牙切齿,满腔怒火;一个道德意识很强的人想到这些家伙对社会的危害,一定会奋不顾身地与之作斗争,甚至想除掉他。这就是一种功利的心理反映形式。非功利的心理形式与功利的心理形式主要区别在于,前者没有现实的利害计较,后者则有现实的利害计较。我们见了小说中舞台上的流氓恶棍、伪君子,不反对他还要当着他的面笑,就是因为我们没有眼前切身的利害计较,作为读者或观众的我们心里清楚:福斯泰夫不会跳下舞台把我们杀了,答尔丢夫也欺骗不到我们,打我们妻女的主意。对现实生活中的流氓恶棍则有切身的利害计较,我们不惩处他,他就要危害我们和社会。

非功利的心理反映形式的另一层意思,是指人们所欣赏的那些对象化形式是没有实用价值的形式。戏剧、诗歌、小说、音乐、雕塑等多种艺术形式,形形色色的自然美的色彩、线条、形状,都没有任何实用价值,既不能吃、不能穿,又不能遮风挡雨。它不像原始人欣赏的那些东西,如铁环、铜镯、兽角、兽皮、石灰浆、动物血等,那些东西本身都有一定的实用价值。

但是这些非功利的心理形式中又含有某种社会功利内容。我们笑福斯泰夫的丑,笑答尔丢夫的虚伪,这笑声中就蕴含着道德评价和理性批判。因为能对丑陋、虚伪的人轻松痛快地发出笑声者,多半在道德上比他们优越、高尚,不然未必会笑,甚至会心生不快或恼怒,就像哈姆莱特的叔父看戏一样,当他看到了舞台上杀兄娶嫂的恶人时,就愤然离座,拂袖而去。在笑声中寄托某种道德观念和伦理评价,这就是"寓教于乐"。人们在嘲讽滑稽丑乖的爽朗笑声中默默进行着没有道德说教的道德教育。人们笑过之后稍加思考,发现现实生活中曾遭遇但还识之不清的类似福斯泰夫、答尔丢夫的人,现在变得形象明朗了,随之美丑观念更加明确了,恨什么、爱什么的伦理情感也愈发强烈了。这就是一种社会功利目的。所以说,美感是非功利的心理形式与功利的伦理内容的统一。

我们将美感与科学认识和伦理意识做一比较,发现美感的本质特征为:感性直观的心理反映形式中包含着深刻的社会生活的本质和规律,非功利的心理反映形式中沉淀着巨大的社会功利内容和效果。它是以感性直观的形式肯定人的本质的一种社会意识形态。简言之,感性和理性的统一、生理和社会的统一、主观愉悦性和客观功利性的统一为美感的本质特征。

【本章复习重点】

一、基本概念

美感　审美理想　审美趣味　审美感受　审美愉快　科学认识　伦理意识

二、思考题

1. 美感的基本内涵是什么?
2. 美感理论在西方美学史上经历了哪些发展阶段?
3. 如何理解马克思主义美感论在西方美学史上的突出地位?
4. 美感与科学认识有何联系和区别?
5. 美感与伦理意识有何联系和区别?
6. 简析美感的本质特征。

第九章　作为美感基本存在方式的审美直观

上一章初步得出结论:美感是以感性直觉或直观的形式肯定人的人性本质的一种社会意识形态。它不仅是一种认识形式,而且是一种精神实践活动。作为一种精神实践,美感又是人们持存、显现自身的人性本质的特殊存在方式。从它由以产生的历史实践基础来看,美感是认识和实践的统一,因此它既有认识论的特点,又有存在论的性质。不仅如此,在更为内在的层面上,人的人性存在构成了美感的最基本、最深湛的存在本质。上一章以认识论的视角侧重分析了美感作为一种认识形式的本质特征,本章将以实践存在论的视角侧重分析美感作为一种存在方式的基本特点和特征。

在认识论美学阶段,休谟最早意识到美感区别于认识的存在特性,认为美感具有改变人的存在状态的特性,但他没有创造出与其存在性质相应的明确概念。德国古典美学明确提出"审美直观"这一新概念,以此来突出美感区别于认识的存在性质,并把它作为美学研究的核心概念,取代了"美感"这一概念在美学研究中长期占据的中心地位。谢林进而将审美直观置于理智直观之上,把它看作哲学通达存在之最高本体——理念——的可靠工具,在哲学本体论高度上揭示审美直观主客合一的存在特性。后来费尔巴哈和克罗齐都是在这一哲学维度上沿用审美直观这一概念的。(费尔巴哈和克罗齐的"直观"又被译为"直觉","审美直观"与"审美直觉"其实是同一性概念。)

但是,他们最终都没有完全超越哲学认识论的视域,仍然把审美直观看成哲学认识的工具和器官,仅仅在思维与存在同一性的前提下有所保留地承认"审美直观"的存在性质。直至马克思主义哲学出现,关于审美直观的认识才真正突破认识论视野,转向实践存在论。马克思在《经济学手稿·导言》中明确提出人类掌握世界的四种方式,即科学的、艺术的、宗教的和实践精神的掌握方式①,并认为后三种掌握世界的方式的性质相近或相通,与科学的掌握方式形成鲜明的对比。显然艺术(包括审美)作为掌握世界的一种方式具有精神实践的特性,

---

① 参见《马克思恩格斯全集》第十二卷,中共中央马克思恩格斯列宁斯大林著作编译局编译,人民出版社 1962 年版,第 752 页。

属于精神实践范畴。在马克思主义哲学中劳动、生产和实践是同一性概念,差别仅在于外延的大小。在《1844年经济学哲学手稿》中"劳动"和"实践"这两个概念同时出现,"劳动"的外延比"实践"的外延小许多,它有异化劳动和自由劳动之分。在《资本论》中马克思明确提出"物质生产"和"精神生产"两个概念,并明确将艺术创造与审美活动归于精神生产范畴。这样审美活动的建构性质便凸显出来,这正是它的实践存在论特点之所在。

根据马克思关于两种生产的观点,我们把审美活动归于精神实践范畴,并把审美直观看作审美活动的基本形式、美感的基本存在方式。我们在第一编中曾经指出,精神实践具有三大特点:自我存在的未完成性、转移性和回归性。具体地说,精神实践从自我存在出发,通过建构、改变自我存在状态,向着本真的自我回归,占有起始,圆满实现自我固有的人性目的。这实质上是人们持存、占有自身的人性本质的基本方式和形式,也就是人的最本真的存在方式。这是不同形式的(道德的、宗教的和审美的)精神实践共同的本质。当然,审美直观作为精神实践的一种形式,有它自身的特殊性,这是本章将要考察的主要内容。

第一节　中国古代关于审美直观的理论

审美直观原本出自西方近现代哲学-美学话语体系,属于哲学的最高范畴。对中国美学来说,这个概念是舶来品。其实中国古代形而上学中本来也有与审美直观相通的概念。李泽厚认为,《庄子》实质上是一部美学著作[①],以德国古典哲学的眼光看,确实如此。不仅《庄子》,在《老子》《周易》等哲学经典中,个别最高范畴与美学范畴是同一的,例如《老子》中的"静观""玄览",《庄子》中的"心斋"等,这些概念与审美直观是相近或相通的。对此进行历史的回顾和总结有助于我们更进一步深刻理解审美直观的内涵,在话语层面上实现中西美学的贯通与融合。

《周易》最早提出"贞观"。《周易·系辞》有言:"天地之道,贞观者也。"[②]根据清人陈梦雷解释,"贞观"有二义:一是说天以象持久地显现着自身,二是说人以此来观看天垂之象。[③]象构成观的对象或内容。"观"不仅看"多",看"殊象",而且看"大象",看"几象",看"一"。《周易·说卦》直言卦象的用意:"观变于阴

---

①　参见李泽厚《漫述庄禅》,《中国社会科学》1985年第1期。

②　《十三经注疏》整理委员会整理,李学勤主编:《十三经注疏·周易正义》,北京大学出版社1999年版,第296页。

③　参见(清)陈梦雷《周易浅述》第四册,上海古籍出版社1983年版,第1079页。

阳而立卦。"①卦象是用以观阴阳变易之道的,阴阳之道初始动变的精微之象便是"几象"或"一",所以《周易·系辞》又说:"夫易,圣人之所以极深而研几也。"②

一方面,"贞观"看动,"观其会通"③,即从差异中看出同一。另一方面"贞观"看静、观止,缘此"贞观"由动而静,静观得"道"。《周易·系辞》说:"易无思也,无为也,寂然不动,感而遂通天下之故。"④根据程颐的解释,寂然不动者原是道之体,感而通达道,也就是静观得道。⑤"贞观"动则观变、观多、观殊,静则观常、观一、观几;动则能发挥人心或意志之全功,静则能开通、持存人心之体,动静合一,尽得人心体用之全体。在这个意义上说,"贞观"是人心圆满自足地显现、持存自身的最得体的绝妙方式和最高存在形式,也是人心应合天道的唯一正确的形式。

老子讲"静观"。"静观"就是观天地万物之始。于万物总根基上通达、照明"道",也就是观"几象"或"大象"。这与《周易》中所说的"贞观"或"正观"是相通的。"致虚极,守静笃。万物并作,吾以观其复"⑥,"复"就是万物归复或归一于本根的恒一状态,观"复",即观"一"、观"常",通过观"复",人心清明如镜,"道"便在此"澄明"之境中真切地显现出来。

在澄明之境照亮天道,便是"玄览","玄览"即"元览"或"元观",观照万物之元、天道之体。"玄览"的先决条件是"载营魄抱一","涤除"一切后天经验和私欲的熏染和污垢,保持天真无染、纯全不杂的赤子之心,如此才能心明如镜,性清如水,照亮天道。人心"抱一"才能被观,观一就是观"大象",观"大象"而得道。所以,老子说:"执大象,天下往。"⑦

虽然"玄览"清除一切感性经验的习染,但这并不意味着老子所说的"静观"要离绝、排斥一切"象",相反,"观"始终不离"象"。老子曾明言:"以身观身,以家观家,以乡观乡,以邦观邦,以天下观天下。"⑧这同时出现的两身、两家、两乡,

---

①　《十三经注疏》整理委员会整理,李学勤主编:《十三经注疏·周易正义》,北京大学出版社 1999 年版,第 324 页。

②　《十三经注疏》整理委员会整理,李学勤主编:《十三经注疏·周易正义》,北京大学出版社 1999 年版,第 285 页。

③　《十三经注疏》整理委员会整理,李学勤主编:《十三经注疏·周易正义》,北京大学出版社 1999 年版,第 275 页。

④　《十三经注疏》整理委员会整理,李学勤主编:《十三经注疏·周易正义》,北京大学出版社 1999 年版,第 284 页。

⑤　参见冯友兰《中国哲学史》下册,华东师范大学出版社 2000 年版,第 239 页。

⑥　汤漳平、王朝华译注:《老子》,中华书局 2014 年版,第 61 页。

⑦　汤漳平、王朝华译注:《老子》,中华书局 2014 年版,第 132 页。

⑧　汤漳平、王朝华译注:《老子》,中华书局 2014 年版,第 217 页。

实质上是同一事物。同一事物在观中两现，都是"象"，一为所观之象，一为能观之象，后者是对前者的仿效、仿像，原象与仿像之间是同形同构的。观就是通过原象与仿像的同形同构关系，照明、掌握相互差异的诸多事物之间的同一，进而照明天地万物与"道"的同一，这就是所谓"玄同"或"元同"。在同中见常，知常生明，澄明见道。

老子主张"静观""玄览"，并不是只观静、观一，而不观动、观多。其实，"静观"始于"观动"，不先观动，无以观静，"夫物芸芸，各复归其根"，这是说，先有生成的万物显现，然后才能看到它们所归一的总根蒂。所以，要观万物之复、之终，首先必须观万物之作、之始。老子意味深长地说："天下有始，以为天下母。既得其母，以知其子；既知其子，复守其母，没身不殆。"①由此可见，老子的"静观"也是将始与终、动与静、异与同、多与一、用与体合为一体的。这与《周易》中所说的"贞观"是相通的。

孟子提倡内在性直觉，专在人心之用上做文章。他开辟了一条"尽心—知性—知天"的建构自我中心的路线，主张通过"存养"功夫不断扩大人心自体，直至"万物皆备于我"，"反身而诚"，在至诚境界中，圆满自足的自我心体与天合一。②所谓"反身而诚"，就是以扩充、张大了的自我心体省察、明照天道，持存天道。孟子这里所说的"知"，不是逻辑的理性的认知或认识，而是非理性的内在性直觉。孟子虽然讲"心之官则思"③，但这是与"耳目之官"相对而言的。耳目之官所得为经验之知，即张载所谓"闻见之知"，"闻见之知"蔽于物，而心之思则反求于内，是对心本身的思，即"求其本心"④，本心就是"恻隐之心"，"不忍人之心"⑤，其实是人的初始的本能情感。心思之得就是内在地省察、体认这种本初的情感，在孟子看来，唯此情感显现着人性之善，即人性之体。所以其心之思与张载的"德性之知"是相通的，它是先验的、内在的、非理性的。

所以孟子一贯否定经验之知。在他看来，经验之知"蔽于物"，妄设内外之别，最容易破坏、遮蔽内在心性之知。⑥简言之，孟子的"尽心—知性"实质上是一种内在性直觉。也就是用心思之明"求照无物之地"⑦，明察人心"几象"，以心观心，顺心而动，在心动之极索照本然之天。这也与"贞观"有相合处。

禅宗又立"顿悟"之法，以明镜比喻自性之明，外照万相而离相，内观诸念而

---

① 汤漳平、王朝华译注：《老子》，中华书局 2014 年版，第 209 页。

② 参见（宋）朱熹《四书章句集注》，中华书局 1983 年版，第 350 页。

③ （宋）朱熹：《四书章句集注》，中华书局 1983 年版，第 335 页。

④ 冯友兰：《中国哲学史》下册，华东师范大学出版社 2000 年版，第 235 页。

⑤ （宋）朱熹：《四书章句集注》，中华书局 1983 年版，第 328 页。

⑥ 参见（宋）朱熹《四书章句集注》，中华书局 1983 年版，第 335 页。

⑦ 冯友兰：《中国哲学史》下册，华东师范大学出版社 2000 年版，第 250 页。

止念,不即不留,不送不迎,永葆一片空明,以之来持存自性之体,应合佛性。这"顿悟"心法与"贞观""静观"也是相通的。"顿悟"既观心体,又观心用,体用互立。禅宗一方面"以无念为宗",另一方面又主张"应无所住而生其心"①。生其心则有念,无念存体,有念发用,"言其念者真如之用,真如者念之体,以是义故,立无念为宗"②。《神会语录》有言:

> 但莫作意,心自无物。即无物心,自性空寂。空寂体上,自有本智,谓知以为照用。③

综上所述,"贞观"或"正观"是中国古代形而上学固有的概念,并且贯通百家。虽然各家提法各异,如老子说"静观",禅宗言"顿悟",但其大旨是相通的:都以"观"来见"道",以人心的自性之明,外观物象,内视心象,由外返内,以象生情,引发心体之用;以心观心,照亮人心自体或天赋的心田,以此来合天通道、明道。约而言之,就是以心象内观心体,照亮心之先天所得。

中国古代哲学中的"正观"或"直观"以奠基于感性、情感的"象"为直观对象,通过观"象"而见道(存在的最高本体)。这更接近黑格尔所说的"人性思维"或"审美直观",而谢林的"理智直观"则以"相"或"共相"为直观对象,通过观"相"而直接掌握理念,它紧贴"审美直观",但与"审美直观"有细微的级差,"美感直观正是业已变得客观的理智直观"④。

根据汉字字源学的考证,"正观"或"直观"与"审美直观"是相通的。"观"字的象形本义是用眼去看。"观"的繁体"觀"从雚,从见。"观"的本字为"雚",卜辞"观""雚"二字,均为鸟隼之象形,甲骨文中"雚"字的造型更夸张地突现隼鸟的炯炯目光。卜辞有"在六月乙巳示典其雚"⑤之记,"雚"为祭名,以鸟为祭品。王振复认为,祭祀以"鸟",崇拜生殖,是观的文化(图腾)原型。观的本义是对先祖的崇拜,观是对祖先的生殖力的凝视、关注、追怀与留恋,是以祖先之神的炯炯之目来审视后代的存在。⑥ 这种初始的带有浓厚的宗教氛围的"观"在《周易》中便引申、演变为哲学之观,即"贞观"。"贞观"就是用心的眼睛看心与物,看心的动与静,以其穿透一切的炯炯目光,照遍人心的动静始末、体用开合的全

---

① 冯友兰:《中国哲学史》下册,华东师范大学出版社2000年版,第183页。

② 冯友兰:《中国哲学史》下册,华东师范大学出版社2000年版,第182页。

③ 冯友兰:《中国哲学史》下册,华东师范大学出版社2000年版,第183页。

④ [德]谢林:《先验唯心论体系》,梁志学、石泉译,商务印书馆1976年版,第273~274页。

⑤ 郭沫若等:《甲骨文会集》,转引自王振复主编《中国美学范畴史》第一卷,山西教育出版社2006年版,第318页。

⑥ 参见王振复主编《中国美学范畴史》第一卷,山西教育出版社2006年版,第318页。

场,照亮心中所含的性、道、天,以人合天。"贞观"以观象生情,以情感存性,以诗性的移情感通万物,这便是"审美"。所以,"贞观"或"正观"也可以称作"美感直观",或"审美直观"。

中国古代哲学关于"审美直观"的理论,突出强调美感天人合一、主客合一、先验与经验合一的存在性质。这是中国古典美学的精华,值得批判继承,发扬光大。但它与德国古典美学一样,把天人合一的基础归于人的主观心性或神秘玄奥的精神。这一局限在历史唯物主义产生之前是不可避免的,只有马克思主义的实践存在论才能真正揭开"审美直观"的全部奥秘。

第二节　审美直观的存在特性

根据马克思主义实践美学原理,美感不是一种纯粹的认识,而是一种特殊的精神实践,其实质是人对全面对象化了的人性本质的完满的感性掌握、占有和归复。所以美感是人的本真存在方式。美感的这一存在本质集中体现在审美直观中。因此我们把审美直观看作美感的基本存在方式和形式。

一、审美直观的存在本质

在审美直观由认识论范畴过渡到实践存在论范畴的过程中,费尔巴哈的"直观说"发挥了重要的中介作用。费尔巴哈认为感性直观是对异化的思辨认识的扬弃和否定,它是人的生命或生活的现实存在。他说:

> 只有从思维的否定中,从对象的确定中,从欲望中,从一切快乐和烦恼的来源中,才能创造出真实的、客观的思想,真实的、客观的哲学。直观提供出与存在直接同一的实体,思维提供出与存在异化了和分离了的间接本质。因此只有存在与本质结合、直观与思维结合、被动与主动结合、法国感觉主义和唯物主义的反经院派的热情原则与德国形而上学的经院派的冷淡态度结合起来的地方,才有生活和真理。①

费尔巴哈进而认为,美感是通过感觉器官对客观对象上显现的人自身的感受和体认:

①　[德]费尔巴哈:《费尔巴哈哲学著作选集》,荣震华等译,生活·读书·新知三联书店 1959 年版,第 111 页。

人的本质是在对象上面向你显现出来的,对象是人的显现出来的本质,是人的真正的客观的"我"。不仅精神的对象是这样,连感觉的对象也是这样的。①

美或艺术就是这样的对象,它在直接诉诸人的视觉、听觉、触觉的同时,显现着"真实的、神圣的实体"或"人的本质"。当人在客观对象上看到人自身,看到人的情感或生活时,审美愉快便产生了。"人的感觉、感觉的人性,都是由于它的对象的存在,才产生出来的"②,这一思想萌芽在这里初步形成了。这对马克思主义美学产生了直接的影响,成为马克思的美感理论的重要思想源头。但是,费尔巴哈在这里所说的生活和人的本质乃是人类学意义上的生命,是抽象的类生活,没有历史内容的个体直观,完全局限于费氏自己的哲学人本学的狭隘视域。

马克思通过批判、改造费尔巴哈的直观理论,彻底扬弃了费氏的哲学人本主义局限,根据自己所发现的实践原理,马克思重新解释人及其生活的本质,认为"社会生活在本质上是实践的"③。"人的本质不是单个人所固有的抽象物,在其现实性上,它是一切社会关系的总和。"④这样便为审美直观的存在性质奠定了可靠的客观社会基础,将美感理论提升到辩证历史唯物主义的新水平。马克思在 1845 年写成的《关于费尔巴哈的提纲》中旗帜鲜明地批评指出:

费尔巴哈不满意抽象的思维而诉诸感性的直观;但是他把感性不是看作实践的、人的感性的活动。

直观的唯物主义,即不是把感性理解为实践活动的唯物主义,至多也只能做到对"市民社会"的单个人的直观。

旧唯物主义的立脚点是"市民"社会;新唯物主义的立脚点则是人类社会或社会化了的人类。⑤

---

① 〔德〕费尔巴哈:《基督教的本质》,见北京大学哲学系外国哲学史教研室编译《十八世纪末—十九世纪初德国哲学》,商务印书馆 1975 年版,第 547 页。

② 〔德〕马克思:《1844 年经济学哲学手稿》,中共中央马克思恩格斯列宁斯大林著作编译局编译,人民出版社 2018 年版,第 84 页。

③ 《马克思恩格斯选集》第一卷,中共中央马克思恩格斯列宁斯大林著作编译局编译,人民出版社 2012 年版,第 60 页。

④ 《马克思恩格斯选集》第一卷,中共中央马克思恩格斯列宁斯大林著作编译局编译,人民出版社 2012 年版,第 18 页。

⑤ 《马克思恩格斯选集》第一卷,中共中央马克思恩格斯列宁斯大林著作编译局编译,人民出版社 2012 年版,第 139~140 页。

　　马克思在这里肯定了费尔巴哈的感性直观,同时又对它进行了历史唯物主义(即"新唯物主义")的改造,赋予它实践的社会存在内涵。显然,费尔巴哈的感性直观仅仅是对"市民社会"的单个人的直观,而马克思的感性直观则是对"社会化了的人类"的直观。"社会化了的人类"是马克思主义美学的审美直观的最原始、最基本的存在本质或本性。

　　马克思的审美直观理论早在《1844 年经济学哲学手稿》(以下简称《手稿》)中就形成了,它与《关于费尔巴哈的提纲》中的直观理论是贯通一致的。在《手稿》中马克思明确指出,审美直观对象与审美直观本身都是通过社会生产或实践产生、形成的:

> 　　正是在改造对象世界的过程中,人才真正地证明自己是类存在物。这种生产是人的能动的类生活。通过这种生产,自然界才表现为他的作品和他的现实。因此劳动的对象是人的类生活的对象化:人不仅像在意识中那样在精神上使自己二重化,而且能动地、现实地使自己二重化,从而在他所创造的世界中直观自身。①

　　审美直观的存在本质就是实践的对象化活动,就是人"在他所创造的世界中直观自身"。这里的"人自身",不是"市民社会"的单个人,而是"类存在物"或"社会化了的人类"。

二、审美直观的存在方式与特性

　　审美直观的存在方式与特性是由它的存在本质规定的。审美直观不是静态的存在事相,而是在社会实践过程中逐次显现出来的生命活动状态或人的本质的持存方式。其存在特性集中体现为它演历自身的阶段性。

　　第一,审美直观具有感性的建构性或创造生成性。无论是审美直观的感性对象,还是审美直观的感觉器官,都不是既已完成的过去曾在的存在,而是在社会历史实践过程中不断地被创造、生成着的存在。这是为马克思所确认的事实。在他看来,对象的合乎"美的规律"的形式美和感受形式美的感觉器官,是在社会历史实践过程中同步生成的。马克思在《手稿》中是这样解释美的规律的:

> 　　通过实践创造对象世界,改造无机界,人证明自己是有意识的类存在

---

　　① ［德］马克思:《1844 年经济学哲学手稿》,中共中央马克思恩格斯列宁斯大林著作编译局编译,人民出版社 2018 年版,第 54 页。

物,就是说是这样一种存在物,它把类看作自己的本质,或者说把自身看作类存在物。①

马克思接着说:

> 动物只是按照它所属的那个种的尺度和需要来构造,而人却懂得按照任何一个种的尺度来进行生产,并且懂得处处都把固有的尺度运用于对象;因此,人也按照美的规律来构造。②

所谓美的规律,也就是对象事物的尺度(客观规律)与人的内在尺度(主观目的)的现实的统一或合一,中国马克思主义美学界通常称之为合规律性与合目的性的统一。它是在改造对象世界的实践过程中生成的,是对象世界形式美的内在根据。与之相对应,在同一个实践过程中同步生成感受形式美的感官或社会化的感官。

> 只是由于人的本质的客观地展开的丰富性,主体的、人的感性的丰富性,如有音乐感的耳朵、能感受形式美的眼睛,总之,那些能成为人的享受的感觉,即确证自己是人的本质力量的感觉,才一部分发展起来,一部分生产出来。③

当然,人的社会化感官以及与它对应的对象世界的生成不是最后的完成和终结,并不处在完成时态,而处于现在进行时态。这是由社会实践的开放性决定的,审美直观及其对象世界随着社会历史实践的发展不断深化、丰富自身。

第二,审美直观作为建构着的存在具有转移性、转变性和解放性。在马克思看来,只有在一定的历史前提和条件下,合乎美的规律的对象世界与社会化的感官才能产生、实现。这个历史前提和条件就是扬弃、变革私有制的革命实践。马克思在《手稿》中具体分析了存在性质截然相反的两种劳动或实践,即不自由的

---

① ［德］马克思:《1844 年经济学哲学手稿》,中共中央马克思恩格斯列宁斯大林著作编译局编译,人民出版社 2018 年版,第 53 页。

② ［德］马克思:《1844 年经济学哲学手稿》,中共中央马克思恩格斯列宁斯大林著作编译局编译,人民出版社 2018 年版,第 53 页。

③ ［德］马克思:《1844 年经济学哲学手稿》,中共中央马克思恩格斯列宁斯大林著作编译局编译,人民出版社 2018 年版,第 84 页。

异化的劳动和自由自觉的劳动。异化劳动使人及其对象世界发生了全面的异化。

> 异化劳动,由于(1)使自然界同人相异化,(2)使人本身,使他自己的活动机能,使他的生命活动同人相异化,因此,异化劳动也就使类同人相异化;对人来说,异化劳动把类生活变成维持个人生活的手段。①

这样一来,异化劳动导致:

> (3)人的类本质——无论是自然界,还是人的精神的类能力,都变成了对人来说是异己的本质,变成了维持他的个人生存的手段。异化劳动使人自己的身体同人相异化,同样也使在人之外的自然界同人相异化,使他的精神本质、他的人的本质同人相异化。
>
> (4)人同自己的劳动产品、自己的生命活动、自己的类本质相异化的直接结果就是人同人相异化。②

与此同时,人的感官与感觉也发生了畸变——变成单一的片面的感官,蜕变为"囿于粗陋的实际需要的**感觉**",人因此丧失了感受美的能力。"忧心忡忡的、贫穷的人对最美丽的景色都**没有什么感觉**;经营矿物的商人只看到矿物的商业价值,而看不到矿物的美和独特性;他没有矿物学的感觉。"③这一切都是私有制条件下异化劳动或实践产生的必然性结果,因为"异化借以实现的手段本身就是**实践的**"④。

通过变革私有制的革命实践,异化劳动转化、过渡为自由自觉的劳动。人及其世界随之发生相应的转化、过渡:否定人的本质的对象世界转化为肯定人的本质的对象世界;对象世界由单纯的谋生手段转变为人类的生存目的本身,转变为人的类存在,转变为合乎美的规律的世界形式;单一的、片面的感官转化为人性的、社会化的感官,"囿于粗陋的实际需要的**感觉**"转化为"同人的本质和自然界

---

① [德]马克思:《1844 年经济学哲学手稿》,中共中央马克思恩格斯列宁斯大林著作编译局编译,人民出版社 2018 年版,第 52 页。

② [德]马克思:《1844 年经济学哲学手稿》,中共中央马克思恩格斯列宁斯大林著作编译局编译,人民出版社 2018 年版,第 54 页。

③ [德]马克思:《1844 年经济学哲学手稿》,中共中央马克思恩格斯列宁斯大林著作编译局编译,人民出版社 2018 年版,第 84 页。

④ [德]马克思:《1844 年经济学哲学手稿》,中共中央马克思恩格斯列宁斯大林著作编译局编译,人民出版社 2018 年版,第 56 页。

的本质的全部丰富性相适应的**人的感觉**"①。这便是审美直观的全部转移性和转变性之所在。

这种转化和转变同时意味着人的感觉或感性的解放和升华。马克思说:"对私有财产的扬弃,是人的一切感觉和特性的彻底**解放**;但这种扬弃之所以是这种解放,正是因为这些感觉和特性无论在主体上还是在客体上都成为**人的**。眼睛成为人的眼睛,正像眼睛的**对象**成为社会的、**人的**、由人并为了人创造出来的对象一样。"②感性的解放也就是感性的升华——人被异化的局限于本能欲求的动物式单一感觉,升华为爱人类全体、爱自然全体、爱美的完整的人性感觉。

第三,审美直观在其结果或效果中具有人性的回归性或归复性。人性的回归与人性的异化密切相关。人性的异化意味着人所固有的人性本质的变异或丧失,人性的归复指矫正、修复变异的人性,寻回丧失的人性本质,并使之归复本初。这也是通过扬弃、变革私有制的革命实践实现的。革命实践克服、扬弃了人与自然尖锐对立的异化世界,创造出一个人与自然高度和谐、合致的对象世界。在这个世界里,自然向着人回归,人向着自然回归。"它是人和自然界之间、人和人之间的矛盾的**真正**解决,是存在和本质、对象化和自我确证、自由和必然、个体和类之间的斗争的真正解决。"③也只有在这样一个世界里,人的全部本质力量——视觉、听觉、嗅觉、味觉、触觉、思维、直观、感觉、愿望、活动、爱——才能真正完整地发挥出来,成为现实的对象化的人的本质,人才能真正"以一种全面的方式,就是说,作为一个完整的人,占有自己的全面的本质"④。

这种对人自己的全面本质的完整占有、拥有,就是人性的全面回归或归复。因为这被重新占有的人的本质就是人自己原有的被异化、丧失了的本质。在异化的现实世界,"人变成对自己来说是**对象性的**,同时,确切地说,变成异己的和非人的对象;他的生命表现就是他的生命的外化,他的现实化就是他的非现实化,就是**异己**的现实"⑤。在革命实践积极扬弃私有财产的历史条件下,人自己

① 〔德〕马克思:《1844年经济学哲学手稿》,中共中央马克思恩格斯列宁斯大林著作编译局编译,人民出版社2018年版,第84页。

② 〔德〕马克思:《1844年经济学哲学手稿》,中共中央马克思恩格斯列宁斯大林著作编译局编译,人民出版社2018年版,第82页。

③ 〔德〕马克思:《1844年经济学哲学手稿》,中共中央马克思恩格斯列宁斯大林著作编译局编译,人民出版社2018年版,第78页。

④ 〔德〕马克思:《1844年经济学哲学手稿》,中共中央马克思恩格斯列宁斯大林著作编译局编译,人民出版社2018年版,第81页。

⑤ 〔德〕马克思:《1844年经济学哲学手稿》,中共中央马克思恩格斯列宁斯大林著作编译局编译,人民出版社2018年版,第81页。

的一切器官、完整的感性，"是通过自己的**对象性**关系，即通过自己**同对象的关系**而对对象的占有，对**人的现实**的占有，这些器官同对象的关系，是**人的现实的实现**（因此，正像人的**本质规定和活动**是多种多样的一样，人的现实也是多种多样的），是人的**能动**和人的**受动**，因为按人的方式来理解的受动，是人的一种自我享受"①。

　　人的全面本质的完满回归、归复，不是异化发生之前的固有人性的原封不动的还原、复原，而是对异化的人性的重建、再生。这就像一粒种子的生长过程一样，它开始被种在土里，生根、发芽、长叶、开花——这是种子的异化，继而结果，生成新的种子——这是对异化的扬弃，种子的归复。这只是形式上的复原，实质上新种子是旧种子自身经否定之否定过程的结果。全面归复的人的本质，也是经由扬弃异化现实的革命实践过程的结果。"因此，**感觉**在自己的实践中直接成为**理论家**。"②这也就是社会化的感官和感觉，包括"五官感觉、精神感觉、实践感觉（意志、爱等等）"，这种人的感觉或感觉的人性，"都是由于**它的**对象的存在，由于**人化的**自然界，才产生出来的"③。所谓"人化的自然界"，就是指经实践改造而成的合乎人的目的的自然界。说到底，人对其全面本质的完整的感性占有、拥有实质上是宏大、深邃、漫长的历史实践过程与其结果的统一。在这样一个实践结果中，才有真正的人对现实的审美关系，才有真正的审美直观活动，才有真正的无利害的美感。这是因为，"感觉为了物而同**物**发生关系，但物本身是对自身和对人的一种**对象性的**、人的关系，反过来也是这样。// //当物按人的方式同人发生关系时，我才能在实践上按人的方式同物发生关系。因此，需要和享受失去了自己的**利己主义**性质，而自然界失去了自己的纯粹的**有用性**，因为效用成了**人的**效用"④。

　　所以，人对自身全面本质的完整的感性拥有，既是对一定的历史实践结果的现实的享受，又是对它的无利己主义的审美直观、无功利的审美体验和感受。这是审美直观最根本的存在特性。审美或美感的直观性在于：它将宏大、深远的历史实践过程悬置起来，直接体验、享受历史实践的圆满结果和巨大效果。从心理学的角度来看，深远的历史实践过程在审美直观中处于被"遗忘"的或"无意识"

---

　　①　［德］马克思：《1844 年经济学哲学手稿》，中共中央马克思恩格斯列宁斯大林著作编译局编译，人民出版社 2018 年版，第 82 页。

　　②　［德］马克思：《1844 年经济学哲学手稿》，中共中央马克思恩格斯列宁斯大林著作编译局编译，人民出版社 2018 年版，第 82 页。

　　③　［德］马克思：《1844 年经济学哲学手稿》，中共中央马克思恩格斯列宁斯大林著作编译局编译，人民出版社 2018 年版，第 84 页。

　　④　［德］马克思：《1844 年经济学哲学手稿》，中共中央马克思恩格斯列宁斯大林著作编译局编译，人民出版社 2018 年版，第 82 页。

的状态。

巴甫洛夫曾指出："记得结果……却忘记了自己的先前的思想的经过。这就是为何显得是直觉的原因,我发现一切直觉都应该这样来理解:人记得最后的结论,却在其时不计及他接近它和准备它的全部路程。"①他所说的直觉与直观是同一性概念,对审美直观也应如是观。科学心理学能够揭示审美直观发生的某些心理规律,但它并不能从根本上改变或否定审美直观的存在本性。

第三节　审美直观的基本显现形式

根据马克思的描述,审美直观综合了多种感觉能力,既有五官感觉,又有精神感觉和实践感觉(意志和爱等)。在审美直观活动中诸种感觉能力、心理机制和心理形式相互协调、配合,协同作用,并显现为某种心理形式、心理现象。康德称之为"感性综观"(comprehension aesthetica),不无道理。事实上,在审美直观活动中先验存在与经验存在相互渗透,不可分离。这些显现的心理形式、心理现象,有些是可分析的,如审美理想、审美趣味、审美感受等,有些是只可描述不可分析的,如审美惊异、审美情感、审美想象等,后者是本节的主要描述对象。

一、审美惊异的存在论根据

第七章已对审美惊异的本质特征进行了初步探讨,此处将进一步揭示审美惊异的存在论根据。

审美惊异作为审美直观活动的初始显现形式,不是纯感性的产物,它有先验的根据为它奠基。康德认为审美判断能够发生的前提条件是,先验的诸心意能力先于审美判断而存在,并为它奠定原始基底。这一见解无疑是深刻的。审美惊异和审美情感都是如此发生和显现的。

审美惊异是审美主体与审美对象初始照面时的情感表现。它显现的是审美主体的一种特殊存在状态,而不像认识的惊奇或惊异的存在特性那样,是对审美对象的特殊形式的照相式反映或摹写。它绽露的是主体与客体、自我与他者、人与对象世界的对立、疏离和陌生状态。这种存在状态所由发生的深远根源不在于审美对象本身,而在于审美主体的先验存在本质。惊异的情状分两种:一种是人们面对从未见识过的新奇事物而产生的惊异,一种是人们面对曾经熟识而后遗忘的事物或曾经拥有而今失而复得的事物而抒发的惊异或惊喜。前者是认识的惊异,后者是审美的惊异。也就是在这个意义上,我们把审美惊异的对象性形

---

① ［苏］巴甫洛夫:《巴甫洛夫论心理学及心理学家》,龙叔修译,科学出版社1955年版,第11页。

式称为"熟识的陌生形式",这种陌生和隔阂不是由对象形式的稀奇或新异造成的,而是由审美主体的某种特殊存在状态造成的,譬如失忆的人面对曾经熟悉的亲戚、朋友,全然不认识。这是因为他曾遭受某种事故或疾病,生理和心理的某些方面发生了畸变或病变,从正常的生存状态转变到非正常的生存状态。若经过有效的治疗恢复了记忆,横亘在他与亲人之间的陌生与隔阂随之被消除,陌生人又变成了熟识人,心理和生理都恢复到原来正常的状态,非常态下的自我存在的内在分裂、矛盾复归于同一。所有这些变化都发生在主体方面,与之相对的对象并没发生丝毫的改变。

这正是审美惊异与认识惊异的本质区别:后者起于主客对立和分离,终于主客对立和分离;前者起于主客对立和分离,却终于主客和合与同一。这种由对立走向统一的情感结构形式和方式,原始地植根于审美主体的先验存在结构。康德将审美主体分析为先验主体与经验主体两种存在,并认为先验存在决定、规定着经验存在的显现方式,这有一定的道理。但他终究弄不清先验的审美情感结构形式的客观基础到底是什么,而唯心地将它归结为主观的内在意识、精神。审美惊异中存在的先验的心理结构形式不是神秘莫测的天赋本质,归根结底它是由历史实践生成的。黑格尔和康德一样,把逻辑范畴看作先验的意识结构形式,认为它先于人的推理活动并作用于人的推理活动。列宁对此给予很高的评价:"这里有非常深刻的、纯粹唯物主义的内容。"并指出,先验的"逻辑的格"是人的实践活动亿万次地使之在人的意识中重复的结果。① 对于审美惊异中的先验心理结构也应如是观:它是人的审美实践亿万次地重复各种不同的审美关系而沉淀出来的心理结构。这亿万次实践是指总体的历史实践,对审美个体来说它是先验的,尽管如此,但它在具体的审美活动中是可经验的。

这就是审美惊异发生的具体情状及其存在论根据。

单从审美惊异显露的先验存在来看,它呈现着审美主体面向世界敞开与反向起始回归的两种可能性。这正是审美主体在审美直观活动的初始阶段呈现的未完成状态。从未完成到完成须经历一个时间性发展过程,在这一过程中包含着方向相反的两条路线:向着经验世界前进的路线与向着先验根基和发端返回的路线。原来浑整的审美直观活动缘此而分裂为相互背反的两种发展倾向,并在两种发展倾向的矛盾张力中推进、展开自身。作为审美直观活动的初始阶段的情感表现,审美惊异仅仅以可能性崭露了主体与世界的矛盾、对立。当主体突入世界之后,自我与他者、人与世界的矛盾便由可能性转化为现实性,这标志着审美直观活动发展到一个新阶段。在这一阶段,作为审美直观活动初始显现的

---

① ［苏］列宁:《哲学笔记》,人民出版社 1956 年版,第 175～176 页。

审美惊异被扬弃,演变为痛苦与快乐相对立的审美情感。

二、审美情感的存在方式

痛苦与快乐相对立的审美情感是审美主体突入现实世界之后的情感表现形式。它揭示着人与世界、自我与他者的现实矛盾与对立。康德把审美情感规定为与表象结合在一起并显现为愉快的情感,并看到了痛感与快感的某种关系。但他与博克一样,看不到二者的辩证统一及其客观基础,最终把审美活动中发生的痛苦、恐惧之类的否定生命的情感排斥出审美情感范畴。这是在一种非辩证的视阈中看到的状况,二人看不清审美活动中人与世界打交道并与世界既对立又统一这一事实及其社会实践基础。而只要看清或承认这一基本事实,就不可否认痛苦、恐惧之类的否定性情感的审美价值和意义,及其在审美活动中的重要地位和作用。事实上痛苦与快乐在审美直观活动中既对立又统一,相互过渡,相辅相成。在这个意义上说,没有痛苦与恐惧,就没有审美快乐与愉悦,反之亦然。这就像白天与黑夜相互过渡的情形一样,没有黑夜就没有白天,反之亦然。在审美直观活动过程中,痛苦与快乐虽然是先后出现的相对独立的两种情感样式,但是二者之间的对立统一关系并没有被割断,它们之间仍然存在彼此过渡、相互转化的因果关系,痛苦作为快乐的媒介,审美快乐则由痛苦转化而来。这一点,康德也是承认的。他在分析崇高感时指出:崇高的情绪"是一种仅能间接产生的愉快"[1],是由痛感转化而来的快感。遗憾的是他把这种转化看作纯粹的心理学的事实。

审美情感是显现于外在有限形象而内在地体验着、表象着的情感。这并不意味着它是由客观的环境和事物外在地决定的。相反,在这种情况下审美情感仍然是内在性存在,客观环境和事物仅仅是诱发和引导它显现自身的一种条件和契机。客观环境和事物并非以其客观性因素直接产生审美情感。当它们以某种形式作用于审美情感时,便已经被审美主体改造、变形和内化了,因而也成为内在性因素了。所以,客观环境和事物的存在丝毫没有改变审美情感固有的内在性质。

弗洛伊德以他独特的精神分析方法描述并证实了愉快或不愉快情感的内在性质。他认为,审美作为一种特殊的心理过程,是一种生存状态和功能,而非反映。这是因为,愉快或不愉快的情感起源于内在性深层心理活动,它与外部知觉有着本质的区别。"意识或许不是心理过程最普遍的属性,而仅仅是这些过程的一个特殊功能。……由意识所产生的主要是这样两方面的内容:对来自外部

---

① ［德］康德:《判断力批判》上卷,宗白华译,商务印书馆 1964 年版,第 84 页。

世界的兴奋的知觉以及来自心理器官内部的愉快的和不愉快的情感。因此,我们就有可能给 Pcpt.－Cs.(知觉—意识)系统规定一个空间位置。它应该处在外部与内部之间;它应该被转向外部世界,并包裹其他一些精神系统。"①这是一个天才的发现。他还将心理分为无意识、前意识和意识三个层次,并将情感置于心理结构的最深层,认为它出自生命的内在本能,是内在生命"自己直接"发送出来的,而非外部世界的机械作用所致。

弗洛伊德对情感所做的精神分析为我们更进一步深入分析审美情感的内在结构方式提供了一个新视角。他将心理描述为一个多层次的立体式结构。在这个立体结构中处于最深层或底层的是无意识,它的活动不借助语词表象,无须知觉介入;由无意识演变出意识,意识又由知觉产生,属于知觉系统,借助语词的表象而活动;再由意识演化出观念、观点和理论,后者在思想交流中形成,属于文化意识形态范畴。在这里最使人感兴趣的是这一结论:语词只分布在前意识层、意识层和社会文化层,无法深入无意识层;唯有情感可自由地活动于心理结构各个层次,情感因此而分化为不同的形式:无意识情感、前意识情感和有意识情感。"因此,感觉和感情也只有通过接触知觉系统才能变成意识,这是正确的;如果这条前进的道路受到阻碍,它们就不会变成感觉。""与无意识观念相关的环节在无意识观念能够被带入意识之前必须被创造出来,而感情则自己直接发送。换句话说:意识与前意识之间的区别在涉及感情时便没有什么意义了。这里,前意识退出了——而情感或是有意识的,或是无意识的,甚至当感情依附于词表象时,它们变成意识也不是由于这个依附关系,它们是直接变成意识的。"②

审美情感是从一般情感或原始的深层情感中流变出来的一种特殊情感,它介于有意识与无意识之间,是有意识与无意识的混合和统一。

三、悟性和想象的基本存在方式

悟性和想象力原本是由康德提出来的。他把想象明确地规定为先验的直观能力,这是极具洞察力的认识,是我们深入分析想象力的牢固基点。他把悟性看作与有限事物打交道的经验的知觉能力。康德进而认为悟性和想象力的协调一致是审美情感的共通性和普遍可传达性的根据。这一认识不乏真知灼见,有可取之处。审美情感作为一种本真情感是悟性和想象力协调作用的产物,离开悟

①　[奥]西格蒙德·弗洛伊德:《弗洛伊德后期著作选》,林尘、张唤民、陈伟奇译,陈泽川校,上海译文出版社 1987 年版,第 24 页。

②　[奥]西格蒙德·弗洛伊德:《弗洛伊德后期著作选》,林尘、张唤民、陈伟奇译,陈泽川校,上海译文出版社 1987 年版,第 173 页。

性单凭想象,或者抛开想象只靠悟性,审美情感是无法实现自身的。也许在其他形式的存在中,这二者是可以分开的,但在审美直观活动中,尤其是在审美直观返回起始的最后阶段,这二者是不可分开的。

悟性和想象力到底是怎样和谐一致、协调配合的,康德对此没有做具体解释,只是抽象地指出二者之间存在协调合致的关系。他曾经指出,一个表象,"如果某对象是赖它而被认识的,那就是说,赖它而达到一般认识——这个表象就必须具有**想象力**,以便把多样的直观集合起来,也必须具有悟性,以便由概念的统一性把诸表象统一起来"①。他在这里笼统地指明了想象力和悟性的相互关系,有其正确的方面,但不具体。想象是一种表象能力,并且能自由地扩大、丰富直观表象,自由地创设诸多表象群体,但它没有将它自己创造出来的诸多表象统一起来的能力;悟性亦是一种表象能力,它虽然没有想象力所具有的那种天马行空式自由创造表象的能力,但具有直接体认人的类本质的智慧,以此来统摄由想象力生成的诸多表象,使之成为和谐一致的表象全体。悟性通过这表象全体的一致性和统一性,显现人的全面本质或类本质。所以没有悟性,想象力便无法通达人的类本质;没有想象力,悟性便难以生成一个表象全体,也就不能通过情感的完善形式显现人的对象化了的全面本质。

悟性为想象力提供一个形而上的自由之场,想象力凭借悟性的这一达体通根之功,先行拥有了一个自由翱翔的天空;想象力为悟性提供了一匹蹄下生风的千里马,悟性借此畅游上下内外,拓展出一个绚丽多姿的直观的表象世界。悟性和想象力通过感觉和情感联成一体,相互因依,相互作用,合则有功,离则失用。

在承认悟性和想象力的先验统一性的前提下,也只能在这个前提下,下面援引的康德的两段话对于我们深刻而具体地理解悟性和想象力的协同性才是大有裨益的:

> 现在因为这里没有对象的概念作为这判断依据,那么,它只能建立于想象力自身在一个表象那里,通过它,一对象被给予着,包摄到那悟性一般从直观达到概念的条件之下。由于想象在这里没有概念而形式化着,因而在这里建立着它的自由;于是鉴赏判断必须基础于一个感觉,在这感觉里想象力在它的自由里和悟性在它的规律性里相互激荡着。②
> 只是在这场合:即想象力在它的自由中唤醒着悟性,而悟性没有概念地把想象力置于一个合规则的游动之中,这时表象传达着自己,不作为思想,

---

① ［德］康德:《判断力批判》上卷,宗白华译,商务印书馆 1964 年版,第 55 页。
② ［德］康德:《判断力批判》上卷,宗白华译,商务印书馆 1964 年版,第 130 页。

而作为心意的一个合目的的状态的内里的情感。①

想象力是人心固有的一种先验创造能力。以经验的观点来看，想象力是把不存在作为存在来虚构，并将这虚构的存在显现于单个表象的能力。它所虚构的对象原本是有限的经验世界中不存在的东西，是经验世界之外的非实在的东西。所以萨特说："作为想象的对象是一非实在性。它无疑会呈现出来，但它同时又不可捉摸。"②"非实在是由一种栖居于世界中的意识创生于世界之外。正是由于人是超越的自由，因而他能够想象。"③

萨特关于想象的另一个观点也不乏真知灼见：他认为想象的非实在的对象和现实的实存事物是相互对立、相互否定的，想象活动是对此时和此地所是的东西的否定。想象活动的结果是创造出一个非实在的对象。非实在可看作"实在的"或"这儿存在的东西"的对立面。④在这里萨特区分实在与非实在所依据的是一个纯粹经验的标准，而不是先验的标准。他所说的非实在仍然没有超出经验的范畴，这是对审美想象力的一大曲解。下面这段话将这一错误暴露无遗：

> 我们的意思并不是说彼得本人是非实在的，……抓住他的想象意向同样是实在的；……同样我们也并不认为有两个彼得，一个是实在的，一个是与我实际意识相联系即非实在的。我所知道和看见的那个彼得是实在的，他真正就住在巴黎那个实在的房间中，……但他并没有在这里对我显现。他并不在我正在写作的房间。他将在他实在的房间，在他真正在那房间中向我显现。……仅有一个彼得；不在这里就是他的本质属性，并且他就是那个不在这里的彼得；过一会儿，彼得就会作为在某条街的彼得（即作为不在场的存在）向我显现。彼得的这种不在场，这种我直接看到的缺席，构成我想象中的形象的基本结构；它正是那种使想象中的形象充满色彩的颜料，我们把这叫作他的非实在性。⑤

萨特认为，想象对象的非实在性对于实在性的否定仅仅是一个空洞的形式

①　[德]康德：《判断力批判》上卷，宗白华译，商务印书馆 1964 年版，第 140 页。

②　[法]萨特：《想象心理学》，见王鲁湘等编译《西方学者眼中的西方现代美学》，北京大学出版社 1987 年版，第 24 页。

③　[法]萨特：《想象心理学》，见王鲁湘等编译《西方学者眼中的西方现代美学》，北京大学出版社 1987 年版，第 30 页。

④　参见王鲁湘等编译《西方学者眼中的西方现代美学》，北京大学出版社 1987 年版，第 24 页。

⑤　[法]萨特：《想象心理学》，见王鲁湘等编译《西方学者眼中的西方现代美学》，北京大学出版社 1987 年版，第 25 页。

的否定,也就是由时间和空间的变换引出的当下不在场。或者是不在此处的某物对曾在此处存在的否定。此种在与不在的矛盾性质都出自同一个经验事物的存在。换句话说,想象对象的非实在性归根结底是由曾在某时某地出现的实在事物决定的,非实在建基于经验事物的实在性之上。以这种观点解释普通人所具有的平庸想象或一般心理学意义上带有普遍性的想象也许是正确的,但以此来解释审美想象则大错特错了。因为审美想象对现实世界中实存事物的否定不是空洞的时空形式的否定,而是内容上、实质上的否定。这种质的否定关系仅仅发生在想象世界与异化的现实世界之间,想象表现出一个超越现实的人的世界,以此来否定实存着的然而非本真的异化世界。

想象的对象世界与现实世界之间除绝对的否定关系之外,还有相对的肯定性关系。这种相对的肯定性存在于这样的事实:想象在创造表象世界的时候,往往以曾在的经验事物在记忆中的残存形式做材料,它对此进一步加工、改造,形成似曾有又不曾有的新表象。康德曾说:"想象力在一种我们完全不了解的方式内不仅是能够把许久以前的概念的符号偶然地召唤回来,而且从各种的或同一种的难以计数的对象中把对象的形象和形态再生产出来。"①这里所描述的正是想象与经验事物发生肯定性关系的事实。但这个事实并不意味着想象的对象是由经验世界现成地给予的,相反,它仍然证实着想象世界的先验性和超越性。这是因为,曾在事物的残留表象仅仅为想象提供可利用的形式材料,并不同时提供想象对象的形式结构——事实上,想象的表象结构并不是客观事物的逻辑结构,而是人的类本质所固有的人性结构。这个结构只能由悟性来提供,而不能由经验的形象来提供,更不能由经验的逻辑概念来提供。悟性将人的类本质的存在结构像图式一样具体明了地呈现在想象面前,想象按照这一被照明的先验图式,创造性地建构出一个崭新的表象或形象,以此来圆满地显现人的全面本质。

由此可见,是人的类本质的存在结构决定着经验性表象材料的重组方式和形式,而不是经验事物的客观逻辑或时空结构规范着想象的运作方式和形式。由于这个缘故,想象力利用经验事物的残存表象也是有条件的:仅当此表象与人的类本质的存在结构和谐合致的时候,它才可以被吸收和利用,才有充当想象之材料的价值和意义。无此条件,该残存表象就被想象排斥在外,在这种情况下,想象宁愿凭空创造适合于显现人的类本质的存在结构的新形式和新材料,以此新材料来补充经验材料的贫乏和不足。

由于想象对象的存在结构是由悟性无条件提供的,想象自身的活动便无规

---

① 　[德]康德:《判断力批判》上卷,宗白华译,商务印书馆 1964 年版, 第 72 页。

律可循。任何形式的逻辑判断都无法把握想象活动的一般规律,因为这规律只对悟性存在着,而不对分析的逻辑概念存在着。悟性在何时何地表象出人的存在结构,这是没有定准和定则的,因此想象力怎样活动也是没有规则的。艺术家和建筑师在进行各自的制作活动之前,都先行掌握一个存在结构或图式,但二者的性质大不相同:艺术创作是非概念非逻辑的,依赖于想象而存在;建筑设计则是合乎数学和力学规律的逻辑结构,它依赖数理计算和制作行为,无需想象。所以,艺术家的创造性艺术是难以通过学习和模仿而毕肖其作的,而建筑师的技术产品则可以通过学习仿效而毕肖其作。

【本章复习重点】

一、基本概念
审美直观　异化劳动　审美情感　悟性　想象
二、思考题
1. 简述中国古代哲学思想中的直观理论。
2. 如何理解、评价费尔巴哈的直观理论?
3. 如何正确理解马克思的审美直观论?
4. 为什么说审美直观是美感的基本存在方式?
5. 审美直观的基本存在特性是什么?

第四编 审美范畴

　　本编所考察的审美范畴,也就是在一般美学教科书中经常看到的审美形态、美的范畴或美学范畴。概念形式不同,但所指的是同一个事实,中国范畴美学研究领域对此尚未形成统一的术语和概念。"审美形态"这一概念容易混淆美的现象分类和美的本质划分,比如自然美和社会美就是对美的现象的分类,它与优美、崇高等范畴具有本质的区别,所以,欧阳周等人在其主编的《美学新编》中将前者归于美的形态,后者归于美的范畴,这是有一定道理的。"美的范畴"则偏指审美对象的存在,容易忽略审美主体的存在。而优美、崇高等范畴兼有审美主体与审美客体的双重存在性质,是人对现实的审美关系在一定的审美实践活动中的现实形态。因此,我们采用审美范畴这一概念。

第十章　审美范畴的概念与历史

审美范畴作为对审美实践活动中实现的审美关系的逻辑归类和总结,直接现身为观念形态的逻辑概念或范畴。列宁说:"人对自然界的认识(='观念')的各个环节,就是逻辑的范畴。"①引而申之,审美范畴实质上是人对社会历史实践(包括审美实践)过程的各个环节的认知和体验,是对审美实践的历史过程的各个阶段的概括和总结,它包含着逻辑与历史两方面的内涵。

第一节　审美范畴的基本内涵

根据我们对审美范畴的初步界定,审美关系是深入而全面揭示审美范畴的本质的牢固的逻辑起点。唯物主义美学家把审美范畴的客观存在性质绝对化,以为除此之外,别无其他性质;唯心主义美学家虽然承认美的原始根据在于心灵,但当他们讲到审美范畴或样式时,总是把它等同于客观的美的范畴,以为舍此美便无以存在和显现。公认的唯物主义美学家蔡仪在分析审美范畴时认为审美范畴本无客观性,它原本是情感或情绪的不同表现模式。所以他将优美、崇高、悲剧和喜剧等范畴统统归于美感类。②这样的观点在美学史上实属特例,尤其是在唯物主义美学流派中可谓离经叛道,然而是正确的。事实上,作为审美关系现实形态的审美范畴既是对象性、典范性的客观形式,又是审美主体合乎理想的情感范式。

李泽厚曾将美划分为本质之美和范畴之美,认为前者是一般之美,后者则是对前者的外延划分。这一见解有其独到之处,但是将审美范畴的本质完全等同于逻辑的事实,难免有片面之嫌。在严格意义上说,范畴美学诞生于近代,兴盛于现代,在近现代范畴美学中,审美范畴被提升到哲学本体论的高度,甚至被看作最高的哲学范畴。

在西方古代美学史上没有现代美学意义上的审美范畴,虽然古代美学家们常常提到"优美",但他们所说的"优美"就是与丑对立的一般之美,而

---

① 《列宁全集》(第二版增订版)第五十五卷,中共中央马克思恩格斯列宁斯大林著作编译局编译,人民出版社 2017 年版,第 168 页。

② 参见蔡仪《美学论著初编》上册,上海文艺出版社 1982 年版,第 365~380 页。

不是近现代美学中与"崇高"相对的"优美"。古罗马时期的朗吉弩斯写过一本《论崇高》的专著,这是最早出现的"崇高"概念或术语,但这里的"崇高"主要指的是一种文章风格。亚里士多德在其《诗学》中比较深入地研究过悲剧和喜剧,但这里的"悲剧"和"喜剧"是戏剧的两个种类或体裁样式,而不是审美范畴的两个类型。

　　英国经验主义美学家博克是近代范畴美学的主要创始人,他首次把崇高从一般之美中提拔起来,并作为一个与美(优美)相对等且具有对比性的美范畴加以研究。他摒弃了古代文章风格学和修辞学的方法,以哲学、心理学的方法和视角,全面、深刻地研究、分析了崇高和美的存在根据与审美特性。"博克最重要的贡献是在西方美学史上首次区分了崇高与美两个重要范畴,并应用归纳的方法从感性经验的角度,分析了崇高与美的观念的起源,以及崇高感与美感的主要心理特征,这样,崇高范畴正式作为一个美学范畴和美的范畴成为并峙的双峰。"①

　　博克把崇高的根源直接归于人内心的恐惧感。恐惧感的实质是人与自然、人与社会的矛盾和对立。当人们直面此种对立或置身于其中时,便产生痛苦的恐惧,而这种恐惧感并不是崇高感本身。崇高感是由恐惧转化而来的快感——愉悦的欣羡和崇敬。他初步朦胧地意识到这一转化与人超越自身的精神无限有某种因果关系。"关于恐惧和无限的观念的分析,是博克的崇高理论的最突出的贡献。"②他将关于恐惧感的本质思考提升到人与自然对立的存在层面,这已十分接近哲学本体论的水准。恐惧因此成为一个美感范畴,而不是一个纯粹的心理学范畴;它也不是一种认识,而是人的一种存在状态。这样便初步确定了崇高的存在论性质。

　　康德进一步发展了博克的崇高理论,从哲学本体论的高度全面、深刻地分析了崇高的存在本质和审美特征。崇高在康德的整个哲学、美学体系中占有极其重要的中心位置,发挥着联结沟通自然与自由、感性与理性、认识与实践的中介和桥梁作用。在康德看来,理论理性与实践理性之间隔着一条天然鸿沟,永远不能相互过渡,实现统一。唯有审美判断力——崇高——能使二者统一起来。所以,崇高既高于理论理性诸范畴,又高于实践理性诸范畴,它被看作具有本体论性质的最高哲学、美学范畴。康德真正确立了崇高作为美学范畴的哲学意义,"使这一范畴得到了全面的发展和完善,近代关于崇高的论述,在康德这里发展到了顶点和极致"③。康德开辟的范畴美学研究的哲学方向一直主导、支配着近

---

①　朱立元主编:《西方美学范畴史》第三卷,山西教育出版社 2006 年版,第 99 页。

②　朱立元主编:《西方美学范畴史》第三卷,山西教育出版社 2006 年版,第 104 页。

③　朱立元主编:《西方美学范畴史》第三卷,山西教育出版社 2006 年版,第 107 页。

现代范畴美学的研究方向,黑格尔、席勒、叔本华、尼采和利奥塔等人都循着这一方向研究、分析审美范畴。

　　法国后现代主义理论家利奥塔更进一步把范畴美学问题提升为哲学问题本身,把崇高作为其解构主义的核心范畴,以此来解构传统的宏大叙事或元叙事(包括传统的崇高理论)。利奥塔称:“我说的元叙事或大叙事,确切地是指具有合法化功能的叙事。”①元叙事把自己的合法性“建立在要实现的未来,也即要实现的理念上面。这一理念具有合法化价值,因为它是普遍适用的”②。他进而认定,这具有整体性、普遍性的理念、理想是纯粹的假设和设想,因而是非法的,必须予以消解或解构。这是他极力提倡、标榜的“后现代”或“现代感”的基本宗旨。“我们可以把对元叙事的怀疑看作是‘后现代’。”③后现代就是对现代的解构与重写。“这种现代感超越了对整体性的现代追求,而深入到不可表现之物的表现之中。利奥塔认为这是一种根本性的崇高感,唯一一种标志现代性的情感模式。正是通过这种根本性的崇高感,现代与后现代超越了合法性危机设置的二元对立而统一起来。崇高在利奥塔的美学中不只是一个普通的概念,而是一个核心范畴,具有基础作用。”④

　　利奥塔的后现代在解构元叙事的同时,消解了哲学本体论,从而将范畴美学的哲学本体论研究转移到个体存在论方向,为现代范畴美学发展奠定了一个新起点,提供了一种新视角、新视域。虽然如此,但它只能补充而不能从根本上取代范畴美学的哲学本体论研究方向,要全面而深刻地揭示审美范畴的丰富内涵,就必须兼采哲学本体论与存在论的双重视角。

　　从哲学本体论的角度来看,审美范畴是人类在历史实践过程中不断复现和直观自身而形成的审美理想的典范形式,及其在逻辑上的归类与总结。从个体存在论的角度来看,它是审美主体在审美活动中历史地形成的情感范式或美感范式。这两方面的存在性质在审美范畴中互相渗透,内外相维。审美范畴的理想形式赋予审美情感以改变、提高、升华人的存在性质,审美范畴的情感范式蕴含、积淀着巨大、深湛的社会历史内容。所以,审美范畴蕴含着哲学的、社会历史的、个人生理和心理的多重因素,它的丰富内涵是

---

　　①　包亚明主编:《后现代性与公正游戏——利奥塔访谈、书信录》,谈瀛洲译,上海人民出版社1997年版,第169页。

　　②　包亚明主编:《后现代性与公正游戏——利奥塔访谈、书信录》,谈瀛洲译,上海人民出版社1997年版,第181页。

　　③　[法]让-弗朗索瓦·利奥塔尔:《后现代状态:关于知识的报告》,车槿山译,生活·读书·新知三联书店1997年版,引言第2页。

　　④　朱立元主编:《西方美学范畴史》第三卷,山西教育出版社2006年版,第127页。

单一命题、定义、判断所不能穷尽的。理论抽象最多只能部分地接近它的逻辑的、历史的存在真相。

第二节　审美范畴的历史演变过程

一、审美范畴作为审美情感范式的实践存在论根据

审美范畴直接显现的情感范式，是对审美活动中形成的绚丽多姿的种种情感形式的高度概括，其根据就在于实践过程中形成的人与自然的对立统一关系。

审美情感的多样性植根于个体生命欲望与对象世界的多样性关系。情感的现身情态是丰富多样的。儒家论心性一般将情感划分为七种，即喜、怒、哀、惧、爱、恶、欲。[①]　中医也将情感划分为七种，即喜、怒、忧、思、悲、恐、惊。[②]　情感的多样性归根结底是由欲望与其对象相联系的特殊方式和性质决定的。例如，欲望有所取，有所得，如愿以偿，得以满足，便生喜悦；欲望所愿，横遭阻绝，或求之无方，或渺茫难见，或得非所欲，或得而复失，于是有愤怒、忧愁、焦虑、悲伤；所欲对象骤然降临，由于其强大，欲望无力担当、掌握巨大的欲望对象，反而被对象的强大威力暂时压倒，由此而生恐惧；欲望对象以其伟大与欲望主体的某种精神品质相协和，此种对象骤然来临或骤然丧失俱能引起惊叹之情。此外还有哀伤、热爱和憎恨等情感。儒家把欲望与情感看作一回事，未免失之粗疏，其实二者是有区别的：欲望是情感的根蒂，情感是欲望的现实显现。《吕氏春秋》将欲望区分为六种，即生、死、耳、目、口、鼻之欲。[③]　欲望的多样化规定着情感的丰富多样性。多样的情感与理想的感性形式相结合，并以感性形式显现自身，便成为审美情感。所以审美情感一旦被感性形式个别化、具体化，便显得更加丰富多彩。审美情感的多样性已被现代一些不拘成见的美学家注意到，现象学美学的代表人物英伽登就是其中一个。他认为审美情感是不能归类的，把它概括为几个抽象范畴的做法更是不可取的，它只能是描述的。他对几十种美的形态做了具体描述，这对于美的范畴的研究大有裨益。

但是，这种非历史的个别化的描述方法充其量只能揭示审美情感多样化的

---

①　参见《十三经注疏》整理委员会整理，李学勤主编《十三经注疏·礼记正义》，北京大学出版社1999年版，第689页。

②　参见《辞海·词语分册》上册，上海辞书出版社1979年版，第15页。

③　参见《吕氏春秋·贵生》，见北京大学哲学系美学教研室编《中国美学史资料选编》上册，中华书局1980年版，第81~82页。

个体存在论根据,而不能从历史总体方面深刻揭示审美情感多样化的真相。从实践存在论的角度来看,审美情感的多样化形式是审美主体突入现实世界之后与诸多个别的"他者"照面的显现形式。世界是由无数的他者(他人、他物)按照历史必然性结缘而成的,它是不断向前延绵自身、永无休止的一条河流,黑格尔称之为"恶无限"①。当世界作为陌生的他者与审美主体相对立时,审美惊异便产生了。这种状况不是由他者自身形式的新奇造成的,而是由隐藏在他者背后的无际的黑暗的"恶无限"造成的,它是直接引发痛苦与恐惧的世界根源。

在世界历史发展过程中,"恶无限"以命运和历史必然性的形式现身为无底的黑洞,它进一步加深了审美主体的痛苦与恐惧。显然"恶无限"是审美范畴在有限世界存在的深刻历史根据。它将丰富多样的审美情感高度概括地简化为痛苦与恐惧,痛苦与恐惧的实质是人与世界的对立和矛盾。当这一矛盾经由历史实践达于统一时,痛苦与恐惧便随之转化为愉悦或快感,审美快感揭示着人与世界的和谐一致。归根结底,人与世界的对立统一关系是审美范畴的情感范式的实践存在论根据。

二、审美范畴的历时性演历阶段与过程

审美范畴的情感范式的概括性绝不是简单地由逻辑判断产生的,而是在漫长的历史实践过程中形成的。直观地看,是在审美直观活动过程中历史地生成的。

凡是审美情感都是以一定的理想形式表现着的情感,是形式化的情感。但是,形式化、有所表现的情感未必都是审美情感。这是因为审美情感与日常生活中普遍发生的情感具有本质的差别。固然,后者有时也可以转化或升华为前者,但这种转化是有严格的前提条件的。其基本条件是:支持和维系一般情感的经验常识必须先行转换为非逻辑的悟性和想象力。

审美情感有三个特点。第一个特点,它显现的是生命的整体欲望。《吕氏春秋·贵生》言:"所谓全生者,六欲皆得其宜也。"②六欲皆宜,和谐一体,直接现身为完善的审美情感。由于审美情感显现的欲望贯穿全体生命,这就决定了欲望与其对象的多样性关系。从对象性事物来看,任何单一的事物都不能全面适

---

① 黑格尔在《大逻辑》和《小逻辑》里均摘引了哈勒咏叹自然或上帝的一首诗,认为该诗中"世界之上我堆起世界,时间之上我加上时间"的无限进展就是一种坏的无限性的典型,而最后一句"我摆脱它们的纠缠,你就整个儿呈现在我前面",则表述了真正的无限性。

② 《吕氏春秋·贵生》,见北京大学哲学系美学教研室编《中国美学史资料选编》上册,中华书局1980年版,第82页。

合和适应于生命的整体欲望,它只能满足其中的一种欲望。这样,生命的整体欲望必须将自身指向多样事物,这多样事物因此而联结成一个整体,组成一个有限的世界,与生命整体欲望形成和谐的合目的性关系。

由此形成审美情感的第二个特点,生命的整体欲望的对象不是单个有限事物,而是多个有限事物的整体,它显现为自然的有限世界。审美情感揭示出生命欲望与自然世界的和谐关系之后还远远不够,若单单局限于此种存在状态,它只能显露人与动物和其他生物差别不大的生物学存在性质。审美情感作为人类独有的情感,它能将人与自然的直接和谐关系提升到人所独有的自由境界。在此种境界中,人与自然有分别的有限和谐统一,升华、转化为人与自然无分别的无限和谐统一,升华为存在的无限境界。这便是审美情感的第三个特点:它以审美主体升华了的无限自由境界,圆满显现人的全面本质,实现生命起始的主客合一状态或绝对完善。这是审美情感的精髓和灵魂。

审美情感的这三个特点是人与世界在激烈抗争的历史实践中逐步形成、显露的。所以,我们要从总体上准确地掌握审美情感及其具体的现身样式和形态,就必须将它放在人与世界的历史的具体关系和发展进程中去考察。

审美情感是审美主体超越世界和历史的自由存在形式。由于历史自身的中断和连续,整个世界历史被划分为前后相承的不同发展阶段,审美情感因此将自身区分为完善程度有别的不同样式和形态。在这些不同的形态中,上述三个特点有时体现得不太充分和典型,有时则体现得较为充分、典型和集中。这种完善程度上的差别揭示着审美情感与特定的历史发展阶段相联系的特殊性质和方式,同时揭示着人类在历史必然性中演历自身的发展阶段性。

直接地看,审美情感是通过个体的直观的精神实践过程显现自身的。更深入地看,在个体精神实践过程背后隐含、积淀着人类总体或全体的精神实践历史的全过程及其不同的发展阶段。这样,世界历史行程及其不同的发展阶段便或隐或显地历史地规定、影响着人类审美情感的特殊显现方式和形式,这是审美范畴由以形成的看不见的世界历史根据。

如前文所述,审美直观效果中沉淀着深远的历史实践过程。其三大存在特性(建构性、转移性和回归性)分别揭示历史实践过程中依次出现的三个不同发展阶段,即与世界照面的初始阶段、沉入世界的异化阶段和返回生命起始的终极阶段。在不同阶段审美情感显现为不同的存在样式,为将审美理想区分为不同的审美范畴提供了实践存在论根据。审美理想缘此而历史地依次显现为崇高、悲剧和喜剧,而优美出现得最早,大致与文明史前的蒙昧阶段相对应。

在人类经由实践理性向自然的对象世界过渡的历史发展过程中,有一个非理性的蒙昧的直觉性存在阶段。在此阶段,主体满足生存欲望的方式完全是自然的、本能的,主体不以任何文化工具来谋取生活资料,只是凭借天生的身体诸器官和自然的工具与自然事物相交接来实现生命的整体欲望。此时人的本质尚处于天然的浑整状态中,欲望与对象世界直接地协洽统一,呈现出天然的和谐。这种满足欲望的天真无邪状态现身为情感,便是不带丝毫痛苦痕迹的儿童式的欢愉。这种情感通过理想的形式表现出来,便是美学上所说的优美。史前萌芽状态的艺术形式,如柔和弯曲的水纹,质朴简洁而富有抽象意味的鱼纹和鸟兽图形,表现的都是人与自然的天籁式和谐,洋溢着儿童的天真、稚气和单纯的欢愉之情。这种无矛盾、无痛苦、合乎天籁的自然和谐状态是现代文明少有的。

　　自从异化的世界生成之后,史前的天然和谐便被破坏殆尽。人的整体欲望以单一的形式极端片面地实现自身,其未实现的大部分欲望则处于被遏制、被压抑的非现实状态中。由于现实世界的异化,片面地得到满足的欲望往往丧失了人的本质,被遏制的似乎悬空的欲望,却能如其本然地持存人的固有本质。人因此发生了深刻的内在分裂,分裂为自身否定和自身肯定两个方面。前者是由异化的具有强大力量的外在世界引起的,后者则植根于人固有的类本质或人性;前者显现为巨大的痛苦,后者显现为忍受此种痛苦的坚定、镇静和肃穆的心情,这种心灵的巨大分裂和矛盾,这种痛苦和面对痛苦的超迈心情通过理想的形式表现出来,便是崇高。

　　心灵的分裂不仅静态地显现于人与世界、人性和非人性的矛盾对立,而且显现于世界历史进程。在世界历史进程中人心的分裂进一步加剧、加深,显现为目的和手段、偶然与必然、个人与社会经历剧烈冲突和漫长斗争的过程。这一过程一方面显示出理性力量的强大和历史必然性的无情,另一方面又显现着心灵的巨大悲痛和解脱悲痛的渴望和激情,与此同时展现着个人命运与历史必然进行艰苦卓绝的抗争,揭露历史必然对于个人生存的残酷无情。人的本质方面或自身肯定方面,最终在个人命运的结局中坦然承认输给了历史,并在历史取得胜利的霸气和骄傲中看出自己一无所有,努力争取的东西成了历史必然的战利品,经由个人命运演历而绽开的生命整体欲望因此落空,于是产生大悲大痛的情感。人的自由理性进而真切地体认到,那异化的历史的全部成果即使归己所有,也不能真正归复人的全面本质,于是它掉头转向历史的彼岸,转向主体自身,以道德理性肯定自身,审美主体因此大为振奋,从悲痛中生起一股渴望未来的激情和勇气。这种情感状态通过理想的形式表现出来,便是悲剧。

　　悲剧性情感仍然是局限于有限的情感,其主调是悲痛和压抑,惊赞和振奋像陨星的最后一线光芒一样附在大悲大痛的尾巴上。这是因为悲剧正面揭示的是历史必然性进程及其固有的强大力量对于个人生命的优胜,绽露的是历史本身的肯定性价值和意义。这种价值暂时成为历史和个人争夺的同一对象,它诱使人们不惜一切代价为此斗争,万死不辞,至死方休。只是在个人惨遭失败的命运结局中,人们才有所省悟,有所警觉,才对历史失去兴趣,别有他求,继续在历史之外寻求欲望的满足。人在此关头,只是有了新的转机,尚未真正摆脱有限而通达人的全面本质,尚未达于大彻大悟的自由境界。当人心最后通达无限之时,被历史悬空了的完整的感性欲望便真正享有人的全面本质,圆满地实现生命的自由。这样人便采取一种与先前截然相反的态度和眼光观照和审视历史。他完全看透了历史的虚幻之处,以超然于历史之上的主体姿态尽情地嘲弄历史,以爽朗的笑声显示人的本质的完善和圆满。圆满自足的主体将一切基于有限的痛苦净化、提升为纯粹的愉悦。这种情感通过理想的形式表现出来,便是喜剧。只有在喜剧中,理想才达于顶峰,审美情感的诸多特性于此体现得最为集中、最为典型。所以黑格尔把喜剧摆在理想的历史顶峰,其中有深刻的道理。

从人类与世界分离、对立的历史全过程来看,审美情感主要有上述四种形态,即优美、崇高、悲剧和喜剧。其中优美与未曾异化、分裂的完整人心相对应;崇高则揭示着人与世界的初始对立,以及由此导致的人心的内在分裂;悲剧显露着世界历史的必然性与个人命运的剧烈对抗,以及个人内在心灵的深刻分裂;喜剧显现着世界历史的必然性与个体生命的矛盾在生命"真无限"中的和解,以及分裂的心灵回归生命起始后的再度统一。

在这四种审美范畴中唯独优美没有明显的世界历史痕迹,其余三种审美范畴都带有明显的世界历史痕迹。直接构成崇高与悲剧情感基调的是痛苦与恐惧,这是由世界历史背后无底的"恶无限"异化、遮蔽、威胁个体生命而引起的,显现着"恶无限"对审美情感的质的规定性,因为"恶无限"是通过有限的"他者"直接引发痛苦与恐惧的。构成喜剧情感基调的是喜和笑,这是由世界历史背后的"恶无限"因自由主体或人的"全面本质"而自行退缩、消解而引发的纯粹愉悦。它显现的是"恶无限"对审美情感的量的规定性,"恶"由量的巨大瞬间转化为微不足道的渺小,乃至虚无,于是成为小丑,引发主体开怀大笑。无论从质上还是从量上看,崇高、悲剧和喜剧所表现的种种审美情感样式都具有世界历史的深度与广度。

由于优美所揭示的是人的未经异化的天然和谐,它一般适宜于表现人类史前的存在状态。这种自然状态与人类的自由状态尚有一段距离,它虽然能激发起天真无邪、无忧无虑的纯粹愉悦,但尚不能充分体现审美理想的全部特性。因此,优美在近现代范畴美学中失去了鲜活的时代特色与意义,这也是康德等人为什么要在其美学中突出崇高和悲剧的重要原因。

【本章复习重点】

一、基本概念

审美范畴　元叙事　后现代

二、思考题

1. 如何理解审美范畴的古今之别？

2. 康德和利奥塔对范畴美学有何杰出贡献？

3. 审美范畴的基本内涵是什么？

4. 简述审美范畴的历史演变过程。

第十一章　审美范畴的基本类型

上一章从哲学本体论和实践存在论的角度出发,对审美范畴的历史根据和存在本质做了纵向的历史分析,揭示的是隐伏于审美范畴显现形态背后的看不见的东西;本章将转向审美范畴的显现形式和存在方式,对审美范畴的基本类型——优美、崇高、悲剧和喜剧——的本质特征和审美特性进行横向的比较分析。我们把这四种范畴看作美的基本范畴或类型,其理由有两点:一是逻辑学方面的理由。从范畴的抽象的级别来看,这四种范畴在美的诸多范畴中级别较高,除了"美的本质"这一本体论范畴之外,再没有比它们更高的审美范畴了,在它们之下又有许多层级不同的较小的审美范畴。正如英国美学史家李斯托威尔所指出的情形那样,美学范畴"十分类似于自然科学中的附属概念,如像生物学上一个较高级的'属'下面的各个个别的'种'"①。这四种范畴就是"本质之美"的属概念,它们下面又有许多级别较低的种概念。"一些较小的范畴,如像浪漫的、古典的、乖巧的、抒情的、戏剧的或者感伤的之类。"②再如,中国古代诗学中的风骨、体性、神思、隐秀、典雅、远奥、精约、显附、繁缛、壮丽、新奇和轻靡等范畴(刘勰《文心雕龙》),画论中的君形(《淮南子》)、形神(顾恺之)、气韵和骨法(谢赫《古画品录》)等范畴,或属于文艺美学范畴,或属于绘画美学范畴,其逻辑的抽象级别也都在这四种审美范畴之下。对于这些较小的美学范畴,我们不再展开论述。二是美学史方面的理由。这四种审美范畴是历代美学家尤其是近现代美学家共同关注的范畴,经典作家也根据自己的哲学立场对其进行不同的解释,赋予其不同的含义,形成种种约定俗成的诠释规矩和习惯。例如从博克开始,人们习惯上把优美与崇高看作一组对立的范畴加以比较、分析,从这个意义上讲,这四种范畴又可称作经典的美学范畴。根据美学史上既已形成的规矩和习惯,我们也把优美与崇高作为一组对立的审美范畴来研究。

第一节　优美和崇高

在古代美学中,优美等同于美。在近现代美学中,优美与广义的美不同,是与

---

① 〔英〕李斯托威尔:《近代美学史述评》,蒋孔阳译,上海译文出版社 1980 年版,第 213 页。
② 〔英〕李斯托威尔:《近代美学史述评》,蒋孔阳译,上海译文出版社 1980 年版,第 213 页。

崇高相对,与悲剧和喜剧并列的一个审美范畴。因为优美和崇高在内容和形式上形成鲜明的对比,所以人们习惯上把它和崇高看成密切相关的一组审美范畴。

一、美学史上关于优美和崇高的理论

严格地说,优美和崇高是在近代美学史上形成的一对美学范畴,但古代一些文艺理论家、美学家也有论及优美和崇高的理论。他们的理论虽然与近现代范畴美学存在较大的区别,但是不能不承认他们对近现代范畴美学的或隐或显、或直接或间接的影响。有两个人值得一提,这就是古罗马时代的朗吉弩斯和中国清代的姚鼐。在近代西方则有博克、康德等人的崇高理论彪炳美学史,对后世范畴美学影响甚深。

据西方美学史记载,崇高这一美学范畴就是由朗吉弩斯首次提出来的。朗吉弩斯的出生年代和国籍均无定论,他大约生活在公元 1 至 2 世纪,为罗马人或希腊人。他著有《论崇高》一书,此书是在文艺复兴时代被发现的。

朗吉弩斯提出的崇高这一范畴,有的学者认为它不属于美学范畴,与近代美学中的崇高的含义不同。他的崇高理论主要是讲文章风格的,属于修辞学范畴。朗吉弩斯指出崇高的风格有五大因素,即"掌握伟大思想的能力","强烈深厚的热情","修辞格的妥当运用","高尚的文词",和把"前四种联系成为整体的""庄严而生动的布局"[①]。就这一点看,他说的崇高实属文章风格类。

朗吉弩斯进一步又把崇高看作"伟大心灵"的回声。他认为人的心灵中有一种对真正伟大的、比我们自己更神圣的东西的爱,因此"我们所赞赏的不是小溪小涧,尽管溪涧也很明媚而且有用,而是尼罗河,多瑙河,莱茵河,尤其是海洋"[②]。比之星星之火,厄特拿火山口迸出的岩浆和大火流更为壮观,日月星辰更使人肃然起敬畏之情。他进而认为崇高本质不是宏伟巨大的对象性事物,而是人类心灵固有的一种能力:

> 大自然把人放到宇宙这个生命大会场里,让他不仅来观赏这全部宇宙壮观,而且还热烈地参加其中的竞赛,它就不是把人当作一种卑微的动物;从生命一开始,大自然就向我们人类心灵里贯注进去一种不可克服的永恒的爱,即对于凡是真正伟大的,比我们自己更神圣的东西的爱。因此,这整个宇宙还不够满足人的观赏和思索的要求,人往往还要游心骋思于八极之外。[③]

①　朱光潜:《西方美学史》,人民文学出版社 1979 年版,第 106 页。
②　朱光潜:《西方美学史》,人民文学出版社 1979 年版,第 112 页。
③　朱光潜:《西方美学史》,人民文学出版社 1979 年版,第 112 页。

　　朗吉弩斯关于崇高的本质的这一观点,十分接近近代的崇高理论。他的《论崇高》对近现代范畴美学产生了深远的影响。鲍桑葵指出,《论崇高》"这部著作不管从哲学上说多么不完备,却给经验在美的范围内所揭示出的范畴,又增添了一个新的范畴,而关于崇高的理论所以在近代思辨中起着极其重要的作用,大概也应归因于这部著作"①。

　　中国古代美学史上关于优美和壮美的理论源远流长。刘勰、司空图、严羽、屠隆都对这两种美发表过自己的看法。有代表性的是清代的姚鼐,他提出了"阳刚之美"和"阴柔之美"。他对阳刚之美的外部特征的描述是这样的:对于文章风格来说,如千钧霹雳,万里电闪,如从山谷吹出的狂风,如崇山峻岭,如决堤大江,一泻千里,像骏马奔驰,狂放不羁;于光泽而言,则如早晨的太阳,光芒万丈,如熊熊大火,烈焰奔腾,如黄金镠铁,光华四射;阳刚对于人来说,像登高远眺,瞩目千里,像君王独坐龙台,朝见万民,像元帅指挥三军,鼓动勇士冲锋陷阵。他对阴柔的特征描写为:于文像冉冉升起的太阳,像徐徐吹来的清风,如淡淡的白云,似轻轻的云霞,像幽深的林篁,回曲的潺潺流水,如水中的波纹和涟漪,如宝珠玉石的光辉,如鸿鹄的鸣叫声萦绕在寥廓的天空;阴柔之美表现为人的风度,清静恬淡像在叹惋,深邃沉着像在沉思,洋洋自得像有喜事,凄然失意又像悲伤。②

　　姚鼐所描述的这些关于阳刚之美和阴柔之美的外部特征与我们所说的崇高与优美有相近之处,但在本质上是不同的,姚鼐所谓阳刚之美和阴柔之美属于文章风格的范畴。单就这一点而言,其理论价值不见得有多高,但姚鼐的范畴理论有其深刻、独到之处——他将阳刚之美与阴柔之美的根源归于天地之道:"鼐闻天地之道,阴阳刚柔而已。文者,天地之精英,而阴阳刚柔之发也。"③这就秉承了中国传统文化中的阴阳观、刚柔观,将文章风格学提升到哲学本体论的高度,"阳刚"与"阴柔"因此由诗文风格上升为美的范畴。

　　英国18世纪著名的美学家博克是从哲学的角度出发,系统地研究优美和崇高的第一个人。他把崇高和优美对立起来,认为二者有本质的差别:(1)美的对象比较小,而崇高的对象体积巨大;(2)美必须是平滑光亮的,而伟大的东西则

---

　　①　[英]鲍桑葵:《美学史》,张今译,商务印书馆1985年版,第141页。

　　②　(清)姚鼐《惜抱轩文集》言,阳刚者"其文如霆,如电,如长风之出谷,如崇山峻崖,如决大川,如奔骐骥;其光也,如杲日,如火,如金镠铁;其于人也,如冯高视远,如君而朝万众,如鼓万勇士而战之"。阴柔者"其文如升初日,如清风,如云,如霞,如烟,如幽林曲涧,如沦,如漾,如珠玉之辉,如鸿鹄之鸣而入寥廓;其于人也,漻乎其如叹,邈乎其如有思,暖乎其如喜,愀乎其如悲"。见北京大学哲学系美学教研室编《中国美学史资料选编》下册,中华书局1981年版,第369页。

　　③　(清)姚鼐:《惜抱轩文集》,见北京大学哲学系美学教研室编《中国美学史资料选编》下册,中华书局1981年版,第369页。

是凹凸不平和奔放不羁的;(3)美必须避开直线条,然而又必须缓慢地偏离直线,而伟大的东西在许多情况下喜欢采用直线条,当它偏离直线时也往往是强烈的偏离;(4)美必须是纯净、鲜明、浓烈、炫目的,而伟大的东西则必须是阴暗朦胧的;(5)美必须是轻巧而娇柔的,而伟大的东西则必须是坚实的,甚至是笨重的①;(6)优美基于快乐,崇高基于痛苦。博克指出:"它们确实是两个性质差别很大的观念。"②

博克对优美与崇高的现象分析是符合经验的事实的。博克在此基础之上,进一步分析了优美和崇高的客观起源。他认为它们的产生与人的生理本能密切相关。人有两种基本的生理本能:即个体保存欲和种族生殖欲。前者是维持和保护个体生命的本能,与这种本能密切相关的是恐惧和痛感;后者是延续种族生命、进行社会交往的本能,与此密切相关的是爱和同情。那些能引起人的爱和同情的客观对象是美;那些具有一种或几种能引起人的恐惧和痛感的特质的客观事物,便是崇高。显然,博克是从人的生理、心理现象出发,探求优美和崇高的客观本质的,他最后将它们的本质归因于客观事物自身的物质特性,这是唯物主义的观点。但是他把人看作生物学意义上的人,而不是社会的历史的人,这使他的唯物主义流于简单化、庸俗化。因而,他关于优美和崇高的本质的观点难免有庸俗唯物主义的局限。

康德继博克之后,从哲学本体论的高度对崇高做了深刻的研究,他也是把崇高看作美的对立面。崇高和美(即优美)在感性形式方面的主要区别是:(1)美具有合目的性的形式,而崇高则是无形式的;(2)美是一种积极的对生命力的促进的愉快,而崇高则是消极的对生命力的暂时阻滞的痛感;(3)美存在于形式之中,而崇高只在人们的心意状态中。③

他首先从形式上把崇高分为两种,即数量之崇高和力量之崇高。数量之崇高以体积的无限大取胜,如延绵不绝、逶迤嵯峨的大山,浩渺的星空,无边的大海等。力量之崇高以速度的迅猛、力量的无比强大取胜,如裹挟着彤云的闪电惊雷,一泻千里的瀑布,摧枯拉朽的狂飙,搏击长空的雄鹰,雄踞山林的虎、豹、狮、熊等。

康德在分析了崇高的现象之后,又进一步分析崇高的本质。他认为,崇高的事物以自身数量的无限与力量的无穷压倒了人的感性,于是与人形成尖锐的对立和斗争。在这对抗中,主体深深感到自己感性力量的弱小,陷入恐怖和痛苦之中,于是向理性呼救,理性出来解围,并以自身的绝对优势,以比自然崇高更强大

---

① 参见朱立元主编《西方美学范畴史》第三卷,山西教育出版社 2006 年版,第 77~78 页。

② 朱立元主编:《西方美学范畴史》第三卷,山西教育出版社 2006 年版,第 105 页。

③ 参见朱立元主编《西方美学范畴史》第三卷,山西教育出版社 2006 年版,第 109 页。

的力量回敬自然,最后理性力量压倒无限的感性形式。于是主体又由恐怖和痛苦转为自豪的愉快,这自豪的愉快便是崇高产生的根源。他说:"自然界在我们的审美判断里,不是在它引起我们恐怖的范围内被评为崇高,而是因为它在我们内心里唤起我们的力量。……所以,自然界在这里称作崇高,只是因为它提升想象力达到表述那些场合,在那场合里心情能够使自己感觉到它的使命的自身的崇高性超越了自然。"①"我们在我们的外面或是也在我们内里(例如某些情操)所称呼为崇高的,只是表象为一种心意的力量,通过道德的原则克制了感性界的某些一定的阻碍,并且由此成为有趣味的。"②显然,康德认为崇高的本质不在于崇高对象自身,而在于主体的先验的理性理念。崇高的事物只是使理性理念外射出来的条件,通过崇高事物无限大的感性形式,人们从中看到人自身理性理念的伟大。这种观点显然是唯心主义的。

根据同一哲学立场,康德把优美的根源也归于人的知性。优美指向知性,而崇高则与理性相联系,他说:"美好像被认为是一个不确定的悟性概念的,崇高却是一个理性概念的表现。"③

车尔尼雪夫斯基坚持唯物主义的观点,认为崇高的本质与主体和先验的精神无关,它就在于客观事物自身。他指出:"凡是比那些拿来相比较的事物和现象更庞大的东西就是伟大和崇高。"④"以我们之见看来,大自然中伟大确实存在,而并不是由我们的幻想塞到它里面去的,好像通常所想的那样(根据我们的意见,正像美在大自然中确凿存在,而不是由我们的幻想带到里面去的一样)。"⑤但车尔尼雪夫斯基将问题简单化了,固然崇高与巨大有关,但巨大毕竟不是崇高的本质特征。根据实践美学原理,自然界任何事物若未经社会实践直接或间接的加工改造而成为人化的自然,那么不管多么伟大或巨大,都没有美的价值和意义,从而也就不能成为审美对象。车尔尼雪夫斯基囿于人本主义哲学视域看不到这一点,最终还是停留在旧唯物主义的水平上踏步不前。

二、优美和崇高的本质特征

马克思主义的实践美学观点克服了康德的唯心主义错误,同时也克服了车尔尼雪夫斯基的机械唯物主义错误,为我们正确解释优美和崇高的本质确立了

---

① [德]康德:《判断力批判》上卷,宗白华译,商务印书馆1964年版,第102页。

② [德]康德:《判断力批判》上卷,宗白华译,商务印书馆1964年版,第113页。

③ [德]康德:《判断力批判》上卷,宗白华译,商务印书馆1964年版,第83页。

④ [俄]车尔尼雪夫斯基:《车尔尼雪夫斯基论文学》中卷,辛未艾译,上海译文出版社1979年版,第72页。

⑤ [俄]车尔尼雪夫斯基:《车尔尼雪夫斯基论文学》中卷,辛未艾译,上海译文出版社1979年版,第70页。

科学的理论前提。根据实践美学一般原理,优美和崇高的本质亦在社会实践之中。优美和崇高是在社会实践过程中呈现出来的两种不同形态的美。优美是主体和客体在实践过程中经由矛盾、冲突、斗争达到的和谐、统一、均衡的状态;崇高则是主体与客体在实践过程中显现出来的矛盾、对立、斗争、冲突的状态,并在斗争中显示出双方趋于统一的历史必然性。分而言之:(1)优美的本质是主体和客体、人与自然的和谐统一,它一般通过实践运动过程的结果显现出来,优美的对象大多体现为相对静止的客观事物或具体形象;崇高的本质是主体和客体的矛盾、冲突和斗争,它一般通过实践运动的过程显现出来,因此崇高的对象大多是剧烈运动着的客观事物或具体形象。(2)优美是主体和客体的矛盾、冲突暂时终结的形式,它在内容上不表现否定主体的力量,不带有斗争的痕迹,因此它是一种纯粹的美,不包含丑的因素;崇高则是主体和客体的矛盾、冲突充分展开的形式,它在内容上不仅体现着主体的强大力量,而且体现着主体的对立面——客体——否定主体的强大力量,并通过双方的严峻斗争,显示主体最终战胜客体的必然趋势,它带有明显的斗争痕迹,是一种不纯粹的美,包含着丑。(3)崇高在本质上是美与丑的对立统一体,其中丑作为美的对立物而存在,并通过美对它自身的否定获得间接的美学意义。

就是在这个意义上,现实生活中黑暗而强大的反动势力,艺术中人物性格或形象的丑陋,自然界中那些似乎威胁着人的生命的神秘和恐怖的力量,都是促成崇高美不可缺少的因素。没有外部世界的巨大事物降临,就没有心灵的巨大痛苦。与主体照面、遭遇的外在巨大事物,如无边的大海、浩渺的星空、惊雷闪电、雪崩、海啸、泥石流、火山爆发的奇观,再如人世间的大奸巨猾、元凶首恶、杀人魔王、战争罪犯等,都是引起巨大痛苦的客观根源。心灵的巨大痛苦揭示出此类强大的外在事物与主体暂时敌对的异己性质,同时衬托出主体压倒客体的雄伟气势和超强的道德精神力量,从而显出性格的伟大与坚强。如《红灯记》中的鸠山越凶恶、越强大,李玉和就显得越崇高;奥赛罗那超乎常人的嫉妒和虎豹狮熊般的凶猛都具有一种巨大的美的魅力。而优美是容不下这些丑的因素的。一有了丑的因素,优美的整体的纯全的美就被破坏了。荀子说:"不全不粹之不足以为美"[1],强调的就是优美的纯粹性。

从形式上来看,优美由于内容是合规律合目的的和谐统一,其形式也是合乎规律的形式:其色彩一般明亮、清澈、纯粹不杂、缤纷而和谐一致;其线条或形体一般是曲线、波浪线,小巧、圆滑、平整;其运动则疾徐有度、快慢适中。而崇高的

---

① 《荀子集解·劝学》,见北京大学哲学系美学教研室编《中国美学史资料选编》上册,中华书局1980年版,第48页。

形式则打上了其内容严重斗争的痕迹,体现为不合规律的形式,一般特点为巨大、瘦硬、晦暗、粗糙、迅猛等。

从美感心理上看,优美和崇高也各具特点。由于优美的内容和形式都是和谐统一的,它便呈现出单纯、宁静的状态,给人轻松、自由、愉快、和谐的美感。温克尔曼在《古代艺术史》中称希腊雕塑是"高贵的单纯和静穆的伟大"①。单纯、静穆不仅是希腊雕塑的审美特点,而且是优美的审美特点。优美的东西,大多是单纯的、静穆的。无论欣赏秀丽雅致的苏州园林,还是观看稳健沉静的维纳斯雕像,都不会引起痛苦和不安。典型的中国古代艺术也是单纯、简约的,诗词一首,小令一段,简洁隽永,令人回味无穷。西方一些美学家说,优美感是一种不带杂质的纯粹的愉快感,这是有道理的。

崇高在内容上突出主体和客体、人和自然的矛盾、斗争与冲突,在形式方面凸显丑与不和谐。因此,崇高感具有激烈的、令人动荡不安的心理活动特点。它打破了优美的静穆,以冲突、运动打动欣赏者的心。欣赏者对崇高的感受也就难免是痛苦和不安的,难免在美感中夹杂着痛感。崇高感是痛感和愉悦、不自由和自由、压抑和解放的复杂感情的混合。在欣赏崇高的过程中,人的感受逐步从痛感转化为快感,由对立的不和谐感走向统一的和谐感。这是一个历时性的情感转化过程。康德对此有精当的见解,他说:"崇高情绪的质是:一种不愉快感","然而在这里同时引起一种愉快感",但是这种愉快是间接的,"这愉快却是由不愉快的媒介才可能的"②。"它经历着一个瞬间的生命力的阻滞,而立刻继之以生命力的因而更加强烈的喷射,崇高的感觉产生了。它的感动不是游戏,而好像是想象力活动中的严肃。"③

所以,没有对立和不和谐的痛感,就没有崇高的独特魅力;没有统一与和谐愉悦,崇高也就丧失了审美价值,沉沦为纯粹的恶或丑怪的东西。夹杂着恐怖、敬畏的痛感是崇高感的独特之处。席勒认为,美始终是欢乐的、自由的,崇高则是激动的、不安的、压抑的;从不安到欢乐,需要纵身一跃,才能达到自由的境界。他说:"一个崇高的对象,正是由于它抗拒感性,因此对理性说来是有目的的,它通过低级的能力使人痛苦,这样才能通过高级的能力使人愉快。"④崇高感最终达及的自由境界,就是人的高级理性对低级的感性的超越与升华。

---

① 朱光潜:《西方美学史》,人民文学出版社 1979 年版,第 297 页。

② [德]康德:《判断力批判》上卷,宗白华译,商务印书馆 1964 年版,第 99~100 页。

③ [德]康德:《判断力批判》上卷,宗白华译,商务印书馆 1964 年版,第 84 页。

④ [德]席勒:《论悲剧题材产生快感的原因》,见吴世常主编《美学资料集》,河南人民出版社 1983 年版,第 340 页。

三、优美和崇高的类型

优美和崇高大体上可分为自然、社会和艺术三种类型。

自然之优美侧重于客体自由的合规律的形式,它的审美价值主要在于形式美,内容似乎微不足道。自然优美一般以小巧、柔和、精致、轻盈、秀丽、活泼等合乎规律的形式,唤起人们的审美愉悦感。范仲淹在《岳阳楼记》中所描写的春和景明的自然景色便是典型的自然优美。司空图在《诗品》中描写了一组优美的自然图画:一处景中,活泼灵动的流水映衬着生气蓬勃的新春气氛,幽深的山谷里,美人的倩影显现。另一处景中,碧绿的桃子结满枝头,风和日丽,水波闪金;柳树荫庇之下曲径通幽,金莺放歌,此唱彼应。[1] 这活泼的流水、幽深静谧的山谷、挂满碧绿果实的桃树,或以和谐的韵律,或以静穆的形态,或以明快的色彩,引起人们的无限愉悦感,使人沉浸在悠然自得、舒适闲静的快感中,这也是典型的自然优美。

自然之优美以其合目的合规律的形式肯定人的本质,因此容易引起误解,令人以为自然优美只关乎形式,不关乎内容。其实自然优美的形式与主体实践的肯定性关系,是在漫长的社会历史实践中形成的。只是随着时间的推移,这一过程逐渐被人们忘却。所以自然优美不是纯粹的形式,它积淀着深远的社会历史内容。

自然之崇高侧重于客体不合规律的无限形式,它以数量或体积的无限大,或者以神秘恐怖的无穷力量,压迫着、威胁着审美主体,与主体形成感性的对立和冲突。在这种对立、冲突中,主体以更强大的实践理性力量化痛感为快感。如广大无边的海洋、朦胧黑暗的夜空、瀑布、雪崩、泥石流、狂风暴雨、崇山峻岭、荒野古庙、断壁颓垣、泛滥的江河、壮丽而又可怕的火山爆发等,都属于自然之崇高。再如司空图所描写的“天风浪浪,海山苍苍。真力弥满,万象在旁”[2]的自然景色,也属于自然之崇高。这些自然事物,有的以其粗犷、巨大、不合规律的无限形式震慑着审美主体,引起人们的惊惧,有的以其破坏性的甚至威胁主体生存的巨大力量压迫着审美主体,引起人们的痛感。

但是,如果崇高总是使审美主体陷于痛苦和惊惧之中,那么,它就不成其为美了,而成为地道的丑。自然之崇高的审美价值就在于它具有使主体由痛感转化为快感的深刻的社会性内容。审美主体是怎样由痛感转化为快感的呢?按照

---

① （唐）司空图《诗品》曰:“采采流水,蓬蓬远春。窈窕深谷,时见美人。碧桃满树,风日水滨。柳阴路曲,流莺比邻。”见郭绍虞主编《中国历代文论选》第二册,上海古籍出版社 2001 年版,第 203 页。

② （唐）司空图:《诗品》,见郭绍虞主编《中国历代文论选》第二册,上海古籍出版社 2001 年版,第 205 页。

康德的说法,客体的无限感性形式迫压着感性,感性无力抵抗,向理性呼救,于是理性出来解围,压倒了无限的感性形式。这样一来,主体的痛苦和恐惧被解除了,由痛感转为惊赞和愉悦。康德从心理学方面说对了一半,但他未说明压倒无限的自然客体的理性力量的客观基础是什么。其实这客观基础就是社会历史实践。洪水猛兽在原始人眼中是丑恶的,今天人们能自由地欣赏最初与人为敌的自然事物,是因为经过漫长的社会历史实践,人具备了较高的战胜自然的能力。

除自然领域中的优美和崇高外,还有社会生活实践领域中的优美与崇高。社会之优美侧重于主体的善,客体的真统一、融合于主体的善,主体和客体的矛盾斗争过程完全消失在肯定主体善的形式中,不露一点斗争的痕迹。社会之优美一般体现为在社会实践中精神和肉体、感性和理性都很和谐的光辉社会形象。这些人物和社会环境之间没有一点裂缝,他们个人的理想、愿望、情感与社会的道德、伦理和法律的理性原则和谐一致。若是一个普通公民,便忠心耿耿地为国家尽职尽责;若是一个战士,便真诚地爱他的民族、国家和人民,英勇善战,不怕牺牲,保卫边疆;若是一个领袖,必雄才大略,以天下为公,为国家、为人民鞠躬尽瘁,死而后已。在中华人民共和国的和平环境中成长起来的雷锋和焦裕禄就是典型的社会优美。这些人物内在心理的重要特点是感性和理性、灵魂与肉体高度和谐一致。感性的、个人的、自私的乃至低级趣味的东西,全被理性的道德力量净化、升华了。在古代,孔、孟提倡的道德伦理学要求君子做到心理与伦理的统一,强调个体在社会伦理关系中求得和谐发展;老、庄强调人与自然的和谐统一,主张人向自然回归,与自然合一或齐一。他们所确立的这些道德标准也可以看作关于社会之优美的标准,它们概括了社会优美的一些重要特点。法国古典主义的鼓吹者们把那些以理性克制个人情欲的人,标榜为古典美的光辉典范。其实,这种古典美也是一种社会优美。社会之优美并不是没有矛盾冲突的,但社会优美的最终落脚点是主体与客体、个人与社会、感性与理性的统一,是双方矛盾的和解。像李双双这样的人物,在社会生活中也是有矛盾的,但她最终能以自身的道德力量和善良品格化解生活中的各种矛盾。

社会之崇高也侧重于主体的善,但是,它的善不是通过主体与客体、个人与社会的和谐统一形式来显现的,而是通过双方的严峻斗争、巨大分裂和激烈冲突的形式来显现的。主体在它与巨大的丑恶势力的严峻对立和艰苦斗争中,显示出气壮山河、大义凛然的道德伦理力量。如果说社会优美是以矛盾和解的形式肯定主体的善,那么社会之崇高则是以充分展开了的斗争、高度激化的矛盾的形式肯定主体的善。代表主体力量的英雄人物的坚强性格和不可战胜的道德力量,一般都是通过残酷的斗争形势、严峻的冲突对立状态显现的。因此,社会之崇高或者体现为个人与环境、正义与邪恶的势不两立的尖锐冲突,或者体现为人物内在心理的巨大分裂与不和谐、精神与肉体的极不谐调。在前一种形式中,个人的正义、善良、勇敢、正直与社会的邪恶力量或世俗的保守势力互不相容,尖锐对立:个人容不得社会,社会也容不得个人;社会要压平个人,个人则要起来反抗社会;邪恶要压倒正义,正义要与邪恶抗争。古今中外,在进步的阶级斗争中涌现出来的无数英雄豪杰都具有这样的特点。在后一种形式中,崇高人物似乎将自己的心灵撕成两半,用这一半心折磨那一半心,或者用感性来压迫理性,或者用理性抗拒感性,二者始终难以统一。文学作品中奥赛罗、李尔王、麦克佩斯、安娜·卡列尼娜那样的人物,就是这一类型的社会崇高。历史上的卢梭和拜伦也属此类。这一类崇高的社会形象有时体现出精神和肉体的巨大分裂,如《巴黎圣母院》中的卡西莫多那样的人物,心灵极其高尚,形体却十分丑陋。这一类人物在现实中为数不少,中国历史上的嫫母是一个德大貌丑的女人,据说包拯皮肤很黑,人称"包黑子"。

在集中体现崇高本质的斗争和冲突中,有时在展开斗争的过程中,客体的必然性力量、丑恶的势力显出压倒主体的优势,美暂时处于不利的受挫的境地。但另一方面,充分展开了的矛盾、斗争过程又预示了主体最后将战胜客体、美最终将压倒丑的历史必然性。这是社会之崇高的审美价值最深刻的客观根据。

崇高和优美的最后一种形态是艺术领域中的优美和崇高。艺术之优美和崇高在本质上是社会之优美和崇高的集中表现形态,它比社会之优美和崇高更集中、更概括、更典型。在内容方面二者的特点基本相同,二者的细微差别主要在于外在形式。艺术之优美不只在内容上体现出和谐统一,内容和内形式、内容和外形式也体现出高度的和谐统一。艺术体裁的多种因素的组合和处理,艺术的物质媒介的外部组合和结构,都要求符合形式美的规律,符合内容的和谐美,不让丝毫的不和谐与丑的因素介入优美的艺术之中。中国的古典诗词、戏曲都是典型的艺术优美的体现。中国古典诗词的意境讲求情与景、主观和客观、再现与表现的和谐统一,就连文字的含义和音韵的搭配组合也力求和谐统一,如平仄、对仗体现的就是形式方面的和谐美。中国古典戏曲演员的服装打扮、表演程式也十分讲求形式美。西方古典主义戏剧追求的也是艺术优美,它要求表演古希腊罗马时代那些理性与感性和谐统一的贵族和英雄,让演员穿上华丽的服装,以体现富贵的美。除此之外,古典主义戏剧要求戏剧体裁结构的各种因素都要高度地符合美的规律。

艺术之崇高的内容的不和谐,体现在内形式和外形式上也是不和谐的。西方近现代的崇高艺术在形式方面打破了和谐美,不和谐可以说是西方近现代崇高艺术在形式上的一个共同特点。比如法国近代的"流泪的喜剧"(或称"市民剧"),一反古典主义戏剧的形式美原则,让鹑衣百结的小人物充当戏剧主角。

据说伏尔泰看了莎士比亚的戏后愤愤不平,责怪他让叫花子跑上舞台。"市民剧"不仅打破了古板的"三一律",就连现实生活的规律也给打破了,演员出场有时从烟囱里突然钻出来,有时从窗子里跳出来。中国现代出现的自由体诗打破了平仄规则,不甚讲求韵律和节奏,如郭沫若的《凤凰涅槃》,与其表现的崇高内容相得益彰。这正是艺术崇高在外形式方面的一个重要特点。

第二节　悲剧和喜剧

　　优美与崇高是一对相互对比的范畴,而悲剧和喜剧是一对相互对立的范畴。如果说优美与崇高的对比关系是外在的偶然的关系,那么悲剧和喜剧的对立关系则是内在的必然的关系。根据马克思的观点,就其客观社会基础而言,悲剧和喜剧是同一社会事物在不同历史阶段上的两种不同存在形式。喜剧是由悲剧历史地转化而来的,二者之间存在着历史的辩证的内在关系。①

一、悲剧

　　悲剧是崇高的集中表现,所以中外许多美学家把悲剧列入崇高范畴。车尔尼雪夫斯基认为,"人们通常都承认悲剧是崇高的最高、最深刻的一种"②。此见解不无道理。

　　1. 悲剧的本质

　　黑格尔曾经对悲剧的本质做过深刻的研究,他以希腊悲剧为范本,将悲剧的本质概括为两种伦理力量之间的冲突。但他认为冲突的原因是作为理念的现实形态的伦理力量其自身有局限,因此构成矛盾的双方都有片面性,都有正义的合乎理念的一面。由于片面,双方产生了矛盾、斗争;由于双方都坚持正义和有局限的理念,经过冲突和斗争,双方又在更高的理念中和解。例如索福克勒斯的《安提戈涅》,剧中人物克瑞翁代表国家,安提戈涅代表家庭。前者从国家的利益出发,下令禁止埋葬国家的叛徒——安提戈涅的哥哥;后者从家庭天伦之情出发,违抗国王的禁令,埋葬了她的哥哥,终遭杀身之祸。双方都是正义的,但都有片面性,最终双方的矛盾经过曲折而惨烈的斗争之后和解了。再如《阿伽门农》,阿伽门农为国家的利益以自己的女儿献祭,是正义的,他的妻子为给女儿复仇,谋害了阿伽门农,也有正义的动机,双方的矛盾最终也和解了。③ 黑格尔

---

　　① 参见《马克思恩格斯选集》第一卷,中共中央马克思恩格斯列宁斯大林著作编译局编译,人民出版社 2012 年版,第 668 页。

　　② [俄]车尔尼雪夫斯基:《生活与美学》,周扬译,人民文学出版社 1957 年版,第 22 页。

　　③ 参见[德]黑格尔《美学》第三卷下册,朱光潜译,商务印书馆 1981 年版,第 307 页。

的唯心主义观点显然是错误的,但他深刻地指出了悲剧本质的必然性根据在于包摄万有的先验理念。

车尔尼雪夫斯基从唯物主义哲学立场出发,批判了黑格尔悲剧观的错误,否认悲剧的本质与先验理念之间有必然联系,明确指出悲剧的本质不在于先验的理念,而在于客观现实生活之中。车尔尼雪夫斯基认为黑格尔的悲剧论只是希腊命运悲剧的变种,反对把悲剧与必然性联系起来。在他看来,悲剧人物的不幸或死亡往往与偶然性相联系,"悲剧是人的伟大的痛苦,或者是伟大人物的灭亡","人的悲剧命运的景象在我们心目中所唤起的,就不是关于必然律的观念"。"至于痛苦与灭亡的原因是偶然还是必然,这完全一样。痛苦与毁灭总是可怕的。"①但是车尔尼雪夫斯基强调悲剧本质客观性的同时,又否定了悲剧本质的必然性。他认为悲剧人物的死亡完全是偶然的,实质上也否定了客观社会生活的必然性,这是他的一个很大的错误。

马克思从辩证历史唯物主义立场出发,首先把着眼点放在社会历史发展的必然规律上,历史地具体分析悲剧的本质。他曾说:"黑格尔在某个地方说过,一切伟大的世界历史事变和人物,可以说都出现两次。他忘记补充一点:第一次是作为悲剧出现,第二次是作为笑剧出现。"②从此可见,马克思是从社会历史发展的必然性过程中揭示悲剧本质根源的,首先把悲剧归结为客观社会历史范畴。人类社会是一个历史实践过程,历史总在不断发展,社会制度不停顿地由旧向新演变。代表历史发展规律的新的社会力量虽然有强大的生命力,但是在代表传统的现存制度的旧的社会力量面前,新的社会力量显得弱小。两种社会力量的斗争是剧烈的,"第一次是以悲剧出现",是合规律的,这正是悲剧性的现实的客观基础和根源。

恩格斯在给拉萨尔的信中批评了拉萨尔关于悲剧的错误观念,进一步阐明了马克思提出的悲剧概念。拉萨尔在悲剧问题上坚持唯心主义立场,认为悲剧的本质是观念的无限目的与有限的理性狡智的矛盾。在拉萨尔的历史剧《弗兰茨·冯·济金根》中,济金根的失败不是被归结为社会历史方面的原因,而是被归结为采取的手段不适当,革命的目的和错误手段发生矛盾,导致了济金根的悲剧。按照拉萨尔的观点,济金根不应该与贵族结盟,而应该与农民军结盟。恩格斯则认为,骑士出身的济金根和农民结盟是不可能的,当济金根与贵族结盟后,农民军作为他们的对立面,必然会起而反抗济金根,因而济金根追求的国民统一

---

①　[俄]车尔尼雪夫斯基:《车尔尼雪夫斯基论文学》中卷,辛未艾译,上海译文出版社 1979 年版,第86、85 页。

②　《马克思恩格斯选集》第一卷,中共中央马克思恩格斯列宁斯大林著作编译局编译,人民出版社2012 年版,第 668 页。

和宗教自由也就无法实现。恩格斯最后得出结论说,济金根悲剧性冲突的实质是:"历史的必然要求和这个要求实际上不可能实现之间的悲剧性的冲突。"①这一论断最深刻地揭示了悲剧本质的客观社会历史根源,是关于悲剧本质的带有普遍性的科学判断。恩格斯在这里所说的历史的必然性要求,具体指的是体现历史发展规律、代表人类进步的理想和愿望的新的社会事物或社会力量;这个要求实际上不可能实现,具体指的是体现人类历史进步的社会力量受到另一种更大的社会力量的抵抗、阻挠,并且最终惨遭失败。后一种社会力量一般代表着传统的旧制度、旧事物,它行将灭亡,但又有足够的力量摧毁刚刚诞生的不甚强大的新的社会力量,致使代表新生事物的人物在斗争过程中最终灭亡,丑暂时否定了美。所以悲剧本质是代表不同社会倾向的两种社会力量、社会势力之间的矛盾、冲突,具体显现为善与恶、美与丑的剧烈而曲折的斗争过程,并以丑对美的压倒性优势、美的暂时失败或毁灭直接地暴露、批判丑恶,间接地肯定、歌颂美善。它一般以体现人类社会理想的、代表先进社会力量的悲剧人物的死亡为矛盾、冲突的结局。悲剧在展现理想人物在与丑恶势力的斗争中失利,直至毁灭的全过程的同时,还预示美最终战胜丑的历史必然性趋向,这正是悲剧的审美价值之所在。

悲剧的本质是崇高,但二者又有一定的区别。崇高和悲剧在形式上有一定的差别。崇高侧重于展示严峻的矛盾、冲突,所以崇高不一定要充分展开斗争的全过程,也不一定要以美的毁灭为结局,悲剧则侧重于展示矛盾斗争的全过程和斗争的结局。所以悲剧在展现矛盾冲突的过程中,特别讲求人物命运与悲剧故事情节的生动曲折性,并把悲剧冲突的发展过程与悲剧人物的死亡结局紧紧地结合在一起。人物的死亡越惨痛,悲剧冲突的发展就越曲折、越复杂,悲剧性就越强,反之亦然。

2. 悲剧心理

亚里士多德是西方美学史上比较完整地提出悲剧概念的第一个人,也是从心理学出发研究悲剧特点的第一个人。他深入地研究了悲剧心理,并将悲剧的心理归结为怜悯和恐惧。他还发现,悲剧和其他艺术(如音乐)一样具有净化观众心灵的艺术效果。亚里士多德的"怜悯恐惧说""净化说"②几千年来一直被作为悲剧心理研究的依据,为中外学者所沿用。

---

① 《马克思恩格斯选集》第四卷,中共中央马克思恩格斯列宁斯大林著作编译局编译,人民出版社2012年版,第443页。

② "怜悯恐惧说"是亚里士多德在《诗学》中提出的,参见[古希腊]亚里士多德《诗学》第九章、第十四章,陈中梅译注,商务印书馆2016年版。亚里士多德在《政治学》和《诗学》第六章中两次提到"净化",这是"净化说"的由来,参见朱光潜《西方美学史》,人民文学出版社1979年版,第87~88页。

　　怜悯和恐惧是悲剧心理的基本形式,那么,怜悯和恐惧的基本性质是什么? 这是一个复杂的问题。

　　首先怜悯和恐惧不是生理学意义上的情绪反应,而是一种摆脱直接利害关系的审美心理。我们在日常生活中也常常产生恐怖心理,如只身在荒山野岭中遇到毒蛇猛兽,令人毛骨悚然,或者一条细藤将我们悬挂于万丈悬崖之上,顿觉魂飞魄散。在这种情境下产生的恐惧都是直接的生理情绪反应,因为对象威胁着人的生命。而悲剧中的丑恶、强大的东西则和我们没有直接的利害冲突,也不威胁我们的生命。我们是为那些将要遭灭顶之灾的悲剧人物的可怕结局而恐惧,这完全是一种摆脱了个人利害的、超越了个人生命安危的伦理理性关怀。怜悯也不是与个人生命、利害直接相联系的生理-心理反应。生活中一个人的近亲密友惨遭厄运离世,他会产生无尽的怜悯和悲伤,这是由于他与死者沾亲带故的缘故;一个人的爱宠小猫偶然丢失或死掉了,他也会产生怜悯心,这是因为它是这个人生活的好伙伴。悲剧引起的怜悯则不是这样。悲剧人物显然与观众没有任何亲友关系,他的死亡也与任何一个观众没有直接的利害关系。观众之所以产生怜悯之情,是因为悲剧人物具有高尚的品质和美好的德行,因此超脱了个人利害,为美的毁灭而同情。这是一种含有道德评价的审美体验和感受。

　　由此可见,怜悯和恐惧不是低级的感性心理经验,而是含有深刻的道德伦理内容的感性与理性相统一的复杂心理经验形式。黑格尔在分析怜悯和恐惧时,将其划分为两种:一种是纯粹的感性的怜悯和恐惧,一种是含有理性内容的怜悯和恐惧。他认为发生纯粹感性的恐惧,是由于"碰到外界有限事物的威力"[①]。纯粹感性的怜悯"是对旁人的灾祸和痛苦的同情,这是一种有限的消极的平凡感情。这种怜悯是小乡镇的妇女们特别容易感觉到的"[②]。黑格尔认为悲剧的怜悯和恐惧不是这种纯粹的感性的低级的情感,而是含有深刻的道德伦理内容。悲剧的恐惧是由于主体感受到伦理力量的伟大,"认识到自在自为的绝对真理的威力","这是人自己的自由理性中的一种规定,同时也是永恒的颠扑不破的真理,如果人要违反它,那就无异于违反他自己"[③]。悲剧的怜悯和同情也和乡村小镇上妇女们的怜悯心不同,它不包含"贬低受灾祸者的意味",而是由所同情的对象本身具有的坚强伟大的道德力量引发的,完全出自道德伦理的理由。"这种哀怜当然不是流氓恶棍所能引起的。所以悲剧人物的灾祸如果要引起同情,他就必须本身具有丰富内容意蕴和美好品质,正如他的遭到破坏的伦理理想的力量

①　[德]黑格尔:《美学》第三卷下册,朱光潜译,商务印书馆 1981 年版,第 288 页。
②　[德]黑格尔:《美学》第三卷下册,朱光潜译,商务印书馆 1981 年版,第 288 页。
③　[德]黑格尔:《美学》第三卷下册,朱光潜译,商务印书馆 1981 年版,第 288 页。

使我们感到恐惧一样,只有真实的内容意蕴才能打动高尚心灵的深处。"①黑格尔明确指出悲剧的怜悯和恐惧是由悲剧人物伟大的伦理力量和高尚的道德精神引起的。我们感到恐惧,是因为崇高伟大的东西遭到了毁灭;我们怜悯,是因为那遭毁灭的东西是最美好、最神圣的,它和我们的生活息息相关,是我们生活的理想和希望。所以,悲剧的怜悯和恐惧是含有道德理性内容的伟大的伦理情感。

怜悯和恐惧是一种复杂的审美心理活动,其中交织着悲哀、愤慨、惊赞、崇敬等多种情感。首先打动我们的是崇高的美。美的不可避免的毁灭引起深切的同情和悲哀,同时在美被丑毁灭的过程中,丑恶力量的强大也显示出来。美与丑的巨大冲突以不同的方式作用于人们的心理,引起各种复杂的情感,其中既有对美的同情和怜悯,又有对丑的憎恶和愤慨。这两种情感互相作用,同时夹杂着恐惧。由恐惧升起的道德理性力量又引起人们对美善的惊喜与崇敬。这多种性质的感情最终统一于主体的道德精神和美的理想,升华为自由的存在境界,便是所谓的净化。

"净化"是悲剧心理的又一重要表现方式,它是悲剧艺术一种特殊的美感效果。亚里士多德提出这个概念之后,学者对此解释不一。有人说"净化"是借重复激发而减轻这些情绪的力量,从而导致心境的平静;有的说"净化"是消除这些情绪(如纯粹感性的怜悯和恐惧之类)中的坏因素,好像把它们洗干净一样,从而发生健康的道德影响;也有人说"净化"是以毒攻毒,以假想情节所引起的哀怜和恐惧来治疗心理上常有的哀怜和恐惧。这种种解释,有的侧重于生理-心理学,有的侧重于道德伦理学。我们认为"净化"心境作为怜悯和恐惧的升华,是道德伦理力量作用的结果。作为一种美感,它亦含有快感,它既不是纯粹的道德伦理情感,又不是纯粹的生理快感,而是二者的和谐统一。从怜悯与恐惧到净化的自由境界,这是一个情感转化过程,其转化的情形与崇高感转化的情形基本相同。

我们把净化与怜悯和恐惧联系起来,不难理解其中的道德伦理因素。人们经过怜悯和恐惧这种剧烈的心理震撼之后,对美丑、善恶、正义和非正义、进步和反动有了形象的具体认识,强化了原来的是非、美丑观念,从而潜移默化地受到了道德伦理教育,原来的精神境界因此而升华。"净化"这种精神境界含有关于善恶、美丑、正邪的道德伦理认识。在悲剧的结局中,悲剧人物的毁灭又向人们显示出历史的合理要求和正义事业胜利的必然性,使人们从中得到鼓舞,精神为之而振奋。这样,由怜悯和恐惧引起的压抑情绪转化为惊赞和振奋,于是紧张的心境又转为缓和,实现了新的平衡,出现了和平宁静的心境,产生了审美愉悦感。显然,"净化"这种精神境界的产生原因,除道德伦理因素的作用外,还有生理-心理的情绪变化。所以,"净化"是道德伦理情感和生理-心理情绪的和谐统一。

---

① ［德］黑格尔:《美学》第三卷下册,朱光潜译,商务印书馆 1981 年版,第 288 页。

3. 悲剧的形态

悲剧主要有三种形态。

其一是社会新生事物和新生力量的悲剧。在这种悲剧中,代表历史必然性要求的悲剧主角,由于主、客观的复杂原因,不可能实现其要求而不可避免地遭受挫折或失败。在丑对美的暂时胜利中,深刻地揭示出社会历史发展的必然性规律,预示美最终战胜丑的必然性趋向。这类悲剧的实质是崇高。中国古典小说《红楼梦》中贾宝玉和林黛玉的爱情和命运就属于这一类悲剧。

其二是社会旧事物和旧制度的悲剧。与第一类悲剧不同,这类悲剧的主角是旧事物、旧制度的代表,由于他所代表的旧制度、旧世界是落后和反动的,在与新世界的抗争中,他的命运结局必然是悲剧的。马克思对此做过精辟的分析:"当旧制度还是有史以来就存在的世界权力,自由反而是个人突然产生的想法的时候,甚至对现代各国来说,当旧制度本身还相信而且也必定相信自己的合理性的时候,它的历史是悲剧性的。当旧制度作为现存的世界制度同新生的世界进行斗争的时候,旧制度犯的是世界历史性的错误,它的历史是悲剧性的。因而旧制度的灭亡也是悲剧性的。"[①]《红楼梦》中贾政和薛宝钗的命运及其结局也是悲剧性的。贾政和宝钗以不同的方式自觉地捍卫他们认可的腐朽的封建制度,这就注定了他们的失败,所以他们的悲剧是旧制度的悲剧。这类悲剧的审美价值不在于旧制度存在的微弱而苍白的合理性,以及由此而引发的某种悲悯,而在于它所折射出的历史必然性,以及人们对它的理性认识和体验——受众从这种特殊的悲剧冲突中深刻体验到不可抗拒的历史规律,从而产生审美快感。此外,旧事物的悲剧也可能产生在旧世界内部的矛盾对抗中,在野的或失势的旧政治力量对统治阶级和旧制度的斗争,可能在一定程度上表达历史的必然要求;但是,受阶级利益的局限,他们不可能与新兴的革命阶级完全站在一起,其斗争必然走向失败。拉萨尔的《弗兰茨·冯·济金根》是这一类悲剧的典范。悲剧主角济金根与封建领主的斗争是统治阶级内部的斗争。济金根反对分裂、追求"国民统一"的政治诉求有一定的合理性,但由于阶级立场的限制,他不可能与农民起义军站在一起,彻底推翻落后的封建割据制度,所以,他的失败是必然的。这种悲剧性的产生也与悲剧主角自身的矛盾性格有关,这种悲剧与新生力量受历史条件限制而导致的悲剧具有本质的区别。

其三是性格悲剧。这一类悲剧所显现的是个人心灵的内在分裂和矛盾。理性和私欲、善良与邪恶,像两条蛇一样,紧紧缠绕在悲剧人物的心头,相互咬啮着、

---

① 《马克思恩格斯选集》第一卷,中共中央马克思恩格斯列宁斯大林著作编译局编译,人民出版社2012 年版,第 5 页。

斗争着,使心灵陷于巨大的痛苦之中,这种分裂的内在精神最终将悲剧人物推向死亡和失败。例如莎士比亚的《麦克佩斯》《李尔王》和《奥赛罗》中的悲剧主角,都属于这一类。这类悲剧在美学中通常被称作性格悲剧,归入近代美学范畴。

除此之外,还有社会小人物的悲剧。这类悲剧的根源在于小人物生存的起码要求与其所置身的社会制度不可调和的矛盾,它引起的虽然不是惊赞和振奋,而是悲悯和同情,但同样可以给人一定的审美快感。《骆驼祥子》《祝福》等就属于这一类悲剧。

二、喜剧

在马克思看来,喜剧是由悲剧历史地转化而来的形态。当代戏剧家迪伦马特的杰出剧作《罗慕路斯大帝》揭示的就是悲剧向喜剧转化的具体情形。悲剧主角彻底识破历史的虚幻之后,最为正确的行为方式和态度,即面对一个颓败腐烂的世界,个人所能采取的"勇敢"态度是"无为"。这个剧本描写了西罗马帝国灭亡的最后一昼夜(即公元476年3月15日晨至16日晨)所发生的事件。日耳曼大军迅速向罗马进军,而罗马皇帝罗慕路斯则在他的一座乡间别墅里专心致志地饲养一群母鸡。他不愿为挽救即将毁灭的帝国做出丝毫努力,拒绝和东罗马帝国联合抗击入侵,不答应女儿、女婿及大臣们提出的退到西西里岛组织抵抗的请求,也不同意帽子工厂主以一千万金币赎回帝国(条件是公主必须嫁给他)的最后建议。大臣们和他的女婿深夜潜入罗慕路斯的卧室准备刺杀他,面对他们的斥责,他回答说:"罗马是自己背叛了自己。"罗马选择了暴力和暴政,因此,"我们再也没有权进行抵抗"。最后,日耳曼人占领了罗马,罗慕路斯引退。[①] 在这里罗慕路斯对他曾极力维护的西罗马帝国的行为态度发生了根本性的转变:他作为国王曾和他的大臣们一样热爱国家,并为了这个国家的巩固做出过多方面的努力,现在他一反常态,厌弃了他所代表的国家,因而不愿再有任何作为和措施来挽救这濒于灭亡的帝国,任其垮掉。现在这个帝国的存亡对他来说都无所谓,在他的愿望中,让它彻底垮台比让它继续存在更好、更圆满、更遂心。因为他已经认识到他的前辈们建立起来的帝国的严重错误,既然是错误的非本真的东西,就没有任何理由让它继续存在下去,更没有任何理由去顽固地维护它、拥有它。此时,他知道了自己应该重新选择什么、做什么,这是生命的自由,他也确实这样做了。所以,西罗马帝国的彻底毁灭对已经内在地转变了的他来说,不是什么巨大的不幸,而是一件天大的喜事。这里初次崭露喜剧的苗头,这部剧作为我们提供了一个较好的例证,展示了悲剧向喜剧的转化。

---

① 参见陈孝英、魏久尧《世界喜剧艺术概观》,陕西旅游出版社2014年版,第179页。

1. 喜剧的本质

近代美学史上，黑格尔曾对喜剧的逻辑内涵做过深刻的分析，他认为喜剧是悲剧的合乎逻辑的历史转化形态，"因此喜剧用作基础的起点正是悲剧的终点：这就是说，它的起点是一种绝对达到和解的爽朗心情，这种心情纵使通过自己的手段，挫败了自己的意志，出现了和自己的原来目的正相反的事情，对自己有所损害，却并不因此灰心丧气，仍旧很愉快"①。他进一步指出，喜剧的实质是理性内容的空虚，"所以喜剧的一般场所就是这样一种世界：其中人物作为主体使自己成为完全的主宰，在他看来，能驾驭一切本来就是他的知识和成就的基本内容；在这种世界里人物所追求的目的本身没有实质，所以遭到毁灭"②。它在形式上显现为本质与现象、目的与手段的"矛盾或不相称"。这是一位客观唯心主义美学家对喜剧所做的全面而深刻的解释，其中不乏真理的成分。

车尔尼雪夫斯基则认为喜剧的本质乃在于社会生活领域。他说："滑稽的真正领域，都是人，是人类社会，是人类生活，因为只有在人的身上，那种不安本分的想望才会得到发展。凡是在人的身上以及在人类生活中结果是失败的、不合时宜的一切，只要它们不是恐怖的、致命的，这就是滑稽。……凡是无害而荒唐的领域——也就是滑稽的领域；荒唐的主要来源，就是愚蠢，迟钝。因此，愚蠢是我们嘲笑的主要对象，滑稽的主要来源。"他又说："丑，这是滑稽的基础、本质。""因此，只有到了丑强把自己装成美的时候这才是滑稽。"③车尔尼雪夫斯基关于喜剧本质特点的论述有其正确的方面，但他不能用辩证的历史的观点解释社会生活的本质，从而也就不能科学地解释喜剧的客观社会本质。

马克思与车尔尼雪夫斯基不同，坚持用历史的辩证的观点解释社会生活，认为喜剧和悲剧一样，是一个社会历史范畴。他认为"世界历史事件和伟大人物"以生机勃勃的革命姿态第一次出现在历史舞台上时，便是悲剧的；当二者由革命转向反动，成为失去存在根据的腐朽事物时，便是喜剧的。马克思具体地分析了当时德国社会制度的喜剧性本质，认为德国充当了当时世界历史的丑角。这是因为欧洲历史已经进入资本主义时代，而德国还在顽固地维持着腐朽的封建制度。他说："现代德国制度是时代错乱，……它向全世界展示旧制度毫不中用；它只是想象自己有自信，并且要求世界也这样想象。"④这是"用一个异己本质的假象

---

① ［德］黑格尔：《美学》第三卷下册，朱光潜译，商务印书馆1981年版，第315页。

② ［德］黑格尔：《美学》第三卷下册，朱光潜译，商务印书馆1981年版，第290页。

③ ［俄］车尔尼雪夫斯基：《车尔尼雪夫斯基论文学》中卷，辛未艾译，上海译文出版社1979年版，第89~92页。

④ 《马克思恩格斯选集》第一卷，中共中央马克思恩格斯列宁斯大林著作编译局编译，人民出版社2012年版，第5页。

来掩盖自己的本质,并且求助于伪善和诡辩"①。德国封建阶级"不过是真正主角已经死去的那种世界制度的丑角。历史是认真的,经过许多阶段才把陈旧的形态送进坟墓。世界历史形态的最后一个阶段是它的喜剧"②。这里,马克思清楚地指出,世界历史发展过程中腐朽的事物即将进入坟墓时呈现出的形态,便是喜剧。

　　根据马克思的观点,喜剧的本质亦是两种不同倾向的社会势力、社会力量之间的冲突和斗争,只是与悲剧相比,冲突的性质、矛盾双方的地位及其形式有所区别而已。喜剧形式的基本特点是"用一个异己本质的假象来掩盖自己的本质",从而内容和形式显出明显的乖谬、矛盾和不协调。喜剧的审美意义也不同于悲剧:喜剧不是通过丑对美的暂时胜利来揭示美的理想,对人的本质力量间接肯定;而是通过美对丑的压倒优势显现美的理想,在对丑的直接否定中突出人的本质力量的现实存在。因此,喜剧就在揭穿旧事物、旧世界的内在空虚和无价值的自由心境中,显现"人类能够愉快地同自己的过去诀别"③的巨大审美意义。悲剧以歌颂美好的新生事物为其任务,喜剧则以鞭挞、嘲弄丑恶的腐朽事物为其主要任务;悲剧侧重于展示理想,喜剧侧重于肯定合理的现实,因为理想经过奋斗已成为现实。悲剧人物和喜剧人物的结局都是不幸的,但性质不同。悲剧人物的目的是合理的、伟大的、理想的、有现实意义的;喜剧人物所追求的则是背理的、不正义的、没有存在根据和价值的。所以前者的失败是惨重的、悲壮的,能够引起普遍的同情;后者的失败则是轻松自然的、庆幸的。由于喜剧人物追求无价值的毫无存在根据的东西,其矛盾便自行消散,他的行动也不会引起严重的社会后果,无损于现实,因此,喜剧人物在一般情况下不会导致自身的灭亡。

　　2. 喜剧心理

　　习惯上人们又把喜剧称为笑的艺术。笑是喜剧心理的突出显现形式。喜剧的笑与喜剧的本质密切相关。当旧事物作为世界历史的最后一个形式同众所承认的公理发生绝对矛盾时,它就成为嘲笑、否定的对象。喜剧的笑一般不同于日常生活中的笑,它包含着深刻的理性内容。

　　霍布斯对笑做过深刻的研究,他认为笑的原因在于突然发现自己的优越。笑者发现了别人的乖谬和缺点,也知道错在哪里,并且认为自己不会出这样的错,因此觉得自己比别人高明、优越。他说:

---

① 《马克思恩格斯选集》第一卷,中共中央马克思恩格斯列宁斯大林著作编译局编译,人民出版社2012年版,第5~6页。

② 《马克思恩格斯选集》第一卷,中共中央马克思恩格斯列宁斯大林著作编译局编译,人民出版社2012年版,第6页。

③ 《马克思恩格斯选集》第一卷,中共中央马克思恩格斯列宁斯大林著作编译局编译,人民出版社2012年版,第6页。

笑的情感不过是发见旁人的或自己过去的弱点,突然想到自己的某种优越时所感到的那种突然荣耀感。人们偶然想起自己过去的蠢事也往往发笑,只要那蠢事现在不足为耻。人们都不喜欢受人嘲笑,因为受嘲笑就是受轻视。①

黑格尔对笑也有深刻的认识,他认为笑有多种,喜剧的笑与一般的可笑性不同。可笑性的范围很广。"任何一个本质与现象的对比,任何一个目的因为与手段的对比,如果显出矛盾或不相称,因而导致这种现象的自否定,或是使对立在现实之中落了空,这样的情况就可以成为可笑的。"②"人们笑最枯燥无聊的事物,往往也笑最重要最有深刻意义的事物,如果其中露出与人们的习惯和常识相矛盾的那种毫无意义的方面,笑就是一种自矜聪明的表现,标志着笑的人够聪明,能认出这种对比或矛盾而且知道自己就比较高明。此外也还有一种笑是表现讥嘲,鄙夷,绝望等等的。喜剧性却不然,主体一般非常愉快和自信,超然于自己的矛盾之上,不觉得其中有什么辛辣和不幸;他自己有把握,凭他的幸福和愉快的心情,就可以使他的目的得到解决和实现。"③黑格尔对笑的解释比霍布斯更具体,笑的本质就是生活中常出现的本质和现象、目的和手段的荒谬对立。这种对立毫无意义,最后全部落空。喜剧的笑不是出自优越感的自矜聪明的笑,也不是讽刺的笑,它是主体充满自信心、有现实力量的表现。所以喜剧的笑是具有现实力量的主体以轻松愉快的心情对社会背理现象的笑,是对种种愚蠢和荒谬之事的笑。因为这种愚蠢和荒谬没有合理的根据,必然自行毁灭,对社会也不会产生任何严重后果,所以,人们对这种不幸的结局也没有必要寄予深切的同情,仅报之以轻松愉快的笑。人们笑那些出丑的背理现象,笑丑的东西在毫无现实根据的矛盾中自行毁灭,为出丑者的无谓的失败感到庆幸。笑就是主体对丑的直接否定。人们通过对丑的否定,直接肯定了美。所以喜剧的笑是含有深刻的社会内容的笑,是一种理性的自由的笑。

3. 喜剧的类型及形态

我们上面所讲的喜剧概念是狭义的,严格地说,上述概念只适合于否定型的喜剧,即以丑为嘲笑对象的喜剧。这一类喜剧是不合规律不合目的的事物采取了合规律合目的的形式。此外还有肯定型喜剧,这一类喜剧的基本特点是合规律合目的的内容采取了不合规律不合目的的形式。这两种类型的喜剧其共同性在于:内容与形式的乖谬性以及形式的虚假性。其区别在于:前者的内容是丑,后者的内容是美。

---

① 朱光潜:《西方美学史》,人民文学出版社 1979 年版,第 204 页。
② [德]黑格尔:《美学》第三卷下册,朱光潜译,商务印书馆 1981 年版,第 291 页。
③ [德]黑格尔:《美学》第三卷下册,朱光潜译,商务印书馆 1981 年版,第 291 页。

　　喜剧作为笑的艺术,其外延是非常宽广的,表现形态是多样的,比较常见的是讽刺、揶揄、诙谐和幽默。

　　(1)讽刺

　　讽刺是喜剧的一种特殊表现形态。鲁迅《论雷峰塔的倒掉》说:"喜剧将那无价值的撕破给人看。讥讽又不过是喜剧的变简的一支流。"[1]鲁迅特别指出有情的讽刺与无情的冷嘲的细微区别,并提倡有情的讽刺。喜剧范畴的讽刺是前者,而不是后者。他认为后者不能归于喜剧。他在《什么是"讽刺"?》中说:"如果貌似讽刺的作品,而毫无善意,也毫无热情,只使读者觉得一切世事,一无足取,也一无可为,那就并非讽刺了,这便是所谓'冷嘲'。"[2]冷嘲的态度是不足取的。

　　讽刺的实质亦在于讽刺对象内容与形式的矛盾,当你把全部希望寄托在自己信赖的人身上,最终这个你自以为非常诚实的人竟使你的希望完全落空,这时你所期望的对象便具有讽刺的性质。

　　如果你看透了对象的矛盾和虚伪,心因此冷了下来,并想狠狠地刺他一下,刺得越深越好,以吐胸中不平之气,这难免会显出严厉的刻薄来,这种讽刺便是鲁迅所说的冷嘲。如《焦仲卿妻》中焦仲卿夫妻分离时刘兰芝立下誓言:"君当作磐石,妾当作蒲苇。蒲苇纫如丝,磐石无转移。"后来二人婚姻被拆散,焦仲卿讽刺刘兰芝:"贺卿得高迁,磐石方且厚,可以卒千年。蒲苇一时韧,便作旦夕间。卿当日胜贵,吾独向黄泉。"[3]这字里行间全是冷酷的恶意和憎恨,毫无半分善意与同情,这便是辛辣的嘲讽。

　　如果你的希望在对象上落了空,但同时看出对象的虚伪和矛盾,所以心没有彻底冷下来,并且觉得好笑,于是带着微微的笑意,轻轻刺他一下,这样便可从带刺的微笑中闪耀出道德的光辉。这便是喜剧的讽刺。

　　喜剧的形式不适于发泄胸中私怨和狭隘的个人仇恨。它是发扬真理、光大美德、清除社会恶习的好形式。所以英国小说家梅瑞狄斯说:"讽刺家是一个道德代理人,往往是一个社会清道夫。"[4]

　　(2)揶揄

　　揶揄是与喜剧的讽刺十分相近的一种形态。梅瑞狄斯在解释揶揄时说:"如果你不用讽刺的棍子去打那个可笑的人,弄得他乱扭乱叫,而宁愿在半抚慰的伪装下刺他一记,使他在感觉痛的同时还弄不清究竟有没有什么东西伤害了

---

　　① 《鲁迅全集》第一卷,人民文学出版社 2005 年版,第 203 页。

　　② 《鲁迅全集》第六卷,人民文学出版社 2005 年版,第 341~342 页。

　　③ (南朝陈)徐陵编:《玉台新咏·焦仲卿妻》,见北京大学中国文学史教研室选注《两汉文学史参考资料》,高等教育出版社 1959 年版,第 545、557 页。

　　④ 伍蠡甫:《西方文论选》下卷,上海译文出版社 1979 年版,第 85 页。

他,那你就成了揶揄的工具。"①揶揄与讽刺不同之处在于揶揄的对象有缺点,甚至是严重的缺点,而这缺点又往往被固执、高傲的铁甲紧紧地护着。这样揶揄便以理性倒错的形式和柔情蜜意的伪装把真理和善意隐蔽起来,委婉地批评揶揄对象的不足和缺点。如莎士比亚《李尔王》中的主人翁李尔王被女儿欺骗,精神失常,聪明的弄臣常常伴随他身边,说一些戏弄他的开心话,那便是揶揄。

（3）诙谐

诙谐与揶揄十分接近。梅瑞狄斯解释诙谐说:"如果你尽量地笑他,把他摔倒,让他滚来滚去,打他一记耳光,又向他洒点眼泪,承认他有种地方像你,而你有种地方也像你的邻人,既不回避他,又不放过他,既可怜他,又揭露他,那你就是受着一个诙谐精灵的指挥。"②诙谐也有与揶揄不同的地方。诙谐的对象一般优点和缺点参半,好中有坏,坏中有好。这样的人物在现实生活中极其普遍,对这种矛盾的人物,既不能一味嘲笑他的丑,也不能片面赞颂他的美,于是诙谐便采取用笑与泪把爱与恨结合在一起的形式,使真诚的爱和直露的恨融合无间,表现出半是抚慰、半是鞭挞的混合的复杂情感。

（4）幽默

幽默亦是喜剧的一种独特形式,它集中体现幽默家的胸襟、态度和情感。车尔尼雪夫斯认为,幽默家有博大的胸襟,善恶美丑分明,既自尊,又自嘲、自鄙。朱光潜曾举一个风趣的例子说明幽默。穆罕默德对弟子们说,他能念咒使大山移到身边,于是正襟危坐,念起移山的咒语。弟子们拭目以待,结果,大山岿然不动。穆罕默德便起身说道:"好,山不来就穆罕默德,穆罕默德就去就山罢!"③说着就向大山走去,于是弟子们笑起来。这具体地说明了幽默心理的自尊、自嘲和自鄙相混合的特点。④　幽默家的态度是宽容、忠恕的,他总是推己及人,"他怎样尊敬和轻视他自己,他也怎样去尊敬和轻视一切人;他怎样去爱和嘲笑他自己,他也怎样去爱和嘲笑整个社会"⑤。幽默家的情感是仁爱、乐观的,他心中充满了"笑和悲哀"。"滑稽(在车尔尼雪夫斯基那里滑稽与幽默同义——引者注)在人们心中所产生的印象,总是快感和不快之感的混合,不过在这种混合中,快感通常总是占优势,有时这种优势是这样强烈,那种不快之感几乎完全给压下去了。"⑥

---

① 伍蠡甫:《西方文论选》下卷,上海译文出版社 1979 年版,第 85 页。

② 伍蠡甫:《西方文论选》下卷,上海译文出版社 1979 年版,第 85 页。

③ 《朱光潜美学文集》第一卷,上海文艺出版社 1982 年版,第 276 页。

④ 参见[俄]车尔尼雪夫斯基《车尔尼雪夫斯基论文学》中卷,辛未艾译,上海译文出版社 1979 年版,第 95 页。

⑤ 朱立元主编:《西方美学范畴史》第三卷,山西教育出版社 2006 年版,第 216~217 页。

⑥ [俄]车尔尼雪夫斯基:《车尔尼雪夫斯基论文学》中卷,辛未艾译,上海译文出版社 1979 年版,第 97 页。

幽默既不像否定型喜剧那样,竭力用美的形式把自身的缺点或丑掩盖起来,也不同于肯定型喜剧,把自身的优点或美表现为奇特甚至荒唐的形式,而是恰恰把存在于某些正面人物身上的引人发笑的特点或缺点,以一种直率而风趣的形式加以表现。这种带有轻微讽刺意味的笑,可以侧重于对社会生活中的缺点或反面现象的否定,也可以侧重于对存在某些缺陷或不足的优点和正面现象的肯定。这种笑的轻微讽刺意味突出地反映了人们洞察事物本质和坚信历史发展必然性的自由精神,是幽默这种喜剧性表现形式的鲜明特征。

列宁说:"观念实质上是一个过程"①。审美范畴也是一个过程。优美和崇高、悲剧和喜剧作为审美范畴的基本类型,是对社会实践过程(包括审美实践过程)的不同阶段的认知、体验和逻辑归类。因此,它们彼此之间存在着逻辑与历史的内在联系。优美是审美实践活动过程中生成的美的初始的直接肯定性形态,它揭示的是人与自然、主体与客体的统一或同一,呈现为纯粹的美、和谐的美;崇高和悲剧是对优美的否定,它揭示的是人与自然、主体与客体的矛盾、对立和冲突,直接呈现为丑,以丑映衬美,以不和谐显现和谐;喜剧则是对悲剧与崇高的否定,它通过主体的自由直接否定、扬弃丑,揭示主体与客体的和谐统一。人类审美实践过程到此达至一个较高的阶段,完成了否定之否定的辩证发展过程,在更高的阶段上直接肯定了美。如果说优美是以对象化形式直接肯定美或人的本质,那么,喜剧则是以主体(人)的自由直接肯定美或人的本质。

【本章复习重点】

一、基本概念

优美　崇高　悲剧　喜剧

二、思考题

1. 简述美学史上关于优美与崇高的理论。
2. 优美和崇高的主要区别是什么?其主要类型有哪些?
3. 悲剧和喜剧的主要区别是什么?
4. 悲剧和喜剧有怎样的内在联系?
5. 悲剧主要有哪几类?喜剧主要有哪几种?
6. 为什么说悲剧和喜剧在本质上是客观社会历史范畴?

---

① 《列宁全集》(第二版增订版)第五十五卷,中共中央马克思恩格斯列宁斯大林著作编译局编译,人民出版社 2017 年版,第 169 页。

结　语

　　人对现实的审美关系(简称"审美关系")既是马克思主义美学的研究对象,也是马克思主义美学理论体系的核心概念。当前国内许多美学学者通常将艺术创作论与美育理论也纳入美学理论体系,这是对美学研究对象范围的扩大化。在严格的意义上,艺术创作论本来属于文艺学范畴,而美育理论则属于教育学范畴,它们只是在其内容方面与美学发生局部的交叉关系,因而"审美关系"这一范畴并不能完全涵盖它们的全部内容。由于这个缘故,我们不再继续探讨艺术创作问题和美育问题。

　　审美关系在一定的社会实践基础之上历史性地生成,历史实践是它的客观社会基础与根源。它不是寂然不动的空洞无物的逻辑抽象,而是人的一种存在方式和形式,一种特殊的精神实践。审美主体与审美客体内在地构成了审美关系相互作用的两极或两大结构元素,并在审美实践活动过程中不断地相互过渡、相互生发,建构着人的完善本质或永恒的精神价值。审美关系通过审美对象的具体感性形象或形式(人的形象、物的形象和艺术形象)显现出来,这便是美;它直接显现为审美主体的心理形式或特殊存在方式,便是美感或审美经验。无论美还是美感,作为活动着、建构着、生成的人的本质而存在,其本质是难以准确定义的。一个正确的概念和判断,甚至多个正确的概念与判断的叠加,都不能穷尽美的本质的全部奥秘,只能大致接近美的本质的真相。要真正掌握美的本质的奥秘,除必要的逻辑的概念分析和说明之外,还要诉诸生活或生命的体验与实践存在论的解释和描述。

　　通过逻辑学的概念分析,我们最后得出关于美及其本质的结论:在审美客体方面,美的本质是以对象化的感性形象或形式显现着的人的本质或人的精神价值;与之相对应,美感的本质则是审美主体通过感性直观的形式掌握、体验到的人的本质,它具有认识与存在的两重性。这两个定义相互发明,便是美的定义:美既是人的本质的对象化的感性显现形式,又是审美主体对对象化的人的本质的感性直观。

　　通过实践存在论的整体综合,我们总结出关于美的本质的另一个结论:美的本质是建构、生成人的本质的审美实践活动过程与其结果的统一,是人持存本真的存在方式。这几个定义虽然所依据的方法不同,但都从不同角度正确地揭示了美的本质某一方面或某个侧面,因此,它们相互补充、相互发明,对我们全面正确地认识、理解和解释美的本质与审美现象都是有效的。

审美实践活动过程作为审美关系充分实现、显现自身的运动过程,是有阶段性和共性特点的,因而有规律性可循。它在审美客体方面一般通过形式、意蕴、非实体性现象三个深浅不同的层级,由表及里逐层显现自身;与此相对应,在审美主体方面则依次显现为感性的惊异、理性的理解与体验、超验的觉悟与澄明。这一觉悟与澄明的生存境界就是审美实践活动过程的最终结果或最高阶段。

审美实践活动过程的结果直接显现为人(审美主体)的人性本质、精神价值或人的生存的自由境界,而不是对象世界的客观存在本质与必然性规律。由于这个缘故,直接从审美主体的存在方面(美感)比从审美客体方面去解释美的本质与现象更可靠、更切实、更科学。

从审美实践活动过程的结果来看,美感不仅是审美主体对审美对象的一种心理反映形式,而且是审美主体的一种自由的存在方式。自由的存在实质上是一种精神的自由,它是美感更为深湛的存在本质,因为美感活动本身就是一种精神实践。作为一种精神实践,它具有建构性、转移性和回归性三个存在特性或特点。

美感作为一种认识形式,既是个人的特殊心理经验和体验,又是渗透着一定民族、一定阶级的审美理想和愿望的特殊社会意识形态;美感作为人的一种自由存在方式,它既是个人超功利的生存的自由境界,又是体现人类生存最高目的的理想境地和终极归宿。海德格尔称之为“诗意的栖居地”①。这一理想的生存境界是人们以感性直观的方式,通过建构、转移、归复人的本质的精神实践全过程而完成、实现的。这一精神的自由不是天马行空式的主观的绝对自由,而是以整个人类历史实践为其客观社会基础的。迄今为止,整个人类历史实践在客体方面创出人的本质的对象化世界,在主体方面生成社会化的感官。这是审美的感性直观得以成立的两个先决的历史条件。

美感作为一种自由的存在方式和形式,其奥秘就在于:个人的感性直观的偶然性形式中积淀着巨大、深远的社会历史的必然性内容,个体的主观精神自由渗透着超越个人的先在的种族的历史经验和先验能力。它是在历史实践的基础上形成的生理与心理、感性与理性、个人与社会、偶然与必然、经验存在与先验存在的辩证统一体。

美感的种种二重性及其统一的深层根据是历史与逻辑的辩证统一。美感作为个人的感性直观形式而存在,其表现形态是形形色色、万象纷呈的,但是就其

---

① [德]海德格尔:《人,诗意地安居》,郜元宝译,广西师范大学出版社 2000 年版,第 66 页。

所隐含的深广的社会历史内容而言,它具有历史的阶段性与概念的共性和普遍性。美感因此形成具有一定的历史与逻辑的内涵,以及形式规定和规则的美学范畴或审美范畴。

从历史总体来看,审美范畴是人类在历史实践(包括审美的精神实践)过程中不断复现和直观自身而形成的审美理想的典范形式;从生命个体来看,它是审美主体在审美实践活动中历史地形成的情感范式及其在逻辑上的归类与总结。人类共同的审美理想与个体的情感范式在审美范畴中互相渗透,和谐一体。

审美范畴的基本类型有:优美、崇高、悲剧、喜剧。

从审美范畴的历史实践基础来看,这四种审美范畴分别与人类历史的不同发展阶段相对应。一般说来,优美与人类历史发展的较早或较低阶段相对应,在这一阶段上人与自然尚处于混沌不分的和谐状态;崇高与悲剧则与人类历史发展的较高阶段相对应,在这一阶段上人与自然处于尖锐激烈的矛盾、对立、分裂状态;喜剧则是世界历史发展最近阶段上的形式。

喜剧既标志着人类历史发展的最新阶段,又指示着美学发展的未来方向。已故美学家俞吾金曾断言:"喜剧美学代表了当今时代美学发展的重要方向。"①

黑格尔在其《美学》中根据逻辑与历史相统一的原理,演绎出这样一个结论:喜剧是理念历史地发展出来的最高范畴。这一结论非常深刻,可以折射出黑格尔哲学的整个框架。在黑格尔哲学体系中,主观概念与客观历史纠缠在一起,难解难分,这一哲学体系既是逻辑演绎自身的客观历史,又是历史演历自身的主观逻辑。二者共同经历了理念发展的三大阶段,即逻辑阶段、自然阶段和精神阶段,与之相对应的是先验理念、自然进化史和整个人类历史。先验理念合乎逻辑地产生出自然界,自然界合乎逻辑地产生出人类历史。人类历史的本质是精神理念。精神理念的发展又由低到高经历了三个阶段,即主观精神、客观精神和绝对精神。艺术或美是绝对精神的一种表现形态,美也经历了一个由低到高的发展过程,分阶段显现为三种不同的形态或范畴,分别是史诗、悲剧和喜剧。显然,绝对精神既是逻辑的最高范畴,也是历史的最高阶段。属于绝对精神的喜剧也应如是观:它既是理念发展的最高范畴,又是历史发展的最高阶段;在美的理念中,喜剧的地位最高,高于史诗,高于悲剧;在历史的绝对精神中,喜剧的地位也是较高的,它高于认识,高于道德,高于法律,仅次于宗教与哲学。

马克思以清晰的辩证历史唯物主义原理澄清了黑格尔客观唯心主义的迷雾,批判、继承了黑格尔喜剧理论的合理成分,明确指出:"一切伟大的世界历史

---

① 俞吾金:《喜剧美学宣言》,《中国社会科学》2006 年第 1 期。

事变和人物"，在世界历史舞台上"第一次是作为悲剧出现，第二次是作为笑剧出现"①。"世界历史形式的最后一个阶段就是喜剧。"②马克思在这里明确地将喜剧的本质还原于客观社会历史。喜剧实质上属于社会历史范畴，是世界历史形式的最后阶段，从逻辑上讲是人类历史发展的最高阶段或范畴。马克思认为的"世界历史形式的最后阶段"有两层含义：一是指每一种社会历史形式（如奴隶社会、封建社会）的最后阶段，二是指整个人类历史的最后或最高阶段，具体指的是现代资本主义社会，它一直延伸至我们当下所处的经济全球化时代。

　　"世界历史形式的最后阶段"的社会存在本质是喜剧的。这是因为：一则，人类社会越是向前发展，达及的历史阶段越高，它所埋葬的腐朽的社会历史形式就越多，企图借体还魂再次登上历史舞台表演一番的已经死亡的旧制度的丑角也就越多。现代资本主义社会作为马克思所处时代的世界历史的最高阶段，把它以前的封建社会、奴隶社会统统送入坟墓，但是奴隶制的幽灵、封建制的幽灵并不甘心安静地昏睡在寂寞的棺材中，它们隐身于现代社会的阴影中四处飘荡，寻找替身，遮蔽、伪装自己的鬼脸，充当现代世界舞台的丑角，尽情地表演喜剧。在这个意义上说，现代资本主义社会为喜剧提供了最广阔、最深厚、最肥沃的生长土壤。二则，现代资本主义社会使人的本质发生了全面的异化，商品拜物教关系无孔不入地渗透到社会生活的各个方面，构成人的现实本质的真实的社会关系虚假地、颠倒错乱地表现为物化关系。这种本质与现象的悖谬和乖舛，正是丑的深刻本质。所以现代资本主义制度是丑借以产生的深刻社会根源和客观基础。

　　西方现代派艺术，尤其是荒诞派艺术与黑色幽默艺术，客观、冷静地展示了资本主义现实的丑恶本质，但是缺失了批判、超越丑陋现实的主体性自由。因此荒诞艺术与真正的喜剧艺术尚有一段距离。当前有些喜剧形式和作品表现的浅薄无聊的调笑和油腔滑调的轻佻言行，遮蔽了现实本质的真实，遮蔽了人性的真实。这需要喜剧美学家和喜剧艺术家共同努力，以求创作出真正的喜剧艺术，建构更完善的喜剧美学。

　　①　《马克思恩格斯选集》第一卷，中共中央马克思恩格斯列宁斯大林著作编译局编译，人民出版社2012 年版，第 668 页。

　　②　《马克思恩格斯选集》第一卷，中共中央马克思恩格斯列宁斯大林著作编译局编译，人民出版社1972 年版，第 5 页。

主要参考文献

［法］保罗·利科:《活的隐喻》,汪堂家译,上海:上海译文出版社2004年版。

［法］保罗·利科尔:《解释学与人文科学》,陶远华等译,石家庄:河北人民出版社1987年版。

［英］鲍桑葵:《美学史》,张今译,北京:商务印书馆1985年版。

北京大学哲学系美学教研室编:《中国美学史资料选编》(上下册),北京:中华书局1980、1981年版。

北京大学哲学系美学教研室编著:《西方美学家论美和美感》,北京:商务印书馆1980年版。

北京大学哲学系外国哲学史教研室编译:《十八世纪末—十九世纪初德国哲学》,北京:商务印书馆1975年版。

［意］贝尼季托·克罗齐:《美学的历史》,王天清译,北京:中国社会科学出版社1984年版。

［古希腊］柏拉图:《柏拉图四书》,刘小枫编译,北京:生活·读书·新知三联书店2015年版。

蔡仪:《美学论著初编》,上海:上海文艺出版社1982年版。

［俄］车尔尼雪夫斯基:《车尔尼雪夫斯基论文学》中卷,辛未艾译,上海:上海译文出版社1979年版。

［俄］车尔尼雪夫斯基:《美学论文选》,缪灵珠译,北京:人民文学出版社1957年版。

［俄］车尔尼雪夫斯基:《艺术与现实的审美关系》,周扬译,北京:人民文学出版社1979年版。

(清)陈梦雷:《周易浅述》,上海:上海古籍出版社1983年版。

［德］恩格斯:《家庭、私有制和国家的起源》,中共中央马克思恩格斯列宁斯大林著作编译局译,北京:人民出版社1972年版。

［德］恩格斯:《社会主义从空想到科学的发展》,中共中央马克思恩格斯列宁斯大林著作编译局译,北京:人民出版社1972年版。

［德］费尔巴哈:《费尔巴哈哲学著作选集》,荣震华等译,北京:生活·读书·新知三联书店1959年版。

冯友兰:《中国哲学史》(上下册),上海:华东师范大学出版社 2000 年版。

古典文艺理论译丛编辑委员会编:《古典文艺理论译丛》第六册,北京:人民文学
　　出版社 1963 年版。

[美]古斯塔夫·缪勒:《文学的哲学》,孙宜学、郭洪涛译,桂林:广西师范大学出
　　版社 2001 年版。

郭绍虞主编:《中国历代文论选》,上海:上海古籍出版社 2001 年版。

[德]海德格尔:《人,诗意地安居》,郜元宝译,桂林:广西师范大学出版社 2000
　　年版。

[德]汉斯-格奥尔格·加达默尔:《哲学解释学》,夏镇平、宋建平译,上海:上海
　　译文出版社 2004 年版。

[德]汉斯-格奥尔格·伽达默尔:《诠释学 1:真理与方法——哲学诠释学的基本
　　特征》(修订译本),洪汉鼎译,北京:商务印书馆 2007 年版。

[德]黑格尔:《美学》第一卷、第二卷、第三卷,朱光潜译,北京:商务印书馆 1979、
　　1981 年版。

[德]黑格尔:《小逻辑》,贺麟译,北京:商务印书馆 1980 年版。

[德]康德:《判断力批判》,宗白华译,北京:商务印书馆 1964 年版。

[英]李斯托威尔:《近代美学史述评》,蒋孔阳译,上海:上海译文出版社 1980
　　年版。

[苏]列·斯托洛维奇:《审美价值的本质》,凌继尧译,北京:中国社会科学出版
　　社 1984 年版。

凌继尧:《苏联当代美学》,哈尔滨:黑龙江人民出版社 1986 年版。

刘庆福主编:《马克思主义文艺论著选读》,北京:高等教育出版社 1991 年版。

刘叔成、夏之放、楼昔勇等:《美学基本原理》,上海:上海人民出版社 1997 年版。

(南朝梁)刘勰著,周振甫注:《文心雕龙注释》,北京:人民文学出版社 1981
　　年版。

《鲁迅全集》第一卷,北京:人民文学出版社 2005 年版。

[波]罗曼·英加登:《对文学的艺术作品的认识》,陈燕谷、晓未译,北京:中国文
　　联出版公司 1988 年版。

[英]罗素:《西方哲学史》上卷,何兆武、李约瑟译,北京:商务印书馆 1963 年版。

[英]罗素:《西方哲学史》下卷,马元德译,北京:商务印书馆 1976 年版。

[德]马克思:《1844 年经济学哲学手稿》,中共中央马克思恩格斯列宁斯大林著
　　作编译局编译,北京:人民出版社 2018 年版。

《马克思恩格斯选集》,中共中央马克思恩格斯列宁斯大林著作编译局编译,北
　　京:人民出版社 2012 年版。

《马克思主义文艺理论研究》编辑部编选:《美学文艺学方法论》,北京:文化艺术出版社 1985 年版。

《毛泽东选集》(一卷本),北京:人民出版社 1964 年版。

[法]米歇尔·福柯:《主体解释学》,佘碧平译,上海:上海人民出版社 2005 年版。

[苏]莫·卡冈:《卡冈美学教程》,凌继尧、洪天富、李实译,北京:北京大学出版社 1990 年版。

[苏]莫·卡冈:《艺术形态学》,凌继尧、金亚娜译,北京:生活·读书·新知三联书店 1986 年版。

欧阳周、顾建华、宋凡圣编著:《美学新编》,杭州:浙江大学出版社 1993 年版。

[俄]普列汉诺夫:《普列汉诺夫美学论文集》,曹葆华译,北京:人民出版社 1983 年版。

[美]乔治·桑塔耶纳:《美感——美学大纲》,缪灵珠译,北京:中国社会科学出版社 1982 年版。

[法]让-弗朗索瓦·利奥塔尔:《后现代状态:关于知识的报告》,车槿山译,北京:生活·读书·新知三联书店 1997 年版。

《十三经注疏》整理委员会整理,李学勤主编:《十三经注疏·周易正义》,北京:北京大学出版社 1999 年版。

[苏]苏联科学院哲学研究所、艺术史研究所编:《马克思列宁主义美学原理》,陆梅林等译,北京:生活·读书·新知三联书店 1961 年版。

汤漳平、王朝华译注:《老子》,北京:中华书局 2014 年版。

童庆炳主编:《文学理论教程》,北京:高等教育出版社 2004 年版。

王鲁湘等编译:《西方学者眼中的西方现代美学》,北京:北京大学出版社 1987 年版。

王朝闻主编:《美学概论》,北京:人民出版社 1981 年版。

王振复主编:《中国美学范畴史》第一卷,太原:山西教育出版社 2006 年版。

伍蠡甫等编:《西方文化选》,上海:上海译文出版社 1979 年版。

[奥]西格蒙德·弗洛伊德:《弗洛伊德后期著作选》,林尘、张唤民、陈伟奇译,陈泽川校,上海:上海译文出版社 1986 年版。

[奥]西格蒙德·弗洛伊德:《诙谐及其与无意识的关系》,常宏、徐伟译,北京:国际文化出版公司 2001 年版。

[德]谢林:《先验唯心论体系》,梁志学、石泉译,北京:商务印书馆 1976 年版。

[德]谢林:《艺术哲学》,魏庆征译,北京:中国社会科学出版社 1996 年版。

徐震堮:《世说新语校笺》,北京:中华书局 1984 年版。

［古希腊］亚里士多德:《诗学》,陈中梅译注,北京:商务印书馆 2016 年版。

杨柄编:《马克思恩格斯论文艺和美学》(上下册),北京:文化艺术出版社 1982
　　年版。

杨周翰、吴达元、赵萝蕤主编:《欧洲文学史》,北京:人民文学出版社 1979 年版。

周宪、罗务恒、戴耘编:《当代西方艺术文化学》,周宪等译,北京:北京大学出版
　　社 1988 年版。

朱狄:《当代西方美学》,武汉:武汉大学出版社 2007 年版。

朱光潜:《西方美学史》,北京:人民文学出版社 1979 年版。

《朱光潜美学文集》第一卷,上海:上海文艺出版社 1982 年版。

朱立元主编:《美学(修订版)》,北京:高等教育出版社 2006 年版。

朱立元主编:《西方美学范畴史》第三卷,太原:山西教育出版社 2006 年版。

(宋)朱熹:《四书章句集注》,北京:中华书局 1983 年版。

索　引

B

本体论　9,10,16,27,39,82~84,86,
144,146,149,165,187~189,196,
198,199

C

存在论　9,10,22,33,131,132,144,
149,150,165,166,170,177,178,
188~192,196,219

D

道家美学　13,14
迪扎因　115,119~121

F

方法论　3,16,18,21,22,27,38,39,
45,48,49,51~53,148,150,151,
153,155
分析美学　2,19,25,26,51,150

J

鉴赏力　3,142
经院哲学　11,16
精神实践　46~49,61,62,67,69,72,
139,165,166,170,192,219~221
精神性　29,46,47,52,89,99

K

科学美学　2,3,5,17,19,25,41,43,
50,51

M

美感　8,26,27,42,122,129,137,
139,142~166,169~171,176,187~
189,202,210,219~221
美学方法　8,22,46,49~51,53,155
美学科学　2,8,15~17,20,23,28,50

R

认识论　9,10,17,19,21~26,33~35,
38,131,132,137,139,144,146~
149,153,165,170
儒家美学　13,14

S

审美范畴　185,187~192,194,196,
197,218,221
审美关系　25~33,35,36,55,56,59,
61~63,69~72,79,81,128,137~139,
156,176,178,185,187,219,220
审美经验　3~5,18,19,25~27,45,
50,56,61,69,91,137,139,150~
152,219

审美判断力　24,40,133,148,188

审美现象　25,30~32,45,50,55~57,
　59, 61, 65, 69, 71, 80, 122, 127,
　144,220

审美直观　137, 148, 149, 165, 166,
　169~173,175~179,181,191,192

W

完善　7,16,23,24,33,35,38,40,67,
　147,154,181,191,192,194,219

X

现实美　55,59~61,92,113,125

后　记

本教程冠以"简明"二字加以限定，那么，"简"在哪里，"明"在何处？

所谓"简"，主要指美学理论体系的简化。本教程只保留了普通美学教程理论体系的主干部分，即美学的核心概念"审美关系"的内涵与外延，与这一主干相关联的次要部分则被精简。被精简的内容包括"艺术家""艺术作品"和"美育"等。这些内容又为别的学科如文艺学、教育学所包含，成为美学与文艺学和教育学的交叉、重合点。为免于将美学研究的对象范围扩大，避免为初学美学的学生带来理解上的困难，本教程省略了这些内容。如此简化的美学体系更精练、更简洁。

所谓"明"，主要指概念明确。不论何种理论，最忌概念含混不清，美学理论也不例外。本教程力图做到概念明确，明确的概念一是要定义精当、准确，二是要本正源清。要使概念本正源清，必须查明概念的渊源，理清概念的来路和发展线索，而这又是科学的明确的概念得以成立的必要条件。一个生造的来路不明的概念，其定义往往是模糊不清的。美学的基本概念、命题尤其如此。因为任何一个美学流派都是美学历史长河中泛起的一朵浪花，都是在历史长河的推动下翻滚前进的，没有哪家哪派的美学概念是没有来路、凭空突兀产生的。

美学既是一门经验性的现代科学，又是一门传统的超验的形而上学；它既为人们提供科学的知识，又为人们提供人文的价值；审美既是一种特殊的认识活动，又是一种特殊的精神实践。美学作为一门科学知识，是可教、可学的，作为一种精神实践或德性修养，又是不可教、不可学的。因为审美精神实践的真功夫绝大部分不在书本之中而在书本之外。要掌握美学的真谛，只有比较清晰、系统的美学概念和原理是不行的，美学基本概念和原理仅仅是美学入门的向导而已。要真正登堂入室，必须积累丰富的社会人生实践经验和阅历（包括审美实践经验），其中丰富的审美经验尤为重要。由于这个缘故，本教程重点解释、说明了艺术的诸多种类及各自的审美特性，目的是拓展大学生的审美视野，丰富他们的审美经验，为他们实际的审美实践提供必要的理论指导。

本教程在笔者的美学课程讲稿基础上增删、改写而成，历时三载，三易其稿。刘勰《文心雕龙·附会》言："改章难于造篇，易字艰于代句。"此言委实是经验之谈，绝非虚言。在不断修改、完善的过程中，编辑从出版的角度提出了一些宝贵的修改建议。这些修改建议既有内容方面的,也有形式方面的。在形式——主要是在教材的出版规范上,编辑反复强调引用要直引,尽量少转引。"直引"与"转引"虽然只有一字之差,但体现出两种截然不同的治学态度。前者要求学者必须和第一手资料打交道,必须认真、严肃地阅读原著,去粗取精,去伪存真,以掌握可靠、翔实的材料,这是很费时、很吃力的艰苦的精神劳作,与科学、严谨、扎实的治学态度是分不开的;后者使用二手材料,这里确实存在做学问的"方便"和"捷径",但这种"方便"和"捷径"是与科学的学风背道而驰的。从此不难看出高等教育出版社一贯秉持的优良出版态度和风气是严谨、朴实、科学的,对此,我深表敬意!

　　在本书的出版过程中,延安大学的领导和同仁给予了大力支持和热心关怀,尤其是胡俊生先生、武忠远先生和教务处的同事费了不少心力,在此对他们表示衷心的感谢!

　　龚自珍《己亥杂诗》曰:"未济终焉心缥缈,百事翻从缺陷好。"人无完人,事无完事,书无完书。本教程有特点,也有不足,这是在所难免的。诚望美学界同仁不吝赐教,批评指正。

魏久尧

2020 年 3 月 25 日